五七炮对反宫马

象棋大师精彩实战集锦

方长勤 编著

经济管理出版社

ECONOMY & MANAGEMENT PUBLISHING HOUSE

图书在版编目(CIP)数据

　　五七炮对反宫马:象棋大师精彩实战集锦/方长勤
编著．—北京:经济管理出版社,2010.10
　　ISBN 978－7－5096－1124－1

　　Ⅰ．①五…　Ⅱ．①方…　Ⅲ．①中国象棋－布局
(棋类运动)　Ⅳ．①G891.2

　　中国版本图书馆 CIP 数据核字(2010)第 194828 号

出版发行: 经济管理出版社

北京市海淀区北蜂窝 8 号中雅大厦 11 层

电话:(010)51915602　　　邮编:100038

印刷:三河市文阁印刷厂　　　　经销:新华书店

组稿编辑:郝光明	责任编辑:郝光明　崔秀玲
技术编辑:黄　铄	责任校对:超　凡

880mm×1230mm/32　　　　　8.625 印张　　240 千字

2011 年 1 月第 1 版　　　　　2011 年 1 月第 1 次印刷

印数:1－6000 册　　　　　　　定价:20.00 元

书号:ISBN 978－7－5096－1124－1

·版权所有　翻印必究·

凡购本社图书,如有印装错误,由本社读者服务部
负责调换。联系地址:北京阜外月坛北小街 2 号
电话:(010)68022974　　　邮编:100836

前　言

　　五七炮对反宫马是当前流行的布局，在国内外的各种大赛中，特级象棋大师和大师们经常使用这种布局，并创造了各种复杂的攻守变化，使其成为深奥的变化局势。为了更好地掌握此种布局的战术运用，特收集了典型的对局加以总结分析，评注攻守之得失，可以更好地了解其变化规律，领悟战术的运用方法，有利于读者在实战中运用好这种布局。

　　除了布局的应用外，还延续了中残局着法，这样可以全面理解和领会对局的风格和战术意图。

　　练好布局的基本功，是棋手成功的基本条件。多下苦功研究，多进行实战，才能实现自己的理想。

　　不妥之处，恳请指正。

作　者

写于北京 2010 年除夕夜

目　录

目　录

第一章　五七炮进三兵对反宫马

第1局　五七炮进三兵对反宫马

1. 炮二平五　马2进3　　　　　**2.** 马二进三　炮8平6

3. 兵三进一　马8进7

可卒3进1，形成流行的布局。

4. 马八进九　卒3进1　　　　　**5.** 炮八平七　象7进5

另一路变化走象3进5，车九平八，车1平2，车八进四，红方较为好走。

6. 车九平八　车1平2　　　　　**7.** 车八进六　车9平8

红方八路车过河，避开流行的走法，力图增加攻击力，灵活有力。如车一平二，则炮2进4，兵七进一，卒3进1，兵三进一，卒7进1，车二进四，形成对抢先手的复杂局势。

8. 车一平二　车8进9　　　　　**9.** 马三退二　炮6进1

进炮打车，减轻右路的压力，是一步及时解围的好着。

10. 车八退二　士6进5　　　　**11.** 炮五平三　炮2平1

红方平炮三路，力求攻击较为薄弱的7路马，战术明确有力，显示出一定的威胁性，如马二进三，则炮2平1，红方不占便宜。

12. 车八平四　炮6退3

红方平四路车，保持复杂的下法，如车八进五，则马3退2，兵九进一，炮6进3，形成平稳局势。

13. 兵九进一　车2进4

进车抢占要道，使子力协调发展，保持一定的控制力，使局势不会落入下风。

14. 相三进五　马3进4　　　　**15.** 车四平六　卒3进1

16. 兵七进一　炮1平4　　　　**17.** 车六平五　马4退6

18. 车五平六　卒7进1

经过巧妙的运子战术，使位置不佳的右马，在移动中调到了左路，可与河口车及时配合，由此取得了抗争的局势。

19. 炮三进三　马6退8

红方炮打7路卒，是步必然之着，如兵三进一，则车2平7，红方子力不太畅通，不占便宜。

20. 马二进三　车2平6

平车准备加紧围攻三路炮，以便占取好处，如马8进7，则兵三进一，车2平7，双方局势平稳。

21. 马九进八　车6平2（图1）　　**22.** 马八退九　炮6平8

黑方如果老走河口车在2路和6路上移动，则形成和势，由于不甘心就此休战，又没有看到红方的反击应法，轻易平炮8路，致使黑方吃了大亏。

23. 炮三平七　炮8平6

红方献炮七路，使黑方意想不到，由此夺得了主动，此时黑方如改走象5进3，则兵七进一，车2退4，车六平八，车2平1，兵七平六，红方弃子有攻势，比较合适。

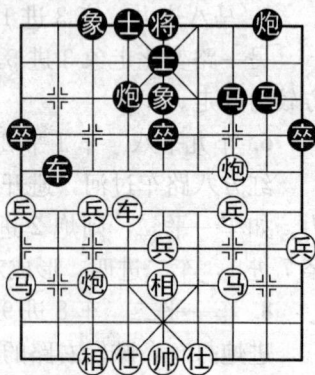

图1

24. 前炮进三　马7进6　　　　**25.** 车六退一　车2进3

26. 兵五进一　炮6平7　　　　**27.** 仕四进五　马6进7

28. 车六平四　炮4进6　　　　**29.** 马三退二　士5进4

如改走炮4平2捉马，则后炮进一，马7进8，前炮平六，象3进1，炮六退七，红方胜势。

30. 后炮平六　士 4 进 5　　　　　**31.** 炮七平九　象 3 进 1

32. 炮九退二　车 2 退 4

红方炮打边卒之后，进一步扩大了先手。

33. 兵九进一　马 8 进 9　　　　　**34.** 马二进一　马 9 进 8

如改走马 7 进 9，则炮六平一，马 9 进 7，车四平六，黑方仍难抵抗。

35. 马九进七　马 8 进 7　　　　　**36.** 马一退三　炮 4 平 7

37. 炮六进一　马 7 进 9　　　　　**38.** 炮六退一　马 9 退 7

39. 炮六进一　马 7 进 9　　　　　**40.** 车四退一　马 9 退 7

41. 车四进一　马 7 进 9　　　　　**42.** 炮六退一　马 9 退 7

43. 兵七进一　象 5 进 3

红方要捉死 7 路马还有一定的难度，所以果断弃去七路兵，使七路马可以出击助战，是一步紧凑有力的着法。

44. 马七进六　卒 5 进 1　　　　　**45.** 兵五进一　前炮平 8

46. 兵五平四　炮 8 退 2　　　　　**47.** 车四进一　炮 8 退 4

48. 兵四平三　车 2 平 8　　　　　**49.** 车四退一

红方兵力优势较强，已成胜局。

（选自赵国荣先胜胡荣华的对局）

第 2 局　　五七炮进三兵对反宫马

1. 炮二平五　马 2 进 3　　　　　**2.** 马二进三　炮 8 平 6

3. 车一平二　马 8 进 7　　　　　**4.** 兵三进一　卒 3 进 1

进 3 路卒是流行的布局形势。

5. 马八进九　象 7 进 5　　　　　**6.** 炮八平七　车 1 平 2

7. 车九平八　炮 2 进 4　　　　　**8.** 兵七进一　卒 3 进 1

9. 兵三进一　卒 7 进 1　　　　　**10.** 车二进四　炮 2 平 3

11. 车八进九　炮 3 进 3　　　　　**12.** 仕六进五　马 3 退 2

13. 炮五进四　士 6 进 5　　　　　**14.** 炮五退一　马 2 进 3

15. 车二平四　车 9 平 6

红方为了抢夺攻势，利用弃双兵的方法突破黑方的防守，形成复杂激烈的变化。此时红方平车捉炮，试探一下黑方的应法。黑方如炮6退2，相三进五，卒3进1，马九进七，炮3退3，车四平七，马7进5，车七退一，马3进2，车七进二，马2进1，炮七进七，象5退3，车七进一，红方占优。

16. 相三进五　　卒3进1　　　　**17.** 马九进七　　炮3退3

18. 车四平七　　马3进5　　　　**19.** 车七进五　　炮3退4

红方运车吃底象，弃子攻杀，是既定战术。此时黑方如马5退3，车七退二，炮6平3，炮七进五，马7进5，炮五进二，士5进6，炮七进二，将5进1，炮七平四，红方好走。

20. 炮五进二　　士5进4　　　　**21.** 炮五平三　　马5退7

22. 马三进四　　炮6平5

红方如炮七平六，变化比较复杂。

23. 马四进六（图2）　车6进4

黑方进车捉马，着法不够细致，造成很大损失。应马7进5，炮七平八，车6进1，炮八进七，车6平2，车七退二，车2退1，车七平六，炮5退1，车六平一，炮5平4。黑方可以巧妙化解红方的攻击，由此多子，形势较好。

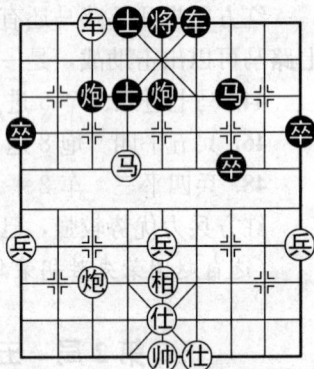

图2

24. 马六进七　　车6平3　　　　**25.** 车七平六　　将5进1

红方再度弃子吃双士，保持攻击之势。如马七进九，车3退4，马九进七，士4进5。兑车之后，红方马位不好，黑方残局较为好走。

26. 车六退二　　车3退3　　　　**27.** 马七退六　　炮5进5

28. 仕五进四　　马7进6

也可马7进5，仍可应付。

29. 马六进四　　将5平6　　　　**30.** 马四进二　　将6平5

31. 马二退四　　将5平6　　　　**32.** 帅五平六　　炮5平4

红方出帅攻击，以下有马四进二的杀势。黑方平炮反而不利，应将6退1，尚可应付。

33. 马四进二　将6平5　　　　**34.** 马二进三　将5退1

红方进马控制将路，作用并不大，不如车六退四，保持红马的灵活性，才能更好地控制局势。

35. 车六退四　卒7进1　　　　**36.** 仕四进五　卒7平6

37. 车六进二　马6退5

红方如改走仕五进六，卒6进1，黑方车马卒反而构成有力攻势，红方不利。

38. 车六进三　炮4平5　　　　**39.** 马三退四　将5平6

40. 车六平五　车3进2　　　　**41.** 帅六进一　车3平7

42. 马四进二　马5退7　　　　**43.** 车五平六　卒6进1

44. 兵五进一　卒6平5　　　　**45.** 车六退三　将6平5

红方车马仍然有很强的反击能力，而中兵也潜下一定的威胁，黑方要想取势，也不是太容易的事情。

46. 兵五进一　马7进5　　　　**47.** 兵五进一　炮5退4

48. 马二退四　将5平6　　　　**49.** 车六进二　车7退7

红方巧妙弃去中兵之后，进车捉死黑马，形势有所转机，出现了一定的机会。此刻黑方退车牵制车马比较消极，不如车7退4，车六平五，车7平4，仕五进六，卒5进1，仕四退五，炮5平4，车五进二，将6进1，马四退六，车4退2，形成和势。

50. 车六平五　将6进1

不如卒5进1，比较强硬。

51. 车五退一　车7平6　　　　**52.** 车五平九　卒9进1

53. 车九进二　将6退1　　　　**54.** 车九退三　卒5进1

55. 帅六退一　车6进4　　　　**56.** 兵九进一　车6平9

57. 车九平四　将6平5　　　　**58.** 车四平五　将5平6

59. 车五退三　卒9进1　　　　**60.** 车五进三　车9平4

61. 帅六平五　卒9平8　　　　**62.** 兵九进一

红方势力较强，胜局已成。

（选自王晓华胜聂铁文的对局）

第3局　五七炮进三兵对反宫马

1. 炮二平五　马2进3　　　　**2.** 马二进三　炮8平6
3. 车一平二　马8进7　　　　**4.** 兵三进一　卒3进1
5. 马八进九　象7进5　　　　**6.** 炮八平七　车1平2
7. 车九平八　炮2进4　　　　**8.** 兵五进一　士6进5

红方进中兵，打消黑方过河炮的牵制，是现代较为常见的变化。以往多走兵七进一，形成比较复杂的形势，双方各有机会。

9. 兵九进一　马3进4

红方如兵七进一，卒3进1，车二进三，炮2退1，兵五进一，形成比较激烈的对攻形势。此时黑方上马4路，占据河口要道，企图抢占主动。如车9平6，炮五平四，车6平7，相三进五，马3进4，形成牵制局势。

10. 兵七进一　卒3进1

红方进七路兵，形成对攻之势。如仕四进五，局势比较平稳。

11. 炮五进四　马4进3

进马守中有攻，消除了红方车八进三的反击手段，由此产生一定的攻击力。

12. 兵五进一　炮6进5

进炮构成对红方的打扰，是一步相关全局的好着。

13. 炮七进二　炮2进1　　　　**14.** 相三进五　炮6进1

红方进中相防守，度数比较迟缓，可马三进四抢先出击。黑方如炮6平1，马四进六，马3进4，车八进一，马4退6，车八平四，红方先弃后取，在对攻中较占主动。这时黑方进炮伏下炮6平2和马3进4的取势手段，战术运用灵活而有力，佳着。

15. 车二进一　车9平6

红方进车捉炮，企图试探应手，是一步消极的走法，不如马三进四寻求主动的夺先机会。此时黑方平车6路保炮，蓄势待发。如尽快进攻而走炮6平2，车八平九，马3进1，马三进五，形势反而不利。

16. 炮五平七　马3进4

红方平炮打马造成失利。此时红方虽然处于下风，但还可进行对抗，应仕四进五，马3进2，车二平四，炮2进2，车四进八，将5平6，马九退八，车2进4，炮五平四。黑方局势较为好一些，但红方还可支持下去。红方失去上仕机会，形势已难收拾。

17. 后炮退三（图3）　车6进7

黑方进车捉马相，攻法紧凑准确。红方已难应付，黑方由此扩大优势。

18. 仕四进五　车6平5

红方上仕防守无可奈何之着。如相五进七，炮6平3吃炮，黑方得子胜势。

19. 车二平四　车5平7

20. 车四进三　车2进6

21. 前炮进一　车2平5

此时应炮2平5，仕五退四，车2平5，兵五平六，马7进5，红方难以对应。

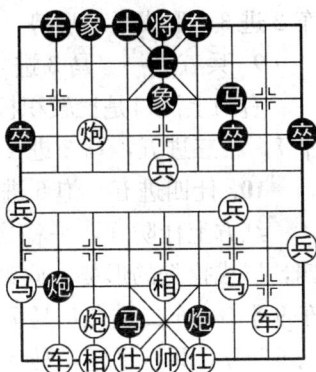

图3

22. 车八进二　车7平2	**23. 前炮平三　车5退2**
24. 马九进八　车2平8	**25. 车四退四　车5平3**
26. 炮七平八　车3进1	**27. 马八进九　马4退2**
28. 车四进三　车3进3	**29. 炮八退一　车3进1**
30. 炮八进一　车3退1	**31. 炮八退一　车3退3**

黑方退车到适宜的位置，伏下了马2进4和车3平5的攻击手段。红方已难对抗，黑方胜定。

（选自徐天红负于幼华的对局）

第4局　五七炮进三兵对反宫马

1. 炮二平五　马2进3	**2. 马二进三　炮8平6**
3. 车一平二　马8进7	**4. 兵三进一　卒3进1**

5. 马八进九　象7进5　　　　**6.** 炮八平七　车1平2

7. 车九平八　炮2进4　　　　**8.** 兵九进一　士6进5

红方如兵七进一，卒3进1，兵三进一，卒7进1，车二进四，炮2平3，车八平九，炮6进4，车二平七，马3进4，车七平六，马4进2，马九进七，马2进3，车九进二，炮6平3，车九平七，炮3退2，马三进四，士6进5，马四进五，马7进5，炮五进四，车2进3，形成平稳形势。

9. 兵五进一　马3进4

右马上河口是比较积极的应法。如车9平6，炮五平四，车6平7，相三进五，马3进4，形成另一种变化。

10. 仕四进五　炮6进4

红方上仕防守，平稳之着。也可兵七进一，然后再走炮五进四，形成抢先的形势。此刻黑方进炮加强封锁，紧凑有力之着。如车9平8，车二进九，马7退8，炮五进四，马4退6，兵五进一，马6进7，兵五平四，马7进5，马三进五，炮2平5，相三进五，车2进9，马九退八，炮6平9，兵七进一，象3进1，兵七进一，象1进3，炮七平九，红方占优。

11. 炮五平四　车9平8

红方左路被封制，右车又没有好的攻击点，一时难有进展，如车二进五，卒7进1，车二进二，车9平7，兵三进一，象5进7，兵七进一，炮2平3，红方不合适。

12. 车二进九　马7退8

13. 相三进五　炮6平7（图4）

黑方双炮牵制了红方车马的活动，双马又很活跃，取得满意的形势。

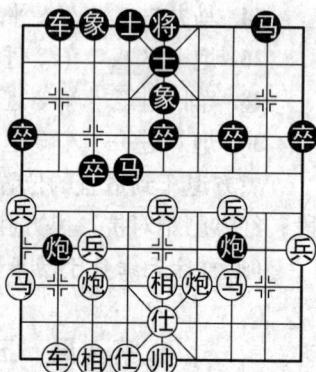

图4

14. 炮七平六　马8进7

红方平炮准备进二压住4路马，过多重复移动，不如车八进一，活通左路子力较好。另外红方如炮四进三，炮2进1，兵五进一，马 4 进 3，兵五进一，马 8 进 7。黑方有一定反击力，红方并不合算。

15. 炮六进二　车 2 进 3

升起右车之后，伏下马 4 退 6 捉中兵，然后再走车 2 平 4 捉炮，力争抢夺先手。

16. 炮六平八　炮 2 平 1　　**17. 炮八平六　炮 1 平 2**

18. 炮六平八　炮 2 平 1　　**19. 炮八平六　车 2 进 6**

20. 马九退八　卒 7 进 1　　**21. 兵三进一　象 5 进 7**

22. 马八进七　炮 1 平 2　　**23. 兵七进一　卒 3 进 1**

24. 相五进七　马 7 进 6

红方强行兑车之后，压力并未化解。双马仍在受困，中兵和边兵无力保护，容易受到攻击，不利因素很大。而黑方双马炮占位极为有利。

25. 炮六退一　炮 2 平 3　　**26. 马七退九　象 7 退 5**

27. 兵一进一　马 6 进 8　　**28. 马三退一　炮 7 退 1**

退炮夺取子力，增强实力，是取势的重要手段。

29. 炮四平五　炮 7 平 3　　**30. 炮五进四　马 8 进 6**

31. 马一进二　后炮平 9　　**32. 兵五进一　马 4 进 2**

33. 马二退四　炮 9 平 6

平炮迟缓。应马 6 退 5，再炮 9 平 1，胜定。

34. 炮六退二　炮 6 进 2　　**35. 仕五进四　马 2 进 4**

36. 仕六进五　马 6 退 5　　**37. 马九进八　马 4 退 6**

38. 马八进七　马 6 退 5

红方失误，遂成败势。

（选自徐超负聂铁文的对局）

第 5 局　五七炮进三兵对反宫马

1. 炮二平五　马 2 进 3　　**2. 马二进三　炮 8 平 6**

3. 兵三进一　卒 3 进 1　　**4. 马八进九　象 3 进 5**

红方进三路兵上边马，是稳中取势的战术，是较量实力的布局。

5. 炮八平七　车9进1　　　　6. 车九平八　车1平2

7. 车一平二　马8进7　　　　8. 车八进四　车9平4

9. 仕四进五　士4进5　　　　10. 兵九进一　炮2平1

平炮兑车，减轻压力。如车4进3，马三进四，黑车无好处可去。

11. 车八进五　马3退2　　　12. 炮五进四　炮6进7

13. 帅五平四　马7进5　　　14. 兵五进一　车4进4

15. 兵五进一　马5退3　　　16. 车二进三　炮1进3

失去机会。应车4平7先吃三路兵，相三进五，车7平5，兵五平四，炮1进3打兵。黑车占位较好，又多一卒，足可进行对抗。

17. 相三进五　车4平5　　　18. 兵五平四　马3进4

19. 帅四平五　马2进3　　　20. 车二平六　炮1退1

红方针对河口马的弱点，用车牵制，有力而恰逢其时。黑方从此出路受阻，形势已显不利。

21. 炮七平六　炮1平2　　　22. 兵七进一　卒1进1

冲边卒欲反击。这种期望容易落空，同时对形势的危机缺少足够的认识，由此造成损失。应车5退2，兵七进一，象5进3，马九进八，马4退5，车六平七，炮2平6，车七进二，车5平2。虽然形势不利，但是还可支撑下去。

23. 兵七进一　象5进3　　　24. 炮六进三　马3进4

25. 车六平八　马4退3　　　26. 马九进七　车5退2

27. 马七进八　车5平2

红方在牵制中迫使黑方兑去马炮，形成多兵优势。

28. 兵四进一　卒1进1

红方及时冲兵捉卒，保持攻击实力，防止象7进9之后兑7路卒，给取胜带来困难。

29. 车八退二　车2进1　　　30. 车八进四　马3进2

31. 兵四平三	象3退5	**32.** 兵一进一	马2退4
33. 前兵平二	马4进5	**34.** 马三进四	卒1平2
35. 兵二平一	卒2进1	**36.** 后兵进一	卒2平3
37. 前兵平二	卒3平4	**38.** 马四进三	卒4平5
39. 马三进四	卒5平6	**40.** 马四退二	象7进9
41. 兵一进一	象5退7	**42.** 马二进一	将5平4
43. 马一退二	卒6平7	**44.** 马二进四	卒7平6
45. 马四退三	卒6平7		
46. 马三进二	马5退4		
47. 马二退三	马4退6		
48. 马三退四	象7进5		
49. 马四进六	象5退7		
50. 马六进四	马6退8		

黑方退马失子速败。如马6进4，虽然仍是败势，但还可支持一阵，不致立即失子败北。从此红方进马压住黑马，然后进兵捉死黑马，多子胜定。

51. 马四进三（图5）

（选自许银川胜黄海林的对局）

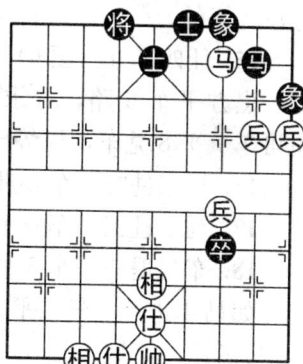

图 5

第6局　五七炮进三兵对反宫马

1. 炮二平五	马2进3	**2.** 马二进三	炮8平6
3. 车一平二	马8进7	**4.** 兵三进一	卒3进1
5. 马八进九	象7进5	**6.** 炮八平七	车1平2
7. 车九平八	炮2进4	**8.** 兵五进一	士6进5
9. 兵九进一	车9平6	**10.** 炮五平四	车6平7

平车7路稳健。如车6平8，车二进九，马7退8，车八进一，红方先手。

11. 相三进五	马3进4	**12.** 车八进一	车2进2

红方如仕四进五，车 2 进 2，车二进六，炮 6 进 4，车八进一，车 7 平 8，车二进三，马 7 退 8，车八平六，马 4 进 5，炮七退一，炮 6 平 7，马三退一，马 8 进 7，各有千秋。此时黑方进车求变。如马 4 退 6 兑炮，炮四进五，士 5 进 6，以下红方中兵难保，黑方可以对抗。

13. 车二进六   炮 2 平 1

红方如车八平六，马 4 进 5，红方没有好处。

15. 仕四进五（图 6）   车 7 平 6

黑方平车 6 路，寻求反击机会。也可车 7 平 8 兑车，局势比较平稳。

16. 马三进二   车 6 进 5

17. 马二进三   车 6 平 5

18. 车二退一   车 5 平 4

如马 4 进 6，车二平四，马 6 进 5，马三进一，炮 2 退 1，车四平六，红方占优。

14. 车八进六   炮 6 平 2

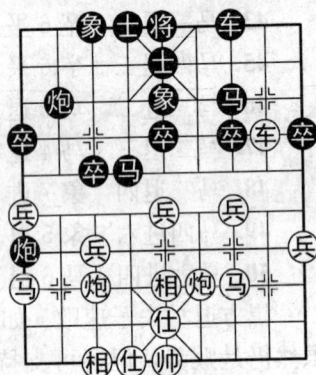

图 6

19. 兵七进一   卒 3 进 1

红方进兵是一步好着，伏下退车捉炮的争先手段。

20. 车二退二   炮 1 平 4

如炮 1 平 3，炮七进二，炮 3 平 4，马三进一，红方优势。

21. 炮七平六   炮 4 平 3   **22.** 炮六进三   车 4 退 1

23. 相五进七   炮 3 进 1   **24.** 马九进八   炮 3 进 1

25. 马八进九   车 4 进 1

进车造成败势。应象 5 退 7，还可坚持下去。

26. 马三进一

红方胜。

（选自陶汉明胜胡荣华的对局）

第7局　五七炮进三兵对反宫马

1. 炮二平五　马2进3　　　　　　**2.** 马二进三　炮8平6

3. 车一平二　马8进7　　　　　　**4.** 兵三进一　卒3进1

5. 马八进九　象7进5　　　　　　**6.** 炮八平七　车1平2

7. 车九平八　炮2进4　　　　　　**8.** 兵九进一　士6进5

红方进九路兵是比较平稳的攻法。如兵七进一，局势比较复杂多变。

9. 兵五进一　马3进4

如车9平6，炮五平四，车6平7，相三进五，马3进4，形成另一种攻守变化。

10. 仕四进五　车9平8

红方上仕静观变化，等待时机，如兵七进一，卒3进1，炮五进四，马4进3，兵五进一，炮6进5，炮七进二，炮2进1，相三进五，炮6进1，车二进一，车9平6，黑方形成有力的反击之势，红方不会满意。

11. 车二进九　马7退8

兑车消极，不如炮6进4。

12. 炮五进四　马4退6

13. 兵五进一　马6进7（图7）

14. 马三进四　炮6退2

红方可以兵五平四封住黑方6路炮，马7进5，马三进五，炮2平5，相三进五，车2进9，马九退八，炮6平9，兵七进一，马8进6，炮五退一，象3进1，兵七进一，象1进3，炮七平九，红方占优。

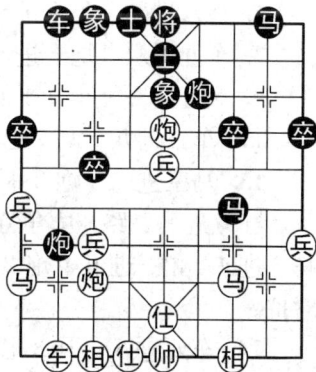

图7

15. 马四进三　马8进7

红方应相三进五，马8进6，相五进三，炮6进5，车八进二，红方主动。

16. 车八进二　前马退 5

红方如炮七平五，车 2 进 3，仍不占好处。

17. 马三退五　马 7 进 5　　　　**18. 炮七退一　马 5 退 3**

19. 兵一进一　车 2 进 3

吃去中兵之后，形成平稳局势。

20. 相三进五　炮 6 进 5　　　　**21. 炮七平八　车 2 平 5**

22. 车八进一　车 5 进 1　　　　**23. 车八进一　炮 6 平 5**

24. 车八平六　马 3 进 5　　　　**25. 炮八进四　卒 3 进 1**

26. 兵七进一　车 5 平 2　　　　**27. 车六平五　马 5 进 7**

和棋。

（选自吕钦和聂铁文的对局）

第 8 局　五七炮进三兵对反宫马

1. 炮二平五　马 2 进 3　　　　**2. 马二进三　炮 8 平 6**

3. 车一平二　马 8 进 7　　　　**4. 兵三进一　卒 3 进 1**

5. 马八进九　象 7 进 5　　　　**6. 炮八平七　车 1 平 2**

7. 车九平八　炮 2 进 4　　　　**8. 兵九进一　士 6 进 5**

9. 兵五进一　车 9 平 6　　　　**10. 炮五平四　车 6 平 8**

11. 车二进九　马 7 退 8　　　　**12. 车八进一　马 8 进 7**

13. 马三进二　炮 2 平 1

红方进马二路，力争夺先，是一步积极的走法。如车八平二，马 3 进 4，相三进五，炮 2 进 1，车二进二，车 2 进 6，黑方可以对抗。

14. 车八进八　马 3 退 2　　　　**15. 炮四平三　炮 1 平 9**

16. 兵三进一　象 5 进 7（图 8）　　**17. 马二进四　马 7 退 9**

红方进马四路是有力的攻法。如炮七进三，炮 6 平 5，仕六进五，炮 5 进 3，帅五平六，卒 5 进 1，形成平稳之势。此时黑方退马失去了防守能力，不如炮 6 进 1，还可应付。

18. 炮三平五　象 7 退 5

19. 炮五进四　卒 7 进 1

20. 马四进六　炮 6 退 1

21. 炮五平九　马 9 进 7

22. 炮七进三　士 5 进 4

红方双炮乘机吃卒，三兵道路畅通，已有胜机。

23. 相七进五　马 2 进 1

24. 仕六进五　马 1 退 3

25. 炮七进二　炮 9 退 2

26. 兵七进一　炮 9 平 8

28. 马七进六　炮 6 平 4

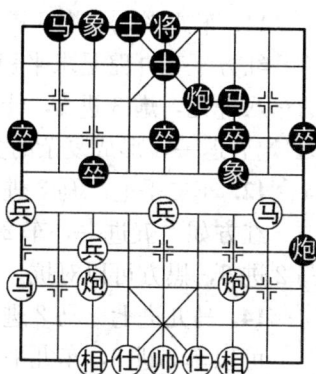

图 8

27. 马九退七　将 5 平 6

红方跃马夺先，攻法准确有力，逐渐加强攻势。

29. 前马进四　炮 4 平 6

30. 马四退五　士 4 进 5

31. 马五进七　马 3 退 1

32. 兵五进一　马 1 进 2

33. 兵九进一　士 5 退 4

34. 兵九平八　马 7 退 5

35. 兵八进一　马 2 退 1

36. 炮七平八　马 1 进 3

37. 炮八进二　马 3 进 2

38. 马七进五　马 2 进 3

39. 炮九进三　将 6 平 5

40. 马五退三　炮 6 进 2

41. 兵五进一　马 3 退 2

42. 兵五平四

红方马炮兵攻杀，终成胜局。

（选自吕钦胜胡荣华的对局）

第 9 局　五七炮进三兵对反宫马

1. 炮二平五　马 2 进 3

2. 马二进三　炮 8 平 6

3. 兵三进一　马 8 进 7

4. 车一平二　卒 3 进 1

5. 马八进九　象 7 进 5

6. 炮八平七　车 1 平 2

7. 车九平八　炮 2 进 4

8. 兵七进一　卒 3 进 1

9. 兵三进一　卒 7 进 1

10. 车二进四　炮 2 平 3

11. 车八平九　炮6进4

红方平车九路是求平稳的应法，具有一定的战略性。如走流行的车八进九，炮3进3，仕六进五，马3退2，炮五进四，士6进5，炮五退一，形成复杂的变例。

12. 车二平七　马3进4　　　　**13. 车七平六　马4进2**

红方如兵五进一，车2进5，车七平八，马4进2，马九进七，马2进3，黑方可以对抗。

14. 马九进七　马2进3　　　　**15. 车九进二　炮6平3**

可以车2进6，车九平七，车2平3，车七进一，炮6平3，马三进四，炮3平9，黑方足可对抗下去。

16. 车九平七　炮3退2　　　　**17. 兵五进一　士6进5**

18. 兵五进一　卒5进1　　　　**19. 车六进四　车2进2**

升车保护象的安全，并为左车保留通道，是一步有力的应着。如马7进6，马三进二，车9平6，马二进三，车2进9，马三进五，炮3进5，仕六进五，炮3平6，仕五退六，炮6平4，马五进三，车6进1，车七进七，炮4退7，帅五进一，炮4平5，车七平六，士5退4，车六平四，红方胜定。

20. 马三进四（图9）　车2平3

红方有一定攻势，黑方多卒，此时黑方如能阻挡住红方的攻势便能取得主动。现在黑方平车保炮，是缓着，可考虑车9平6，马四进六，马7进6，马六进五，炮3进5，车七退二，马6退5，车七进九，卒5进1，车七退六，车6进3，黑方还可对抗。

21. 仕六进五　卒5进1

22. 马四进三　马7退6

23. 车七进二　卒5进1

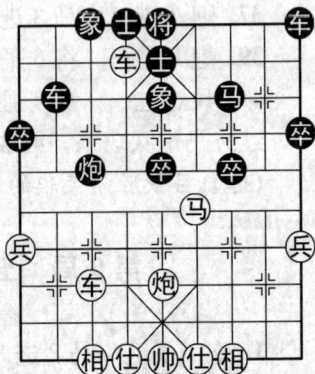

如车3进1捉马，炮六进四阻挡，红方好走。

24. 炮五平六　卒9进1

25. 车六退二　车9平8

图9

出车过于着急，对潜伏的危机认识不足。应卒 5 平 4，尚可应付。

26. 炮六进三 卒 7 进 1

红方乘机进炮，组成了强大的攻势，黑方已难化解红方的攻势。

27. 炮六平五 车 8 进 4   **28. 马三进一**

黑方无法防守，红胜。

（选自阎文清胜胡荣华的对局）

第 10 局 五七炮进三兵对反宫马

1. 炮二平五 马 2 进 3   **2. 马二进三 炮 8 平 6**

3. 车一平二 马 8 进 7   **4. 兵三进一 卒 3 进 1**

5. 马八进九 象 7 进 5   **6. 炮八平七 车 1 平 2**

7. 车九平八 炮 2 进 4   **8. 兵九进一 士 6 进 5**

9. 兵五进一 马 3 进 4

上马 4 路是较好的新变着。

10. 仕四进五 炮 6 进 4   **11. 车二进五 卒 7 进 1**

红方进车捉马正确。如车二进六，炮 6 平 7，红方徒劳无益。

12. 车二退一 卒 7 进 1

兑 7 路卒软着，红方由此轻松地打开了三路要道，占得了便宜。黑方应马 7 进 6，兵三进一，马 6 进 4，炮七平六，前马进 5，相三进五，炮 2 进 1，黑方仍可相机取势。

13. 车二平三 车 9 平 7   **14. 兵五进一 卒 5 进 1**

红方进中兵失利。现在中兵的地位很重要，不可轻估，应车八进一先开通车路为要，以下见机走车八平六攻击 4 路马，红方仍有不少机会。

15. 马九进八 马 4 进 5   **16. 马三进五 炮 2 平 5**

17. 炮七平八 车 2 进 5（图 10）

黑方大胆进车砍马，极妙的好着，算准可以在先弃后取中夺得优势。

　　18. 车三平八　马7进6

　　19. 相三进一　车7平8

　　20. 前车平三　马6进7

　　21. 车三退一　炮5平7

　　22. 仕五退四　车8进8

　　23. 仕四进五　将5平6

　　24. 炮五平四　炮6平5

　　25. 帅五平四　将6平5

　　26. 相七进五　炮7平6

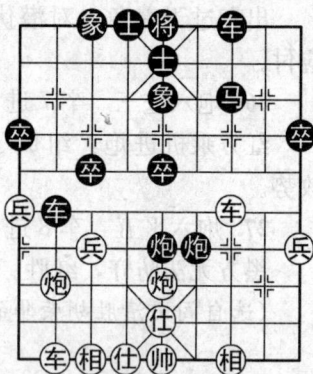

图 10

　　27. 炮四平三　炮6退1　　　　**28.** 炮八进一　炮5退1

　　29. 炮八进二　车8退1　　　　**30.** 炮三进二　车8平5

　　31. 炮三平五　卒5进1　　　　**32.** 相一进三　车5平7

　　33. 帅四平五　炮6平1　　　　**34.** 炮八进四　车7退2

　　35. 仕五退四　车7进1

　　黑方吃还一车，并有力地控制了局势，红方无法防守，黑方胜局已定。

　　（选自赵力负朱祖勤的对局）

第 11 局　五七炮进三兵对反宫马

　　1. 炮二平五　马2进3　　　　**2.** 马二进三　炮8平6

　　3. 车一平二　马8进7　　　　**4.** 兵三进一　卒3进1

　　5. 马八进九　象7进5　　　　**6.** 炮八平七　车1平2

　　7. 车九平八　炮2进4　　　　**8.** 兵七进一　卒3进1

　　如兵九进一，士6进5，兵五进一，车9平6，炮五平四，车6平8，车二进九，马7退8，车八进一，红方好走。

　　9. 兵三进一　卒7进1　　　　**10.** 车二进四　炮2平3

　　如卒3平2仍是红方先手。

　　11. 车八平九　炮6进4　　　　**12.** 车二平七　马3进4

13. 兵五进一　炮6平7

14. 相三进一（图11）　炮3平6

黑方平炮6路，先避开红马的打击，并可在左路加强控制，是较佳的新变着。如车2进5，车七平八，马4进2，马九进七，马2进4，车九进一，炮7平3，炮七平六，各有千秋。

15. 兵五进一　马4进5

16. 车七平四　马5进3

17. 车四退一　炮7平1

18. 马九退八　车2进8

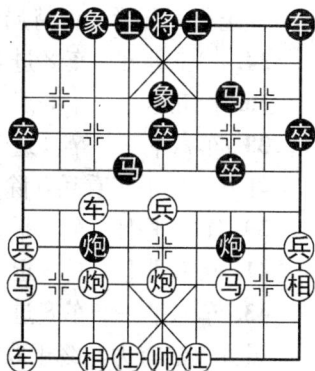

图 11

红方退马软弱，从此落入下风。应马九退七，车2进8，兵五进一，炮1退2，兵五进一，炮2平5，马三进五，炮5进3，马七进五，车2退2，兵五平四，车2平5，车四平五，马3退5，兵四平三，形成平稳局势。

19. 车九进二　马3进4

跃马攻击极佳。红方如帅五平六，炮1平2，伏下炮2进3的先手，黑方胜势在望。

20. 炮五进四　马7进5　　21. 车四平九　车2进1

22. 前车平七　马5进3　　23. 帅五平六　马3进5

24. 车七进一　马5进7　　25. 相一退三　车2退3

运车退守要道，着法细致紧凑。

26. 车九进四　车2平4　　27. 帅六平五　车9平8

28. 马三退五　车4进2　　29. 车九退三　马7进8

30. 车七平四　卒7进1

红方平车无可奈何，因一时也没有化解黑方反击的好方法，只好尽力先做好防守。如车九平四，车8进6，红车没有好的据点，仍成败势。

31. 车四退三　卒7进1　　32. 车九平六　车4平3

33. 车四平三　士6进5

上士稳固阵形，保持局势的安全，稳健之着。

34. 相三进五　　车 8 进 3　　　　**35.** 车六进二　　车 3 退 2

36. 相五退三　　车 3 退 1　　　　**37.** 车六退三　　车 8 进 3

38. 车六平一　　卒 9 进 1

红方只好平车看兵，除此也没有别的好办法。

39. 车一平七　　车 3 平 5　　　　**40.** 车七平五　　车 5 平 6

41. 马五进七　　马 8 退 9　　　　**42.** 兵五进一　　卒 7 进 1

43. 车三平一　　车 8 进 3　　　　**44.** 兵五进一　　象 3 进 5

黑方攻法有力，终于取得胜局。

（选自许银川负赵国荣的对局）

第 12 局　　五七炮进三兵对反宫马

1. 炮二平五　　马 2 进 3　　　　**2.** 马二进三　　炮 8 平 6

3. 车一平二　　马 8 进 7　　　　**4.** 兵三进一　　卒 3 进 1

进 3 路卒是比较流行的着法。如车 9 进 1，成为另一种变化。

5. 马八进九　　象 7 进 5　　　　**6.** 炮八平七　　车 1 平 2

7. 车九平八　　炮 2 进 4　　　　**8.** 兵七进一　　卒 3 进 1

9. 兵三进一　　卒 7 进 1

红方弃三路兵，与上一步弃七路兵相互联系，目的是把二路车调至左路控制局势。虽然物质损失较大，但有一定的攻击力，至今仍很流行，不断出现新的变着。

10. 车二进四　　卒 3 平 2

平卒保炮比走平炮 3 路要稳健一些。如炮 2 平 3，车八进九，炮 3 进 3，仕六进五，马 3 退 2，炮五进四，士 6 进 5，相三进五。黑方虽然多得一相，但红方各子活跃，机会较为多一些。

11. 兵九进一　　炮 6 进 4　　　　**12.** 车二平八　　车 2 平 5

13. 马九进八　　炮 6 平 7（图 12）

红方如马八进七，炮 7 进 3，仕四进五，炮 2 平 3，马七进五，象 3 进 5，炮七进五，双方形成激烈的对攻局势。

14. 炮七进四 车9进1

红方如相三进一，马3进2，形成平稳之势。此刻黑方起横车，着法准确有力，如炮7进3，仕四进五，车9平8，车八进三，炮7平9，仕五进四，卒7进1，兵五进一，黑方没有什么强有力的攻势，形势反而不好。

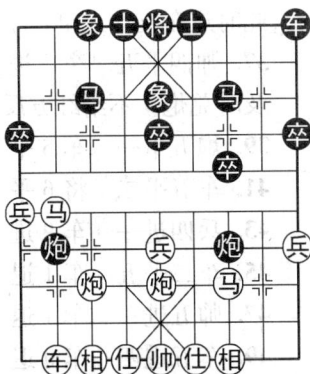

15. 马八进六 马3退1

16. 炮七退三 炮7进3

图12

红方退炮失算。应马三退五，车9平3，炮七退三，炮7平3，车八进三，炮3平9，兵五进一，炮9退2，马六退四，双方局势平稳。

17. 仕四进五 炮2平1	**18. 马三进四 车9平8**
19. 马四进五 马7进5	**20. 炮五进四 士6进5**
21. 车八进八 炮7平9	**22. 帅五平四 炮1进2**
23. 车八退七 车8进8	

进车叫将失去速胜机会。应炮9退1，帅四进一，车8进7，帅四退一，车8退5，帅四进一，车8平5，车八平九，车5进1，伏下抽车的凶悍之着，黑方得子胜定。

24. 帅四进一 车8退6	**25. 炮五平四 车8进5**
26. 帅四退一 车8进1	**27. 帅四进一 车8平4**
28. 马六进五 象3进5	**29. 车八平九 车4退6**
30. 炮四退四 马1进3	**31. 兵五进一 马3进4**
32. 车九进二 马4进5	

红方进车保炮无奈。如炮七退一，马4进5，炮七平五，车4平8，车九进二，车8进5，帅四退一，车8退2，帅四进一，卒7进1，黑方车马炮卒攻击较猛烈，红方难以抵挡。

33. 炮四平五 车4平6	**34. 仕五进四 将5平6**
35. 炮七进六 象5退3	**36. 车九平五 车6进4**

此时进车吃仕过早，不如卒7进1更为有利。

37. 帅四平五　卒7进1	38. 兵五进一　炮9退2

及时兑炮，不给红方反击的机会。

39. 炮五平一　车6平9	40. 相七进五　卒7平6
41. 车五平二　将6平5	42. 兵五进四　象3进5
43. 兵四进一　车9进1	44. 帅五退一　车9平1
45. 车二平五　车1退3	46. 兵一进一　车1进4
47. 帅五进一　车1退1	48. 帅五退一　车1平9
49. 车五进四　车9退3	50. 相五退三　卒6进1

红方已无力防守，黑方取得胜局。

（选自胡荣华负蒋志梁的对局）

第13局　五七炮进三兵对反宫马

1. 炮二平五　马2进3	2. 马二进三　炮8平6
3. 兵七进一　马8进7	4. 兵三进一　车9平8
5. 炮八平七　象3进5	6. 炮七进四　车8进4
7. 炮七平三　士4进5	

黑方左车已进到河口，即要兑卒争先时，红方打7路卒，以利压马抢先，是一步好着。如马八进七，卒7进1，兵三进一，车8平7，黑方左路子力畅通，红方右马受制，并不令人满意。此时黑方上右士，反而加大了红方右炮的威力，不如车1平2抢先出车，然后再看机会走炮2平1及炮2进5。

8. 车一平二　车8平2	9. 马八进七　炮6进5
10. 马七退五　车1平4	11. 马三进四　车2平6
12. 马五进三　马3进2	13. 仕四进五　炮6退1
14. 车二进三　炮6平1	

红方进车捉炮，防止黑方有炮6平7打乱红方攻势的着法，佳着。

15. 车二进五（图13）　车4进8

　　红方在右路集中优势兵力展开攻势，给黑方造成极大压力。而黑方进4路车，寻求机会，并留出平将的位置，这些计谋不能奏效，目前应尽一切力量不让红方炮打底象。不如炮1退2，车二平四，象7进9，黑方不至于受到较大打击。

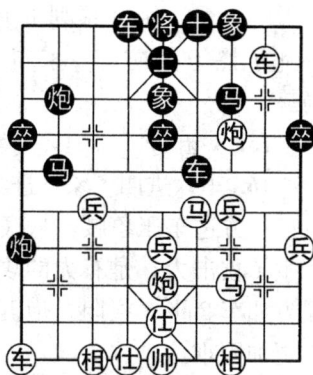

图 13

　　16. 车二平四　士5进6
　　17. 炮五平四　车6平8
　　18. 炮三进三　士6进5
　　红方先平四路炮打车正确。如炮三进三打象，然后再平中炮打车，黑方可走炮2退1对打车，红方反而麻烦。
　　19. 马四进五
　　红方进马抢攻，奠定胜局。
　　（选自赵国荣胜洪石的对局）

第 14 局　　五七炮进三兵对反宫马

　　1. 炮二平五　马2进3　　　　**2.** 马二进三　炮8平6
　　3. 车一平二　马8进7　　　　**4.** 兵三进一　卒3进1
　　5. 马八进九　象7进5　　　　**6.** 炮八平七　车1平2
　　红方平七路炮是对黑方3路马施加压力。
　　7. 车九平八　炮2进4　　　　**8.** 兵七进一　卒3进1
　　9. 兵三进一　卒7进1　　　　**10.** 车二进四　卒3平2
　　11. 兵九进一　炮6进4　　　　**12.** 马九进八　炮6平7
　　红方如车二平八，车2进5，马九进八，炮6平7，相三进一，马3进2，双方各有攻守。
　　13. 相三进一　车2进4
　　14. 车二平六　士6进5（图14）
　　从表面上看，红方似乎没有什么明显的攻势，但红方依仗左路子力的力量，用一系列的有力着法，打乱了黑方的防守，取得了有利的局势。

15. 兵五进一　炮 2 平 6

16. 车六进四　象 3 进 1

红方进车压象腰，从底路和中路产生了攻击力，是有力的攻法。此时黑方如车 2 平 3 拦阻，炮五退一，黑方更加困难。

17. 兵五进一　车 9 进 2

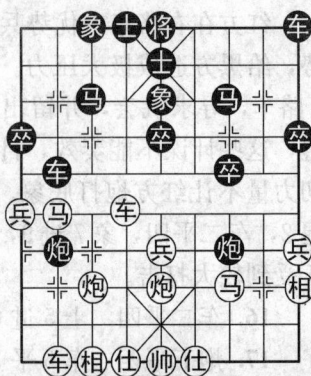

图 14

出车看中象，出于不得已。如车 2 平 5 吃中兵，马八进七，更为不利。

18. 车六退四　炮 6 退 6 　　　**19.** 车八进三　卒 7 进 1

20. 车八平七　马 3 退 1 　　　**21.** 相一进三　马 7 进 8

22. 兵五进一　象 1 退 3 　　　**23.** 马八进六　车 9 平 6

24. 炮七进七　马 1 退 3 　　　**25.** 兵五进一　车 6 进 5

26. 兵五进一　将 5 进 1 　　　**27.** 车七进五　将 5 退 1

28. 车六平五

红方炮打底象，然后从中路冲兵，突破黑方防线，取得胜局。

（选自卜凤波胜李来群的对局）

第 15 局　五七炮进三兵对反宫马

1. 炮二平五　马 2 进 3 　　　**2.** 马二进三　炮 8 平 6

3. 兵三进一　马 8 进 7 　　　**4.** 马八进九　车 9 平 8

5. 炮八平七　象 3 进 5 　　　**6.** 车九平八　炮 2 平 1

7. 兵七进一　士 4 进 5

红方不出右车，进七路兵，形成舒展的阵势。如车一平二兑车，车 8 进 9，马三退二，卒 7 进 1，黑方满意。

8. 车一平二　车 8 进 9 　　　**9.** 马三退二　车 1 平 4

10. 炮五平三　卒5进1

红方如车八进三，车4进4，红方失先。

11. 相三进五　车4进6　　**12.** 马二进四　马3进5

红方不如炮三进四打卒，迫使黑方走车4平5吃兵，红方形势较好。

13. 炮三进一　车4退1　　**14.** 炮七进四　卒5进1

15. 兵五进一　马5进6　　**16.** 马四进五　车4平5

运车吃兵似紧实缓。应象5退3，局势更易于开展。

17. 车八进三　炮1平3　　**18.** 炮三退二　卒7进1

19. 炮七平八　炮3进7

进炮打相，施展先弃后取的战术，是当前形势的需要，否则将对黑方不利。

20. 相五退七　马6进7　　**21.** 炮三平五　车5进1

22. 炮八平三　后马退9

红方平炮伏杀，迫使黑方退马后再兑车，从而在残局中抢占了优势。

23. 车八平五　马7退5　　**24.** 相七进五　马5退4

不如马5退6，对形势较为好一些。

25. 兵三进一　象5进7　　**26.** 炮三平五　象7退5

27. 前炮退一　炮6平8

平炮看似是一步好着，其实影响了9路马的出路。正着应走马4进2，马九进七，马9进7，黑方较好。

28. 后炮平三　马4进5　　**29.** 兵九进一　炮8平9

30. 马九进八　炮9进4　　**31.** 马八进九　炮9平8

32. 马九进八　炮8进3　　**33.** 仕四进五　炮8退8

34. 马八退六　将5平4　　**35.** 马六退八　士5进6

36. 仕五进六　士6进5　　**37.** 炮三平六　将4平5

38. 炮六平五　马5进7

39. 后炮平四　马7退6（图15）　**40.** 炮四进二　马9进8

红方炮四进二压马，过于求稳，失去了一次扩大优势的机会。

此时应炮四进六吃士，削弱黑方的防
守，红方明显占优。

 41. 仕六进五　　卒 9 进 1

 42. 兵七进一　　卒 9 进 1

 43. 马八进六　　将 5 平 6

 44. 炮五平四　　马 8 进 6

 45. 炮四进二　　炮 8 平 6

双方难以进取，握手言和。

（选自李艾东和李来群的对局）

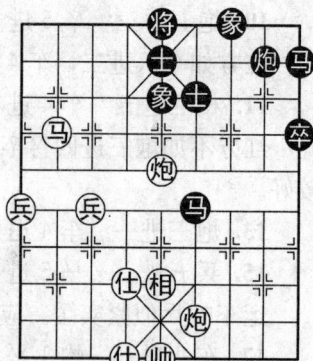

图 15

第 16 局　五七炮进三兵对反宫马

 1. 炮二平五　　马 2 进 3　　　　 **2.** 马二进三　　炮 8 平 6

 3. 车一平二　　马 8 进 7　　　　 **4.** 兵三进一　　卒 3 进 1

 5. 马八进九　　象 7 进 5　　　　 **6.** 车九进一　　卒 1 进 1

红方也可炮八平六及炮八平七，形成不同的攻守变化。

 7. 车九平四　　士 6 进 5　　　　 **8.** 车四进三　　车 1 进 3

 9. 仕四进五　　炮 2 平 1

平边炮含蓄有力。如车 1 平 4，则兵九进一，仍是红先。

 10. 炮八平七　　车 1 平 4　　　 **11.** 车二进六　　车 9 平 7

 12. 兵九进一　　卒 1 进 1

红方也可炮七进三，双方各有千秋。此时黑方如炮 1 进 3，车
二平三，黑方子力不活跃。

 13. 车四平九　　车 4 进 3

进车牵制红方三路马，并伏下马 3 进 4 及炮 1 进 5 的攻击方
法，由此取得满意的效果。

 14. 炮五平六　　炮 1 进 1　　　 **15.** 车九平四　　卒 7 进 1

红方可车二退二，炮 1 进 4，相七进九，车 4 平 3，炮七退二，
卒 7 进 1，兵三进一，马 7 进 6，形成平稳局势。

16. 车二退二　炮 1 进 1

17. 兵三进一　马 7 进 6

18. 车四平三　马 6 进 5

红方应车四进一，炮 1 平 6，兵三平四，局势平稳。

19. 马三进五　车 4 平 5

红方如车三退一，炮 1 进 2，仍是黑方先手。

20. 兵三进一　炮 6 进 2

21. 兵三平四　车 7 进 5

22. 车二平三　车 5 平 6

23. 炮六进四　马 3 进 4

24. 兵四平五　马 4 进 6

25. 炮七平五　卒 3 进 1（图 16）

弃 3 路卒是一步极好的抢攻之着。红方如兵五进一，炮 1 平 5，车三进五，炮 6 退 4，兵五进一，士 4 进 5，炮六平五，象 3 进 5，红方无法防守。

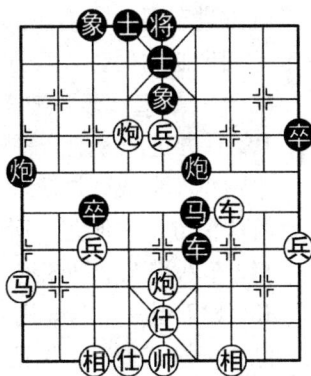

26. 炮五进三　马 6 进 4

27. 兵五进一　象 3 进 5

28. 车三进五　炮 6 退 4

29. 炮五平八　士 5 进 6

30. 车三退五　车 6 退 2

31. 炮八进四　士 4 进 5

32. 炮八平四　炮 1 平 5

33. 相七进五　马 4 进 6

34. 帅五平四　将 5 平 6

35. 车三退三　炮 5 退 1

36. 仕五进四　车 6 进 3

37. 车三平四　炮 5 平 6

38. 仕六进五　车 6 退 1

39. 炮六退五　卒 3 平 4

40. 马九进八　将 6 平 5

41. 兵一进一　炮 6 进 5

42. 炮六平四　车 6 进 3

43. 马八进六　车 3 平 9

44. 马六进五　车 9 退 1

45. 仕五进四　卒 4 进 1

46. 马五进七　将 5 平 4

47. 炮四平六　士 5 进 4

48. 仕四退五　车 9 平 3

49. 马七退五　将 4 平 5

50. 帅四平五　车 3 退 1

图 16

黑方车双卒，红方仅有马炮，已无法对抗，黑方胜定。

（选自王秉国负尚威的对局）

第17局　五七炮进三兵对反宫马

1. 炮二平五　马2进3　　　　**2.** 马二进三　炮8平6

3. 兵三进一　马8进7　　　　**4.** 马八进九　卒3进1

5. 炮八平七　象3进5　　　　**6.** 车九平八　车1平2

7. 车八进四　车9平8

红方进车河口，不让黑炮过河封车。如车一平二，炮2进4，形成互相牵制的局势，双方的斗争比较紧张。

8. 车一平二　车8进9　　　　**9.** 马三退二　士4进5

10. 兵九进一　炮2平1

平炮兑车形成残局阶段，因局势比较平稳，容易形成和势。因其他着法黑方不占便宜，所以平炮兑车是正确的选择。

11. 车八进五　马3退2　　　　**12.** 炮五进四　马2进3

13. 炮五退一　马3进4　　　　**14.** 炮七平三　马4进5

红方如马二进三，保留中兵，仍较为占先。

15. 炮三进四　象7进9　　　　**16.** 相三进五　马5退4

17. 马二进三　炮1进3　　　　**18.** 仕四进五　炮1平5

19. 炮三平二　炮6退1　　　　**20.** 炮二退二　炮5平8

红方如兵三进一，炮6平7，黑方反而好走，所以红方退炮兑子，力求局势平稳，不使黑方有机会反击。

21. 马三进二　炮6平7

22. 兵七进一　卒3进1

23. 相五进七　炮7进4

24. 马九退七（图17）　马7进6

如马7进8，双方保持炮双马，仍有较多的变化，现在进6路马，必兑一子，容易形成和局。

25. 相七进五　马6进8

26. 相五进三　卒9进1

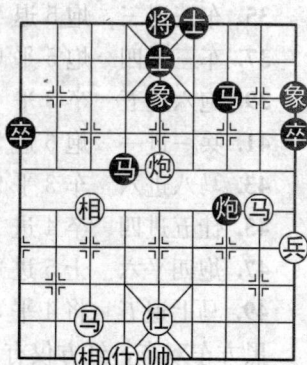

图17

27. 炮五平二　马 4 进 5	28. 相七退五　马 5 进 7
29. 炮二进四　象 9 退 7	30. 炮二平一　卒 1 进 1
31. 马七进八　卒 1 进 1	32. 马八进六　马 8 退 7
33. 马六退四　卒 1 平 2	34. 马四进六　后马进 5
35. 仕五进六　马 5 进 4	36. 仕六进五　卒 2 平 3
37. 马六进四　卒 3 进 1	38. 马四退三　马 4 退 5

39. 兵一进一

双方无力进取，终成和局。

（选自赵国荣和胡荣华的对局）

第18局　五七炮进三兵对反宫马

1. 炮二平五　马 2 进 3	2. 马二进三　炮 8 平 6

3. 兵三进一　马 8 进 7

先进三路兵是李来群比较喜用的走法。如车一平二，对方可能走卒 7 进 1，这样会失去自己熟悉的布局。

4. 马八进九　车 9 平 8	5. 炮八平七　车 1 平 2
6. 车九平八　象 3 进 5	7. 车一平二　车 8 进 9

红方兑车，保持局势平稳的走法，如车八进四仍是先手。

8. 马三退二　炮 2 进 4

不如卒 7 进 1 活通左路马道。

9. 兵七进一　炮 6 进 2	10. 马二进三　炮 2 平 3

11. 炮七平六　炮 3 平 4

红方平炮六路，后中有先手，好着。不但可免丢相，还有炮六进五打马的先手。黑方此时不走车 2 进 9 兑车，看似比较合适，但在速度上带来了较大的损失，使局势产生了不利因素。此着可车 2 进 9，马九退八，士 4 进 5，虽然局势较差，但尚无大碍，仍可进行对抗。

12. 车八进九　马 3 退 2	13. 马三进四　炮 4 平 9

应炮 4 退 3 防守，对形势比较有利。

14. 炮六进五　象 5 退 3　　　　**15.** 炮六退一　炮 9 退 1

如炮 9 平 7，炮六平九，黑方仍然被动，所以此时尽力捉兵，着法正确。

16. 马四进六　炮 9 平 3

17. 炮六平三　象 7 进 5

18. 马六进四　炮 3 退 1

应马 2 进 3，这样虽然形势被动，但可以保留中卒。

19. 炮三平五　马 7 进 5

20. 炮五进四　士 6 进 5（图 18）

21. 炮五平九　卒 9 进 1

红方炮打 1 路边卒是控制局势的好着。如炮打 9 路卒，黑卒 1 进 1，然后可以跃马，红方不易掌握形势。

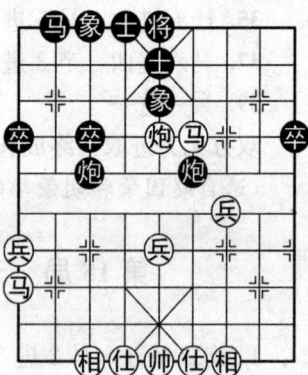

图 18

22. 兵五进一　马 2 进 3

23. 炮九平八　卒 9 进 1

24. 兵五进一　炮 6 进 2

25. 兵九进一　卒 9 平 8

26. 相三进五　卒 8 平 7

27. 马四退三　炮 3 平 2

28. 马九进七　卒 3 进 1

29. 炮八平七　炮 2 进 1

30. 马七进六　马 3 进 1

红方以为黑方要退马，然后再走兵五进一，红方大占优势。不料黑方强行进马 1 路，使红方的取势增加了难度。

31. 仕四进五　炮 6 退 1

32. 马三进二　炮 6 平 1

33. 炮七平五　炮 2 退 3

34. 相五进七　炮 1 进 1

35. 马六退五　马 1 进 2

以上红方运相助攻准备出帅要杀。黑方如炮 1 平 4，帅五平四，炮 4 退 5，马五进六，炮 4 平 3，马六进七，红方仍是胜局。

36. 帅五平四　炮 1 退 5

37. 马五进六　炮 2 平 4

38. 马六进七　炮 1 平 3

39. 兵五平六　马 2 进 3

40. 兵六进一　马 3 退 4

41. 炮五退二

红方出帅攻击，黑方更难防守，红方胜。

（选自李来群胜朱贵友的对局）

第 19 局　五七炮进三兵对反宫马

1. 炮二平五　马 2 进 3　　　　**2.** 马二进三　炮 8 平 6

3. 兵三进一　马 8 进 7　　　　**4.** 兵七进一　车 9 平 8

5. 炮八平七　车 8 进 4

升左车于河口，伺机兑卒活动马路，打开局势。如象 3 进 5，马八进九，士 4 进 5，车九平八，炮 2 平 1，车一平二，车 8 进 9，马三退二，车 1 平 4，炮五平三，车 4 进 6，相三进五，车 4 平 5，兵三进一，象 5 进 7，兵七进一。红方有兵过河，形势主动。

6. 车一平二　车 8 平 2　　　　**7.** 马八进九　象 3 进 5

8. 车二进六　士 4 进 5　　　　**9.** 炮七进四　卒 7 进 1

红方运炮打 3 路卒，先得实利。如车二平三，马 7 退 8，车九进一，马 8 进 9，车三平一，车 1 平 4，红方虽然多兵，但黑方主力已抢先出动，红方反而不合适。此时黑方兑 7 路卒过于着急，不如车 1 平 4，出车控制形势。

10. 兵三进一　象 5 进 7

如车 2 平 7，车二平三，红方先手兑车，黑方不上算。

11. 车九进一　马 7 进 6

12. 车九平七　象 7 进 5

13. 兵七进一　车 2 平 3

14. 车七进四　象 5 进 3（图 19）

15. 车二退一　象 3 退 5

红方退车捉象，为左炮打 9 路卒

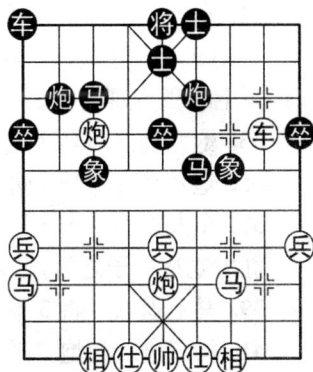

图 19

创造条件，由此红方的攻击力逐渐扩大，取得了理想的局势。

16. 炮七平一　炮 6 平 7

如炮 6 平 9，炮一平四，黑方仍难应付。

17. 炮一进三　炮 7 退 2　　　　**18.** 车二退一　马 3 进 2

红方退车正确。如马三进四，车 1 平 4，炮五平三，车 4 进 5，车二平三，车4平6，炮三进七，象5退7，车三进四，车6平8，车三退二，车8退5，车三平七，车8平9，车七平八，车9进6。双方子力兑去较多，红方难以取胜。此刻黑方进马失去中卒，颇不合适，使红方占多兵之利。应炮2进5，车二平七，炮2平7，车七进三，前炮平1，相七进九，马6进4，炮五平三，车1平4。黑方局势虽然落后，但还有谋取和局的机会。

19. 炮五进四　车1平3　　　　20. 相三进五　车3进3

21. 炮五退二　车3平9　　　　22. 车二平一　车9平8

不如车9进2，兵一进一，马6进7，兵一进一，马2进1，黑方还有谋和的机会。

23. 车一平四　马6退7　　　　24. 仕四进五　马2退4

25. 炮五平八　马4退6　　　　26. 马九进七　马6进5

红方应兵五进一，更有利于形势的展开。

27. 炮八退二　马5进4　　　　28. 炮八平六　马4退3

29. 马七进六　车8平9　　　　30. 车四平一　车9平8

31. 车一平四　车8平9　　　　32. 车四进二　车9退2

如车9退3吃炮，马六进五，士5进6，马五进七，将5进1，车四平七，黑方难应付。

33. 炮六进二　马3退4　　　　34. 车四平九　车9退1

35. 炮六平五　马4进5　　　　36. 马六进七　士5退4

37. 车九退一　士6进5　　　　38. 车九平五　车9进3

红方吃还一子之后，形成多兵之势，黑方已难抵挡。

39. 马七退八　将5平6　　　　40. 炮五平九　车9平1

41. 马三进二　炮7平8　　　　42. 车五平六　车1平8

43. 马二退三　车8平3　　　　44. 马八退六　车3平1

45. 马六进四　马7进5　　　　46. 车六进一　炮8进3

47. 炮九平四　将6平5　　　　48. 车六平九　炮8平1

49. 马四进六　炮2进5　　　　50. 仕五进六

红方以多兵优势取得胜利。

（选自赵国荣胜胡荣华的对局）

第20局　五七炮进三兵对反宫马

1. 炮二平五　马2进3　　　2. 马二进三　炮8平6

3. 兵三进一　卒3进1　　　4. 马八进九　象3进5

5. 炮八平七　马8进7　　　6. 车九平八　车1平2

7. 车八进四　车9平8

8. 兵九进一　士4进5

9. 车一平二　车8进9

10. 马三退二　炮2平1（图20）

11. 车八平五　车2进6

红方平车中路，避开兑车，保持
实力。如车八进五，马3退2，炮五
进四，马2进3，双方形成无车局势，
形势平淡。

12. 炮五平三　车2平1

可马7退8先避一下，静观红方变化。

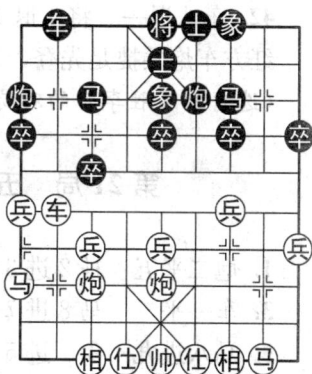

图20

13. 炮三进四　炮1进3　　　14. 炮七平二　炮1进2

15. 相七进九　车1进1　　　16. 马二进三　炮6进5

17. 炮二进五　炮6平3

如炮6退5，炮二平四，士5进6，兵三进一，红方占优势。

18. 车五平八　炮3进2　　　19. 仕六进五　车1进2

20. 炮三进三　象5退7　　　21. 炮二平七　炮3平6

由于红方子力占据了较好的位置，在对攻中占有优势。

22. 仕五退六　炮6平4　　　23. 炮七平九　车1平3

24. 相三进五　炮4退1　　　25. 帅五进一　车3退1

26. 车八进五　士5退4　　　27. 炮九进二　将5进1

28. 车八退一　将5进1　　　29. 兵三进一　炮4退1

红方冲兵弃马，攻法紧凑有力，由此扩大了攻势。

30. 帅五退一　炮4平7　　　31. 兵三进一　马7退8

32. 兵三平四	车 3 退 2	**33.** 兵四平五	将 5 平 4
34. 炮九平四	马 8 进 9	**35.** 兵五平六	将 4 平 5
36. 兵六平五	将 5 平 4	**37.** 炮四退八	车 3 平 4

红方及时退炮，攻守兼备，扩大了优势。

38. 炮四平三	炮 7 平 6	**39.** 炮三进六	马 9 进 7
40. 兵五平四	马 7 进 8	**41.** 兵四进一	象 7 进 5
42. 车八退一	将 4 退 1	**43.** 兵四平五	

红方车炮兵捷足先登，夺得胜利。

（选自张石胜李轩的对局）

第 21 局　五七炮进三兵对反宫马

1. 炮二平五	马 2 进 3	**2.** 马二进三	炮 8 平 6
3. 车一平二	马 8 进 7	**4.** 兵三进一	卒 3 进 1
5. 马八进九	象 7 进 5	**6.** 炮八平七	车 1 平 2
7. 车九平八	炮 2 进 4	**8.** 兵七进一	卒 3 进 1
9. 兵三进一	卒 7 进 1	**10.** 车二进四	炮 2 平 3
11. 车八进九	炮 3 进 3	**12.** 仕六进五	马 3 退 2
13. 炮五进四	士 6 进 5	**14.** 炮五退一	马 2 进 3
15. 相三进五	卒 3 进 1	**16.** 马九进七	炮 3 退 3
17. 车二平七	将 5 平 6	**18.** 车七退一	马 3 退 2
19. 车七平八	马 2 进 4	**20.** 车八平六	马 4 进 6
21. 兵五进一	马 6 进 7	**22.** 帅五平六	车 9 平 8
23. 炮七退一	前马退 9		

以上双方走成流行的布局变化，形成复杂的对攻局势。此刻黑方如前马进 9，车六进三，车 8 进 7，炮七进一，卒 7 进 1，车六平三，卒 7 进 1，马三进五，车 8 平 5，车三进一，卒 7 平 6，炮七进四，炮 6 进 7，车三退七。红方得子占优。

24. 炮五进一	马 9 进 8	**25.** 马三进四	卒 7 进 1
26. 马四进三	车 8 进 4	**27.** 炮五平四	将 6 平 5

28. 车六进三　车8平2　　　　　**29. 炮四平九　车2进5**

红方不如炮七进三，使七路炮不被牵制。

30. 炮七退一　马8退7　　　　　**31. 炮九进三　后马退6**

32. 马三退五　炮6平8　　　　　**33. 马五进四　士5进6**

34. 车六进三　将5进1　　　　　**35. 车六平五　将5平6**

36. 车五平四　将6平5

37. 车四平五　将5平6

38. 车五平二　炮8进7

39. 帅六进一（图21）　车2退9

黑方退车捉炮化解被杀之势，忽
略了红方七路炮的作用。不如先车2
退1打将，然后再退车解围。以下红
方如车二退一，将6退1，车二平九，
炮8平3，相五退七，马7退5，黑方
比较好走。

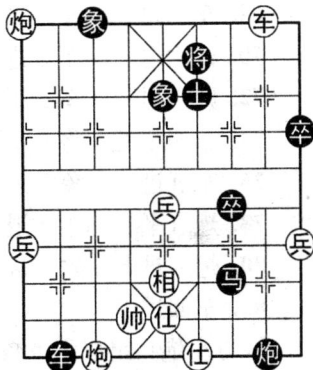

图 21

40. 炮七进二　车2平1

如马7退8，车二平三，车2平1，车三退五，红方先弃后取，
形势较好。

41. 炮七平三　炮8平9　　　　　**42. 相五进三　车1进6**

43. 兵五进一　车1进2　　　　　**44. 帅六进一　车1退3**

45. 车二平六　士6退5　　　　　**46. 车六退一　将6退1**

47. 兵五进一　车1平5　　　　　**48. 兵五平四　车5平7**

49. 炮三平四　将6平5　　　　　**50. 炮四平五　车7平5**

51. 仕五进四　炮9平8

因为黑方有炮9退2得子的方法，所以红方上仕防守，细致。

52. 兵四平三　炮8退8　　　　　**53. 车六退二　炮8进3**

54. 车六退一　炮8退4　　　　　**55. 兵三进一　车5平7**

56. 兵三平二　车7退4　　　　　**57. 车六进一　卒9进1**

58. 车六退一　炮8平6　　　　　**59. 炮五退二　车7进6**

60. 炮五进二　车7退6　　　　　**61. 炮五退一　车7进6**

62. 车六进三　车7平6　　**63.** 帅六退一　车6退6

如车6平5，兵二平三，炮6进1，车六退三，车5退1，兵三进一，红方攻势较强，黑方难以支持。

64. 兵二平三　炮6平8　　**65.** 炮五进一　将5平6

66. 仕四进五　象5进7　　**67.** 炮五平八　士5退4

68. 车六退三　车6平2　　**69.** 炮八平五　车2进7

70. 帅六退一　车2进1　　**71.** 帅六进一　车2退1

72. 帅六退一　车2平5　　**73.** 车六平四　将6平5

74. 车四平五　将5平6　　**75.** 兵三进一　炮8平9

76. 车五进一　象7退9　　**77.** 车五平二　象9退7

78. 炮五平二　车5退1　　**79.** 车二平六　士4进5

80. 炮二进七　象7进9　　**81.** 车六平四　将6平5

82. 车四进二

红方车炮兵组成强大攻势，黑方无法防守，红胜。

（选自党斐胜汤卓光的对局）

第22局　五七炮进三兵对反宫马

1. 炮二平五　马2进3　　**2.** 马二进三　炮8平6

3. 兵三进一　马8进7　　**4.** 兵七进一　车9平8

5. 车一平二　车8进9

红方平车兑车，虽然失一先，但可以控制黑方双马，利大于弊。

6. 马三退二　象3进5　　**7.** 炮八平七　车1平2

8. 马八进九　炮2平1

平炮开通车路。如炮2进5，车九平八，炮2平5，相七进五，车2进9，马九退八，黑方双马受制，红方占优势。

9. 车九平八　车2进9　　**10.** 马九退八　炮1进4

11. 马二进三　炮1退1　　**12.** 相三进一　象7进9

上边象准备兑卒通马路。

13. 马八进九 卒7进1 　　**14.** 兵三进一 象9进7
15. 炮七进四 马7进6 　　**16.** 马九进七 卒1进1
17. 炮七平一 炮6平7 　　**18.** 马七进九 卒1进1
19. 马三进四 炮7平6

红方应马三进二。黑方如马6进5，兵七进一，象5进3，炮一进三，士6进5，马二进一，炮7平5，马一退三，马5退6，成为平稳局势。

20. 马四退三 卒1平2 　　**21.** 炮一退一 马6进7

红方退炮没有效力。应马三进二，马6进5，兵七进一，象5进3，马二进四，炮6平5，马四进五，和局形势。

22. 兵七进一 象5进3 　　**23.** 炮一平七 卒2平3
24. 炮七平九 卒3进1 　　**25.** 炮九退四 炮6平7
26. 相一进三 卒3平4

平卒4路是一步细致的着法。如炮7进3打相，炮九平三，兑子成为和局。

27. 炮五进四（图22） 炮7进3

进炮打相反击正确。如马3进5，炮九平五，炮7进3，炮五进五，炮7进2，炮五平三。红方得还一子，黑方不占便宜。

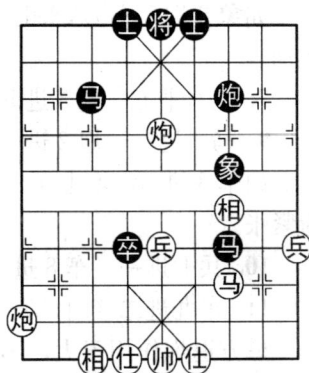

图22

28. 马三退一 马3进5
29. 炮九平五 马7进9 　　**30.** 炮五进五 马9进7
31. 帅五进一 炮7平8 　　**32.** 炮五平四 炮8进3
33. 炮四退五 马7退8 　　**34.** 帅五退一 炮8进1
35. 马一退三 卒4平5

吃掉红兵之后，红方已无子可动，更无力防守，已成败势。

36. 帅五进一 马8进7 　　**37.** 帅五平六 士4进5
38. 仕六进五 卒5平6 　　**39.** 相七进九 士5进4
40. 相九进七 炮8退8 　　**41.** 仕五进六 卒6进1

42. 炮四平五　马7退8　　　　43. 帅六退一　卒6平7

平卒，由此必得一子，已成胜势。

44. 炮五平九　象7退9　　　　45. 仕四进五　卒7进1

46. 炮九平三　马8进7　　　　47. 马三进一　炮8进2

黑方马炮卒攻法老练，取得胜局。

（选自赵庆阁负柳大华的对局）

第23局　五七炮进三兵对反宫马

1. 炮二平五　马2进3　　　　2. 马二进三　炮8平6

3. 兵三进一　马8进7　　　　4. 兵七进一　车9平8

5. 车一平二　车8进9　　　　6. 马三退二　车1进1

如象3进5，炮八平七，车1平2，炮七进四，炮2进6，红方主动。

7. 炮八平七　象3进5　　　　8. 炮七进四　车1平8

9. 马二进三　炮2进3

如车8进3，炮七平三，局势较为紧张。

10. 兵七进一　车8进3

11. 车九进二（图23）　炮2退5

黑方退炮作用不大，不如炮6进5打车，炮五退一，车8平3，车九平四，车3退1，局势较为平稳。

12. 车九平七　象5进3

13. 炮五退一　象7进5

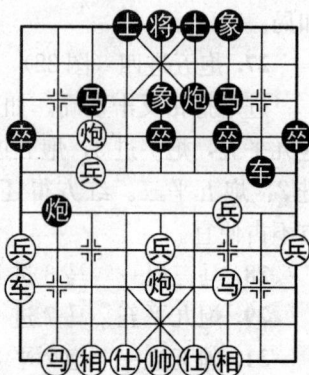

图23

14. 炮五平三　士6进5

红方平三路炮力求保持变化。如车七平四，士6进5，车四进四，车8进3，车四平三，兑子后红方不占便宜。

15. 炮七平三　炮2平3

不如马3进2积极。

16. 车七平六　卒 1 进 1　　　　**17.** 相七进五　炮 6 进 4

18. 兵五进一　车 8 平 4　　　　**19.** 车六进三　马 3 进 4

20. 马八进六　炮 3 平 1

不如马 4 退 6，兵三进一，马 6 进 5 吃去中兵。

21. 兵三进一　炮 1 进 6　　　　**22.** 兵三平四　炮 6 平 2

23. 仕六进五　炮 1 进 3　　　　**24.** 马六进八　炮 1 退 4

25. 兵五进一　卒 5 进 1　　　　**26.** 兵四平五　马 4 退 3

27. 马三进四　马 7 退 8

不如马三进五，然后马五进三，配合双炮展开攻势。

28. 前炮平七　炮 2 退 2　　　　**29.** 兵五平六　马 8 进 6

30. 兵六进一　炮 2 退 1　　　　**31.** 炮三进六　马 3 退 2

32. 炮七进二　马 6 进 7

不如马 6 进 8，仍有一些变化。

33. 马四进三　炮 2 平 7　　　　**34.** 马八进六　马 2 进 1

35. 炮七平八　炮 1 平 4　　　　**36.** 马六进四　炮 7 平 8

37. 兵六平五　象 5 退 3　　　　**38.** 炮八退一　马 1 进 2

39. 炮三退二　马 2 进 3　　　　**40.** 炮三平九　炮 4 平 5

41. 炮八退四　炮 8 退 1　　　　**42.** 马四进二　炮 5 平 1

43. 马二进四　炮 8 进 7

红方应先走炮九进一，然后再进马攻击，这样比较紧凑有效。

44. 相五进七　士 5 进 6

应炮 8 退 4，攻守相顾，仍有和局的机会。

45. 兵五平六　象 3 进 1　　　　**46.** 马四进六　将 5 进 1

47. 马六退八　炮 1 平 2　　　　**48.** 马八退六　马 3 退 5

49. 兵六平五　将 5 退 1　　　　**50.** 炮八平五　士 4 进 5

51. 炮九退三　炮 2 进 2　　　　**52.** 兵五平四　将 5 平 6

53. 炮五平四　将 6 平 5　　　　**54.** 炮九进四　炮 2 退 4

55. 炮九退四　炮 2 进 1　　　　**56.** 马六进七　炮 2 进 3

57. 兵四平三　炮 8 退 7　　　　**58.** 兵三进一　炮 8 平 9

59. 炮四平五　将 5 平 6　　　　**60.** 炮九进四　炮 9 进 4

由于黑方在防守上不够严谨，红方乘机进炮攻击，已成胜势。

61. 炮五平四　将6平5　　　**62.** 炮九平五　象3退5

63. 兵三平四　马5退7　　　**64.** 兵四进一　马7进6

65. 兵四平五　将5平6　　　**66.** 马七进六

红方胜。

（选自廖二平胜曾东平的对局）

第24局　五七炮进三兵对反宫马

1. 炮二平五　马2进3　　　**2.** 马二进三　炮8平6

3. 兵三进一　马8进7　　　**4.** 炮八平七　车9进1

升起左车力求变化。如车1平2，马八进九，车9平8，车一平二，车8进9，马三退二，象3进5，车九平八，卒7进1，兵三进一，象5进7，车八进四，红方先手。

5. 马八进九　车1平2　　　**6.** 车九平八　炮2进4

7. 车一平二　车9平4　　　**8.** 车二进六　车4进6

9. 炮七进四　炮6平4　　　**10.** 仕四进五　车4退2

11. 车二平三　象3进5　　　**12.** 炮五平七　马7退5

退马中路，企图打死红车，诱使红方上当，但如果被红方识破，就会在步数上受到损失，着法华而不实。不如炮2进1，和红方对抢先手为好。

13. 帅五平四　车2进4

红方出帅四路是针对黑方计谋的走法。如炮4进1，车三进二，炮2退5，车八进八，车2进1，车三平四，马5退3，车四进一，将5进1，车四退一，将5退1，车四平八，红方占优。

14. 车三平四　马5进7　　　**15.** 相七进五　车4退1

16. 兵七进一　炮2进1

此时进炮没有多大作用，由此失去先手。不如士4进5较为稳妥。另外黑方还有一种走法：车4平6，车四退一，车2平6，帅四平五，车6平2，马九进七，红方仍占优势。

17. 马三进四　车4进1（图24）

黑方如车4平6，车四退一，车2平6，车八进二，车6进1，帅四平五，黑方右侧将受到攻击。

18. 兵三进一　炮4进1

19. 车四进二　象5进7

20. 兵七进一　车2平3

21. 车八进二　车3退1

22. 马四进二　马7进8

红方抓紧时机，巧妙地弃去双兵，打开通路，现在又弃马抢夺攻势，是突破防守的关键之着。

图 24

23. 车四进一　将5进1　**24.** 炮七进五　车3退1

25. 车四平六　象7退9　**26.** 车八进七　车3平6

27. 帅四平五　马8退7　**28.** 马九进七　炮4退2

29. 马七进九　车4退2　**30.** 马九进七　车6平3

31. 帅五平四　车3平6　**32.** 帅四平五　车4进1

33. 马七进八　车6平4　**34.** 马八进七　将5平6

35. 车八退一　马7进8　**36.** 马七退九　车3进1

37. 车八平六　车4退3

红方用双车展开猛攻，黑方防不胜防。红方在争夺中吃还一子，由此创造了取胜的条件。

38. 车六退一　将6退1　**39.** 车六进一　将6进1

40. 车六退五　将6平5

平将正确。如马8进9，车六平一，马9进7，兵五进一，将6退1，车一进二，红方胜势。

41. 兵一进一　马8退6　**42.** 车六平二　将5退1

43. 车二进二　马6退5　**44.** 兵九进一　马5进7

45. 车二平三　马7退6　**46.** 车三平一　马6进5

红方平车吃卒，形成多兵优势，是取胜的紧要手法。

47. 兵一进一　卒5进1

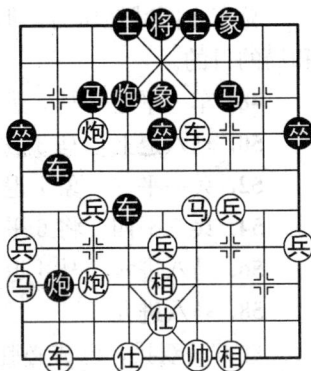

兑车企图减轻压力。但由于缺双士，防守比较困难，不易达到和局的目的。

48. 车一平七	马5进3	**49.** 马九退八	将5平6
50. 马八退七	马3进4	**51.** 兵一进一	象9进7
52. 兵一平二	象7退5	**53.** 兵二平三	象5进3
54. 兵三平四	将6平5	**55.** 马七退八	象3退5
56. 马八进六	马4退6	**57.** 马六进八	马6进5
58. 马八进九			

红方马双兵，已成必胜局势。

（选自柳大华胜胡荣华的对局）

第25局　五七炮进三兵对反宫马

1. 炮二平五	马2进3	**2.** 马二进三	炮8平6
3. 兵三进一	马8进7	**4.** 炮八平七	车9平8
5. 马八进九	车1平2	**6.** 车九平八	炮2进4
7. 兵七进一	车8进4	**8.** 车一平二	车8平4
9. 炮七进四	象3进5	**10.** 炮五平四	车4退1

红方如炮七平三，车4进1，双方对抢先手。

11. 兵七进一　炮2进1

12. 车二进八（图25）　炮2平7

红方进车下二路，掀起对抢攻势的高潮。如马三进二，炮6进7，红方将出现危机。此刻黑方炮打马势在必行。如士4进5，马三进二，炮6进7，仕六进五，炮6退1，马二进三，红方好走。

13. 车八进九　马3退2

14. 车二平八　炮7平1

图25

红方平车八路捉马正确。如车二平三捉马，红方将失去攻势。

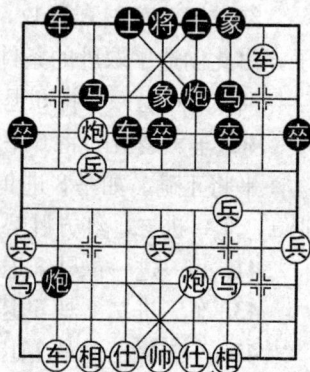

此时黑方炮打边马进行交换，机智之着。如马 2 进 4，炮七进三，士 4 进 5，马九进七。红方跃马助攻，攻势较大。

15. 相七进九　马 2 进 4　　　16. 炮七进三　士 4 进 5
17. 炮七平九　车 4 退 1　　　18. 车八进一　士 5 退 4
19. 车八退一　士 4 进 5　　　20. 炮四平六　车 4 平 1

红方平炮攻击黑马巧妙，由此破掉黑士，扩展了攻势。此刻黑方平车捉炮是明智之举。如炮 6 退 1，兵七平六，车 4 平 1，车八进一，士 5 退 4，炮六进六。红方得还一子，形势大优。

21. 车八进一　士 5 退 4　　　22. 车八平六　将 5 进 1
23. 兵七平六　马 4 进 2

如马 4 进 3，兵五进一，先控制黑方马路，然后再徐图进取，红方仍有可为。又如黑方马 4 进 3 之后，红方兵六进一，马 3 进 4，兵六进一，马 4 进 6，兵六进一，将 5 平 6，炮九平七，以下黑方可车 1 平 3，仍可对抗下去。

24. 炮九平四　卒 7 进 1　　　25. 炮六平三　炮 6 退 1

红方平炮三路好着，有力阻止了黑方活通子力的企图。此时黑方退炮，准备大兑子，其实并不合算，不如马 7 进 8 进行对抗。

26. 兵三进一　马 7 退 6　　　27. 车六平四　车 1 退 2
28. 车四平九　马 2 退 1　　　29. 兵三进一　马 1 进 3

进马欠稳妥。应炮 6 平 9 及将 5 退 1，尽快谋兵。

30. 炮三平五　将 5 退 1　　　31. 炮五进四　炮 6 平 5

平炮失利。应象 5 进 7，兵五进一，卒 9 进 1，兵五进一。红方虽然占优，但黑方还可对抗下去。

32. 炮五进二　将 5 进 1　　　33. 兵一进一　象 5 退 3

红方进边兵可以制住黑卒，将形成四兵对马卒双象的必胜之势。

34. 兵三平二　马 3 进 5　　　35. 兵六平五　马 5 进 3
36. 后兵进一　马 3 进 2　　　37. 相九进七　卒 1 进 1
38. 兵二平一　马 2 进 3　　　39. 前兵平六　马 3 退 1
40. 相三进五

红方四兵对马卒缺双士。黑方无力防守，红方胜定。

（选自刘殿中胜柳大华的对局）

第 26 局　五七炮进三兵对反宫马

1. 炮二平五　马 2 进 3		**2.** 马二进三　炮 8 平 6
3. 兵三进一　马 8 进 7		**4.** 马八进九　车 9 平 8
5. 炮八平七　象 3 进 5		**6.** 车九平八　炮 2 平 1
7. 炮七进四　卒 7 进 1		

运炮打卒先得实惠，但在阵形上容易受到不利影响。

8. 兵三进一　象 5 进 7		**9.** 马三进四　象 7 退 5
10. 车一进一　士 4 进 5		

红方进右车效力不大，可马四进五吃卒，马 3 进 5，炮五进四，士 4 进 5，车一进二，红方先手。

11. 兵九进一　马 7 进 6		**12.** 马四进六　车 8 进 6
13. 车一平三　马 6 进 5		**14.** 马六进八　炮 1 平 2

不如马六进七交换黑马，形势不至于发生危险。

15. 炮五平八　车 1 平 2

红方如马八退七，马 5 退 3，兵七进一，炮 2 进 4，黑优。

16. 炮七平九　炮 6 进 2

炮八进五，车 2 进 2，相七进五，马 5 退 4，炮七平一，尚可对抗。

17. 炮八进五（图 26）　炮 6 平 5

如相七进五，炮 6 平 2，车八平九，炮 2 平 5，红方有失子的危险，黑方占优势。

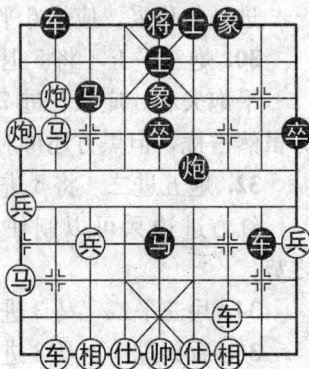

图 26

18. 车三平五　马 5 退 7		
19. 车五平三　马 7 进 6		
20. 车三平四　马 6 退 5		
21. 仕四进五　车 2 进 2		**22.** 帅五平四　车 8 进 3

23. 车四平三   炮 5 平 2   24. 车八进四   车 2 进 1
25. 兵九进一   卒 5 进 1   26. 炮九进三   车 2 平 6
27. 帅四平五   炮 2 退 1   28. 相七进五   车 8 退 8
29. 车三进六   士 5 进 4   30. 车八平七   车 8 平 1
31. 车七进三   车 1 退 1   32. 车七平六   士 6 进 5
33. 车六进一   车 1 平 4

可走车 1 进 4 吃兵，明快获取胜势。

34. 车六平八   炮 2 平 5   35. 马九进八   马 5 进 3
36. 车八平七   车 6 进 5

红方无力防守，黑方胜局已定。

（选自吕钦负王强的对局）

第 27 局   五七炮进三兵对反宫马

1. 炮二平五   马 2 进 3   2. 马二进三   炮 8 平 6
3. 兵三进一   马 8 进 7   4. 兵七进一   车 9 平 8
5. 炮八平七   车 8 进 4

左车进河口是稳健的着法，如象 3 进 5，炮七进四，车 8 进 4，炮七平三，士 4 进 5，车一平二，车 8 平 6，红方比较好走。

6. 车一平二   车 8 平 4   7. 马八进九   车 1 平 2
8. 车二进六   炮 6 平 4   9. 车九平八   炮 2 进 4
10. 仕六进五   象 3 进 5   11. 车二平三   士 4 进 5
12. 兵三进一   炮 2 退 3

红方在相持的形势下，伺机过兵是正确的走法，如炮五进四，炮 4 进 1；炮五平四，车 4 进 2。红方两种走法均不占便宜。

13. 炮七进四   马 3 退 1   14. 车八进三   车 2 平 3

红方进车并不能占到好处，还不如炮五平七，比较紧凑一些，以下黑方如炮 4 平 2，车八平九，在平稳的形势下，红方又多两兵，不管黑方如何抵抗，红方实力较大，总可以利用各种机会和黑方展开周旋，使黑方不好占取便宜。

15. 炮五平七　炮4平2　　　　**16.** 车八平七　车3进3

17. 兵七进一　象5进3

18. 车三进一　象7进5（图27）

19. 车三退一　车3退1

红方退车造成失误，导致黑方有机可乘，使形势受到重大的损失，不如车三进一，以下可马三进四，并伏下了炮七平二的右路攻势，局势并不难走。

20. 车三平五　炮2平3

21. 马三进四　车4进1

22. 车七平六　车4进1　　　　**23.** 马四退六　炮3进4

24. 车五平九　马1退3　　　　**25.** 相七进五　象5进7

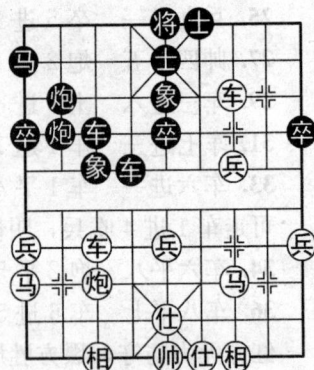

图 27

红方上中相效力不大，不如保持三路兵，而改走兵三平四，以下黑方如车3进1，车九退二，还能与黑方周旋一阵。

26. 车九平一　炮2平1　　　　**27.** 车一平九　象7退5

至此，黑方多子，并掌握了形势的主动，红方无力抵抗，已成败势。

（选自赵庆阁负黄景贤的对局）

第28局　五七炮进三兵对反宫马

1. 炮二平五　马2进3　　　　**2.** 马二进三　炮8平6

3. 兵三进一　马8进7　　　　**4.** 炮八平七　车9平8

5. 车一平二　车8进9　　　　**6.** 马三退二　象3进5

7. 兵七进一　车1平2　　　　**8.** 马八进九　炮2进5

9. 车九平八　炮2平5　　　　**10.** 相七进五　炮6进4

11. 兵九进一　车2进9　　　　**12.** 马九退八　卒5进1

红方依仗双兵占据要道的优势，主动兑去双车。李来群的棋艺功力细致深沉，为抵制黑方的攻杀力，这在战略上是正确的。

13. 炮七进四　炮 6 退 1

红方抢夺黑卒，是争取实力的紧要之着。

14. 炮七平六　炮 6 平 1

红方平炮掩护七兵渡河助战，紧凑。

15. 兵七进一　卒 7 进 1　　**16.** 兵三进一　象 5 进 7

17. 马八进七　象 7 退 5　　**18.** 马二进三　卒 1 进 1

19. 仕六进五　士 6 进 5　　**20.** 兵七进一　马 3 进 5

21. 马七进六　马 5 进 7

可卒 5 进 1，马六进五，马 7 进 5，兵五进一，马 5 进 4。虽然形势仍然落后，但还可竭力争取和势。

22. 炮六退一　炮 1 进 1

仍应兑卒简化局势。

23. 马六进八　卒 1 进 1　　**24.** 马八进六　卒 1 平 2

25. 炮六退四　炮 1 平 3　　**26.** 马三进二　前马进 6

27. 马二进三　象 5 进 7

28. 仕五进四　象 7 进 5

29. 兵七平八（图 28）　炮 3 平 4

双方虽然子力相当，但红方马炮兵的占位极佳，具有很强的攻击力，给黑方造成很大压力，黑方已非常危险。

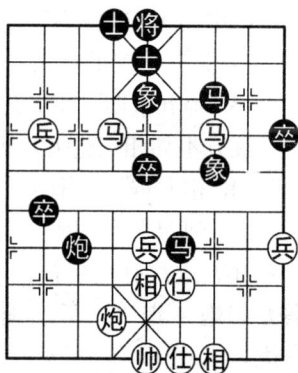

图 28

30. 马六进七　将 5 平 6

如炮 4 退 5，兵八平七，红方仍有攻势。

31. 炮六平四　士 5 进 6　　**32.** 仕四退五　炮 4 平 1

红方回仕牵住黑马，由此增强了攻势。

33. 马三退五　马 7 进 8　　**34.** 马五进四　将 6 进 1

35. 马四进二　将 6 平 5

如马 6 进 7，仍可支持下去。

36. 马七退六　将 5 平 4　　**37.** 马二进四

红方胜。

（选自李来群胜柳大华的对局）

第29局　五七炮进三兵对反宫马

1. 炮二平五　马2进3　　　　**2.** 马二进三　炮8平6

3. 兵三进一　马8进7　　　　**4.** 马八进九　车9进1

5. 炮八平七　车1平2　　　　**6.** 车九平八　炮2进4

7. 车一平二　车9平4　　　　**8.** 车二进六　车4进6

红方如仕四进五，车4进4，相三进一，形成另一种变化。

9. 炮七进四　炮6平4

平炮灵活。既可攻仕，又可掩护左马的安全。

10. 仕四进五　车4退2　　　　**11.** 车二平三　象3进5

12. 炮五平七　马7退5

退中马力求化解牵制，并可静观变化，又可预防兵三进一，车4平7，兵三平二的攻击。

13. 帅五平四　车2进4

红方不如相三进五，加强中路防守。

14. 相七进五　炮4进1　　　　**15.** 车三进二　车2平6

16. 帅四平五　炮2退2　　　　**17.** 兵三进一　象5进7

红方送兵有些可惜。是否可兵七进一阻车并活通马路。以下黑方如炮4退2，车三退二，炮4平2，车八平七，仍是红方占优。

18. 车三平二　炮2平1

红方仍可兵七进一。

19. 车八进二　象7退5　　　　**20.** 炮七平八　炮1平3

21. 马三进二　车6平7

红方进马似优实劣，不如炮七进三兑炮，然后再车二平四。

22. 炮七进三　车7平3　　　　**23.** 炮八进一　马5退3

24. 炮八平九　前马进2　　　　**25.** 炮九进二　士6进5

26. 兵九进一 炮 4 平 2

27. 车八平七 车 3 平 7

28. 兵七进一 炮 2 平 3（图 29）

29. 车七平六 车 4 进 2

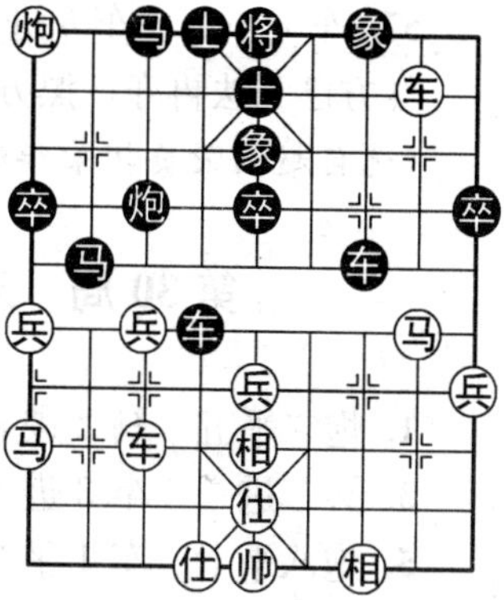

红方平车兑车，使左路的攻势大为减弱，不如车七平八配合底炮相机攻击。以下黑方如车 4 平 6，兵七进一，车 7 平 3，车八平六，红方有一定的机会。

30. 仕五进六 马 2 退 4

退马佳着，准备围攻红炮，争取多子优势。

31. 车二平四 马 4 退 3

红方平车，别无其他办法。如马九进八，车 7 平 2，兵七进一，车 2 进 1，兵七进一，马 4 退 3，炮九平六，将 5 平 4，兵七进一，马 3 进 1，车二平五，车 2 平 8，红方失子。

图 29

32. 炮九平六 将 5 平 4　　**33.** 车四平五 马 3 进 2

34. 车五平四 将 4 平 5　　**35.** 马二进四 马 3 进 4

36. 马九进八 象 5 退 3

退象迫使红方兑子，形成平稳的占优形势。

37. 车四平六 车 7 平 6　　**38.** 车六退一 炮 3 退 2

39. 车六进一 车 6 平 2　　**40.** 兵七进一 车 2 平 3

41. 马八进九 车 3 平 4　　**42.** 车六平三 象 3 进 5

43. 仕六进五 车 4 进 1　　**44.** 马九进八 车 4 平 1

45. 马八退七 车 1 进 4　　**46.** 仕五退六 车 1 退 3

47. 车三平四 车 1 平 5　　**48.** 马七进五 马 2 退 4

49. 车四进一 将 5 进 1　　**50.** 马五退三 车 5 平 9

黑方逐渐控制局势，增加了取胜的条件。

51. 车四平六 炮 3 平 4　　**52.** 马三退四 马 4 进 3

53. 车六平七 车 9 退 2　　**54.** 相五进七 马 3 进 5

55. 仕六退五 车 9 平 6　　**56.** 马四退二 象 7 进 5

57. 车七平一　车6进2

红方已无法再守，黑方获胜。

（选自赵国荣负胡荣华的对局）

第30局　五七炮进三兵对反宫马

1. 炮二平五　马2进3　　　　**2.** 马二进三　炮8平6

3. 兵三进一　卒3进1　　　　**4.** 马八进九　象7进5

5. 炮八平七　车1平2　　　　**6.** 车九平八　炮2进4

7. 车一进一　士6进5

红方进横车，是对付反宫马的一种变化，较有控制能力。

8. 车一平四　马8进7　　　　**9.** 兵七进一　卒3进1

10. 车四进三　卒3进1　　　　**11.** 炮七进五　炮6平3

12. 车四平七　炮3平4　　　　**13.** 车七退一　炮2退2

14. 车八进四　车9平6　　　　**15.** 车七平六　炮2平4

红方平车使黑车炮脱开牵制，给黑方以反击机会，不如仕六进五加强防守。

16. 车八进五　炮4进4　　　　**17.** 仕六进五　后炮平8

18. 炮五平七　车6进4　　　　**19.** 马九进七　卒7进1

20. 兵三进一　车6平7　　　　**21.** 相七进五　车7进2

22. 车八退一　炮8平7　　　　**23.** 车八平六　象3进1

24. 炮七平八　炮7进3

如不进炮兑子，可炮4退4，炮八进七，象1退3，马三退二，车7平5，黑方比较好走。

25. 炮八进七　象1退3　　　　**26.** 车六退五　马7进6

27. 马七进六　炮7平8　　　　**28.** 车六平七　炮8退1

29. 车七进三　车7退3

30. 兵五进一　炮8退2（图30）

31. 马六进五　马6退5

红方运马踏象，先弃后取，打乱了黑方的防守，是取势的紧要

方法。上一步黑方如将 5 平 6，也难
应付。

32. 车七进三　士 5 退 6

33. 车七退四　士 4 进 5

34. 车七平二　车 7 进 3

35. 车二平七　车 7 平 2

36. 炮八平九　将 5 平 4

37. 车七平六　将 4 平 5

38. 帅五平六　士 5 进 4

39. 车六进二　马 5 进 7

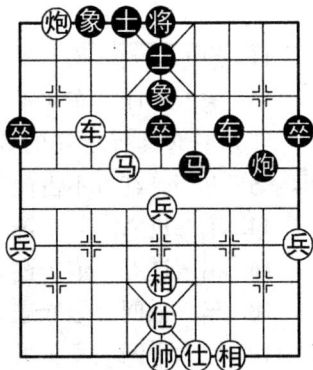

图 30

40. 车六平三　马 7 进 6 **41.** 车三退三　车 2 平 6

42. 炮九平七　卒 5 进 1 **43.** 兵五进一　马 6 进 4

44. 车三平六　马 4 进 3 **45.** 车六进五　将 5 进 1

46. 炮七退七　车 6 平 3

红方乘机退炮，攻守兼具，黑方的防守更加困难。

47. 炮七平六　车 3 平 1 **48.** 车六平七　马 3 退 4

49. 兵五进一　车 1 进 3 **50.** 相五退七　车 1 退 5

51. 车七退一　将 5 退 1 **52.** 炮六平五

以上红方乘机回相创造杀机，不管黑方如何应变，都不能挽回
颓势，红方取得胜局。

（选自卜凤波胜邓颂宏的对局）

第 31 局　五七炮进三兵对反宫马

1. 炮二平五　马 2 进 3 **2.** 马二进三　炮 8 平 6

3. 兵三进一　卒 3 进 1 **4.** 马八进九　象 3 进 5

5. 炮八平七　车 1 平 2 **6.** 车九平八　车 9 进 1

7. 车八进四　车 9 平 4 **8.** 车一平二　马 8 进 7

9. 仕四进五　士 4 进 5 **10.** 兵九进一　车 4 进 7

红方如车二进八，卒 3 进 1，兵七进一，车 4 进 4，炮五平六，

炮2平1，车八进五，马3退2，相三进五，炮6进4，局势平稳。

11. 炮七平六　炮2平1　　　　**12.** 车八进五　马3退2

13. 炮五平四　车4平2

红方平炮具有攻守的效力。如炮五进四，炮6进7，帅五平四，马7进5，红方不占便宜。

14. 车二进六　马2进3　　　　**15.** 车二平三　马7退8

16. 相三进五　炮1进3　　　　**17.** 车三平一　马8进9

18. 车一平四　炮6进5

19. 炮六平四　车2平4

20. 马三进四　炮1进1

21. 马四进五（图31）　车4退5

黑方退车捉马没有什么作用，反而失卒过多造成无法收拾的局势。不如马3进4，车四进二，马4进5，黑方还可相持下去。

22. 马五退四　车4平6

23. 炮四进四　炮1平5

24. 兵三进一　炮5退1　　　　**25.** 马九进八　卒3进1

红方形成多兵之势。此时进马防备黑方上马吃双子，并展开攻击。

26. 马八进七　卒3进1　　　　**27.** 兵三进一　炮5退2

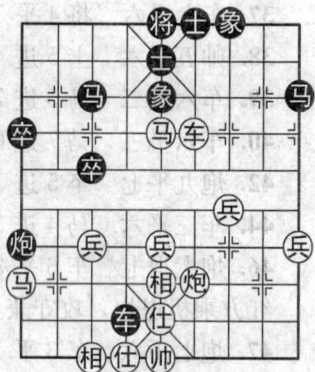

28. 炮四进二　炮5平4　　　　**29.** 兵一进一　象5进7

红方马炮兵联合攻击，稳扎稳打，已控制全局，黑方已难对应。

30. 兵三进一　马9退8　　　　**31.** 兵三平二　象7进9

32. 炮四平一　马3退4　　　　**33.** 马七进六　炮4平6

34. 兵二进一　炮6退2　　　　**35.** 兵二平一　马4进2

36. 马六退五　炮6平7　　　　**37.** 马四进六　卒3平4

38. 马六进四　炮7平8　　　　**39.** 马四进三　将5平4

40. 马三退二

图31

红方兵多将广，黑方无力抵抗，红胜。

（选自卜凤波胜蔡福如的对局）

第32局　五七炮进三兵对反宫马

1. 炮二平五　马2进3　　　　**2.** 马二进三　炮8平6

3. 兵三进一　卒3进1　　　　**4.** 马八进九　马8进7

5. 炮八平七　象7进5　　　　**6.** 车九平八　车1平2

7. 车一进一　炮2进4

进炮不太紧要，不如车9平8，车一平四，士6进5，形势比较平稳。

8. 车一平四　士6进5　　　　**9.** 兵七进一　卒3进1

红方弃七路兵，力争向右路施加压力，是配合横车进取较好的走法。此刻黑方如炮2平3，车八进九，炮3进3，仕六进五，马3退2，炮五进四，红方占优势。

10. 车四进三　卒3进1　　　　**11.** 炮七进五　炮6平3

12. 仕六进五　炮2进1

红方此时上仕与弃兵不协调。应车四平七，炮3平1，车七退一，红方占优。

13. 车四平七　卒3平2

14. 车七进三　炮2平7

经过兑子之后，黑方无根车化解了牵制，并有一卒过河，已有先手之势。

15. 马九进七　车9平6

16. 车七退一　卒2进1（图32）

17. 炮五进四　马7进5

中炮打卒换马不合算，使局势陷入不利境地。不如马七进六，车6进4，车七平八，车2进3，马六进八，车6平3，炮五平四，红方还可对抗下去。

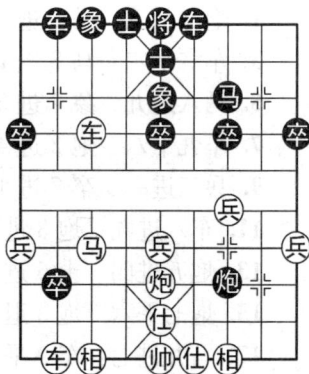

图32

18. 车七平五　车2进6　　　　**19.** 马七进六　卒2进1

20. 车八平九　车6进4

如车五平八兑车，车2平4，马六退八，车4进2，黑方占优。

21. 马六进八　卒2平3　　　　**22.** 车五平六　炮7平2

23. 马八退七　炮2进2　　　　**24.** 相七进五　将5平6

25. 马七退六　车2进1　　　　**26.** 马六进五　炮2平6

车炮卒展开有力反击，着法紧凑巧妙，红方只有招架之力。

27. 相五退七　车2平7　　　　**28.** 兵三进一　卒7进1

29. 车九平八　车7进2

红方如车九进二，车7进2，车九平四，炮6平3，红方失车。

30. 相七进五　炮6退1　　　　**31.** 仕五退四　车7退2

32. 车八进二　炮6平8　　　　**33.** 仕四进五　炮8进1

34. 车六平四　车6退1　　　　**35.** 马五进四　车7进2

36. 仕五退四　车7退1　　　　**37.** 仕四进五　卒3平4

红方无法阻挡，黑方胜。

（选自苗永鹏负尚威的对局）

第 33 局　　五七炮进三兵对反宫马

1. 炮二平五　马2进3　　　　**2.** 马二进三　炮8平6

3. 车一平二　马8进7　　　　**4.** 兵三进一　卒3进1

5. 马八进九　象7进5　　　　**6.** 炮八平七　车1平2

7. 车九平八　炮2进4　　　　**8.** 兵七进一　卒3进1

9. 兵三进一　卒7进1　　　　**10.** 车二进四　炮2平3

11. 车八进九　炮3进3　　　　**12.** 仕六进五　马3退2

13. 炮五进四　士6进5　　　　**14.** 炮五退一　马2进3

15. 炮七平六　炮3退2　　　　**16.** 炮六退一　卒3进1

17. 马九进七　车9平8　　　　**18.** 车二平四　炮6进2

19. 炮六进六　马7进5　　　　**20.** 炮六退一　炮6退4

红方如炮六进一，炮6退4，车四进二，车8进6，马七进五，炮3退4，车四退四，卒7进1，形成复杂的对攻局势。

21. 车四进二　　车8进6

22. 马七进五　　卒7进1

23. 炮六进一　　车8退2

24. 车四平五（图33）　　炮6平7

黑方平炮7路，牵制红方三路
马，机智，在平稳中夺取优势。如士
5进4吃炮，车五进一，士4进5，车
五退一，马3进4，马五进七，将5
平4，马七进九，黑方有顾虑。

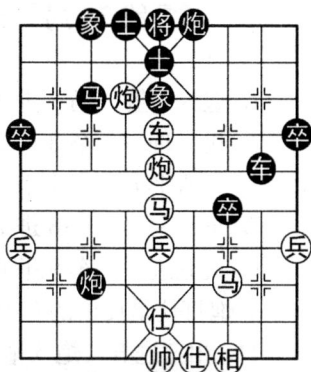

25. 车五平七　　车8平5

26. 车七进一　　象5进3

图33

红方如炮六退一先避一着，卒7平6，马三进四，炮3平7，
相三进五，前炮平8，黑方优势。

27. 车七平八　　士5进4

红方应车七退二吃象，迫使黑方兑车，车5平3，马五进七，
士5进4，马三退一，炮3进1，仕五进六，炮3平8，相三进五，
卒7平8，马七退五，及时回七路马救应边马，可以谋取和局，否
则边马容易被捉死，难以守和。

28. 车八平六　　象3退5　　　　**29.** 车六平七　　炮3平1

30. 车七退一　　卒7进1　　　　**31.** 马三退一　　卒7平6

32. 车七退四　　炮1进2　　　　**33.** 马五退七　　卒6平5

34. 车七平九　　炮1平3　　　　**35.** 车九平六　　士4进5

36. 马七进六　　炮3退5　　　　**37.** 帅五平六　　炮7进2

38. 兵九进一　　象5进7　　　　**39.** 马六进七　　炮7平4

40. 帅六平五　　车5退1　　　　**41.** 马一进二　　车5平3

42. 马七进九　　炮3平5

黑方攻势紧凑有力，获得胜局。

（选自吴贵临负吕钦的对局）

第34局　五七炮进三兵对反宫马

1. 炮二平五　马2进3　　　　**2.** 马二进三　炮8平6

3. 兵三进一　卒3进1　　　　**4.** 马八进九　象7进5

5. 炮八平七　车1平2　　　　**6.** 车九平八　炮2进4

7. 车一平二　马8进7　　　　**8.** 兵九进一　士6进5

9. 兵五进一　车9平6　　　　**10.** 炮五平四　炮6进7

弃炮打仕是反击的有力手段，变化非常复杂。

11. 相三进五　炮6平4　　　　**12.** 帅五平六　马3进4

13. 车二进七　马4进5

红方如马三进二，发展下去仍是相互牵制的局势。

14. 车二平三　马5进7　　　　**15.** 车三平二　马7退9

16. 车二退三　车6进6

进车有力，红方受到一定压力。

17. 车八进一　士5退6

不如象5退7，兵七进一，象3进5，阵形较稳固。

18. 车八平六　士4进5

19. 炮七平八　炮2平1

20. 车六进七　车2进6

21. 炮八平七（图34）　炮1平3

黑方虽然少子，但多卒有攻势，比较好走。此时平炮打兵造成重大失误。应车2退4，以后再走卒9进1，以攻守兼施和缓慢进取的方法压制红方，使红方没有好的应法，黑方较有发展。

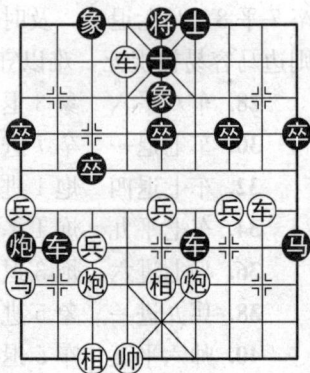

图34

22. 炮四进七　炮3进3

红方抓紧时机，弃炮打士，突破了黑方的九宫，由此形势大为有利，终于从困守中解放出来，开始反击。

23. 炮四平一　车 2 平 4　　　　**24.** 车六退五　车 6 平 4

25. 帅六平五　将 5 平 6　　　　**26.** 相五退七　车 4 平 5

27. 炮七平五　卒 3 进 1　　　　**28.** 炮一退六　车 5 平 9

29. 炮五进四　车 9 进 3　　　　**30.** 帅五进一　车 9 平 3

31. 车二退二　车 3 平 4

红方退车之后，已多两子的优势，强大的实力已使黑方难以抵挡。

32. 兵五进一　卒 9 进 1　　　　**33.** 车二平四　将 6 平 5

34. 帅五平四　将 5 平 4　　　　**35.** 炮五进二　卒 9 进 1

36. 兵五进一　象 5 进 3　　　　**37.** 炮五平七　车 4 退 1

38. 帅四退一　车 4 退 3　　　　**39.** 兵五平六　象 3 退 1

40. 兵六平七

红方反败为胜。

（选自李艾东胜洪石的对局）

第35局　五七炮进三兵对反宫马

1. 炮二平五　马 2 进 3　　　　**2.** 马二进三　炮 8 平 6

3. 车一平二　马 8 进 7　　　　**4.** 兵三进一　卒 3 进 1

5. 马八进九　象 7 进 5　　　　**6.** 炮八平七　车 1 平 2

7. 车九平八　炮 2 进 4　　　　**8.** 兵五进一　士 6 进 5

9. 兵九进一　车 9 平 6　　　　**10.** 炮五平四　车 6 平 7

平车 7 路防守，要求平稳。如炮 6 进 7 或车 6 平 8，形成另外的变化。

11. 相三进五　马 3 进 4　　　　**12.** 车八进一　车 2 进 2

13. 炮七退一　炮 2 平 1　　　　**14.** 车八进一　马 4 进 5

红方不宜主动兑车，因兑车后黑方左路车可以畅通，红方反而失去优势。

15. 车八进五　马 5 进 7

如炮 6 平 2，炮四进一，车 7 平 6，车二进三，红方占优势。

16. 车八退四　前马进8　　　　17. 车八平九　卒7进1

18. 兵七进一　卒7进1　　　　19. 兵七进一　马8退7

如卒7平8，车九平四，炮6进5，车四退一，红方主动。

20. 相五进三　后马进8　　　　21. 炮四平七　象3进1

22. 相七进五　马7退9　　　　23. 后炮平八　车7进4

也可车九平六，象1进3，后炮平八，象3退1，马九进七，

红方仍有较强的攻势。

24. 车九平七　车7平6　　　　25. 仕六进五　将5平6

26. 炮八进四　车6进1　　　　27. 兵七平六　车6平5

28. 炮八进四　将6进1　　　　29. 炮八退一　将6退1

30. 炮八进一　将6进1

31. 炮七平八　炮6进6

32. 后炮进六　士5进4

33. 车七平二　炮6平9

34. 马九进七　车5平6（图35）

红方炮马兵有较强的攻势，二路
车又牵制着双马，黑方已难化解红方
的攻势。

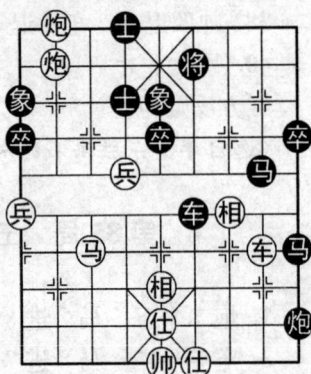

图35

35. 兵六进一　车6进3

红方可后炮退三打马，车6进3，
帅五平六，黑方不好应付。

36. 炮八退七　炮9进1　　　　37. 车二退三　车6平5

38. 帅五进一　马9进7　　　　39. 帅五平六　马7进8

40. 后炮退一

红方退炮可得一子，并有一兵过河攻击，已成胜势残局。

（选自赵剑胜项阳红的对局）

第36局　五七炮进三兵对反宫马

1. 炮二平五　马2进3　　　　2. 马二进三　炮8平6

3. 兵三进一　卒 3 进 1　　　　**4.** 马八进九　象 7 进 5

5. 炮八平七　车 1 平 2　　　　**6.** 车九平八　炮 2 进 4

7. 车一平二　马 8 进 7　　　　**8.** 兵七进一　卒 3 进 1

9. 兵三进一　卒 7 进 1　　　　**10.** 车二进四　卒 3 平 2

11. 兵九进一　炮 6 进 4　　　　**12.** 车二平八　车 2 进 5

红方兑车稳健。如马九进八，炮 6 平 7，相三进一，车 9 进 1，黑方有反先机会。

13. 马九进八　炮 6 平 7

如马 3 进 2，兵五进一，马 2 进 4，马八进七，红方主动。

14. 马八进七　象 5 进 3

如炮 7 进 3，仕四进五，炮 2 平 3，相七进九，车 9 平 8，马七进五，象 3 进 5，炮七进五，炮 7 平 9，双方对攻，黑方满意。

15. 相三进一　车 9 进 1　　　　**16.** 兵五进一　车 9 平 2

17. 仕六进五　象 3 进 5　　　　**18.** 兵五进一　士 6 进 5

19. 马三进五　卒 5 进 1　　　　**20.** 马五进六　马 7 进 6

如马七退五，马 3 进 5，黑方可以应付。

21. 马六进七　卒 5 进 1　　　　**22.** 车八进二　车 2 进 1

23. 后马退五　炮 7 平 8　　　　**24.** 炮七退一　炮 8 进 1

25. 炮五进一　炮 8 退 1　　　　**26.** 炮五退一　炮 8 进 3

炮打将反使红相归位，并且炮的位置不好，失去效力的走法。应卒 7 进 1，再过一卒增强进攻兵力。

27. 相一退三　炮 8 退 7　　　　**28.** 帅五平六　卒 7 进 1

红方出帅是一步化解黑方反击的好着，使黑方失去了炮 8 平 7 及炮平中路的威胁。

29. 炮五平七　车 2 进 3

进车作用不大，应炮 8 进 2 攻击红马。

30. 前炮进二　卒 7 进 1　　　　**31.** 后炮平八　炮 8 平 7

32. 相七进五　炮 7 进 2

33. 马五进七　马 6 进 5（图 36）　**34.** 前马退九　车 2 平 3

红方退马吃边卒，失误，可见其算度不够细致。应炮八进二，

马5退3，相五进七，炮7进5，帅六
进一，黑方难以形成杀势，红方多子
胜定。

35. 相三进一　车3平4

36. 帅六平五　炮2进2

37. 车八退一　车4平1

红方由于一着失误，失去机会并
导致败局。

38. 马九退八　卒5平6

39. 仕五退六　马5退6

40. 相一退三　卒6进1

42. 马七进六　马6进4

44. 前马退六　炮7平5

46. 马八退六　车1退2

48. 马七退八　后卒平5

黑方胜。

（选自卜凤波负徐天红的对局）

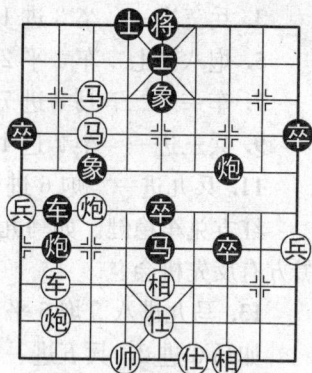

图36

41. 兵一进一　卒7进1

43. 马六退八　卒7进1

45. 仕四进五　卒7平6

47. 前马进七　将5平6

第37局　五七炮进三兵对反宫马

1. 炮二平五　马2进3

3. 兵七进一　马8进7

5. 兵三进一　车9平8

2. 马二进三　炮8平6

4. 炮八平七　象3进5

6. 马八进九　炮2进3

红方如车一平二，车8进9，马三退二，炮2进3，相三进一，
车1平2，马八进九，炮2进2，车九平八，炮2平5，相七进五。
兑去双车之后，红方多一兵，形势较好。

7. 相三进一　车8进4

9. 车一平二　车8平4

11. 车二进六　士4进5

8. 车九平八　车1平2

10. 兵九进一　炮2进1

上士看似比较稳健，但左路容易受到制约，不如车4进1，牵制对方。

12. 仕四进五　卒 3 进 1

进 3 路卒兑兵，容易出现空虚，不如卒 9 进 1，静待变化。

13. 炮五平四　车 4 平 5

红方平四路炮，暗中伏下马三进四的凶着，黑方被迫车平中路，已是无可奈何，局势已不妙。

14. 炮七平五　车 5 平 6

红方平中炮并不占好处，应先走车二平三压马，马 7 退 8，炮七平五，车 5 平 8，兵三进一，车 8 进 2，兵七进一，马 8 进 9，车三进一，红方大占优势。

15. 炮四进五　车 6 退 2

16. 兵七进一　象 5 进 3

17. 车二进一（图 37）　炮 2 退 3

黑方退炮准备平 3 路打相反击，但难实现其计划，反而被动，不如象 7 进 5，马三进二，卒 7 进 1，兵三进一，象 5 进 7，马二进一，马 7 进 6，车二平四，士 5 进 6，马一退三，士 6 进 5。黑方虽然失去一象，但各子位置较好，还可进行对抗。

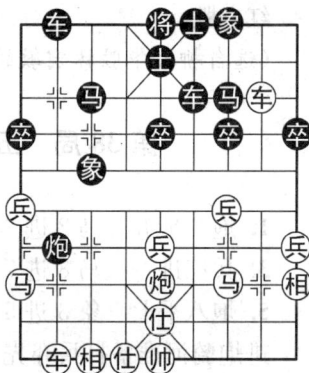

图 37

18. 炮五平七　马 3 进 4　　**19.** 车八进五　车 6 平 4

平车弃河口象，无奈的选择。如象 7 进 5，兵五进一，黑方两路受牵，更加难以对抗。

20. 车八平七　卒 7 进 1　　**21.** 兵三进一　象 7 进 5

22. 车七进一　象 5 进 7　　**23.** 炮七平八　车 2 平 1

24. 炮八平六　车 4 平 5　　**25.** 马九进八　马 4 进 2

26. 车七平八　马 2 进 3　　**27.** 马三进二　马 3 退 4

28. 兵五进一　车 1 平 3　　**29.** 马二进一　马 7 进 6

30. 马一退三　车 5 平 8　　**31.** 马三进二　士 5 退 4

32. 马二进四　士 6 进 5　　**33.** 马四退五　车 3 进 9

34. 马五退四　　车 3 退 3

红方运子紧凑灵活，逐渐施加压力。现在退马压马，攻守两利。

35. 兵五进一　　马 6 进 8　　　　**36.** 车八平二　　马 8 进 9

37. 炮六平四　　马 9 进 7　　　　**38.** 帅五平四　　车 3 平 6

39. 马四进六　　士 5 进 4

如马 4 进 5，帅四进一，马 7 退 8，马六进八，红方仍是胜局。

40. 车二进三　　将 5 进 1　　　　**41.** 兵五进一　　将 5 平 4

42. 兵五进一　　士 4 进 5　　　　**43.** 车二平八　　车 6 平 3

44. 炮四进六　　士 5 进 6　　　　**45.** 车八退一　　将 4 退 1

46. 兵五进一

红方胜。

（选自柳大华胜林宏敏的对局）

第 38 局　五七炮进三兵对反宫马

1. 炮二平五　　马 2 进 3　　　　**2.** 兵七进一　　炮 8 平 6

3. 兵三进一　　马 8 进 7　　　　**4.** 马二进三　　车 9 平 8

5. 炮八平七　　象 3 进 5　　　　**6.** 马八进九　　炮 2 进 3

进炮骑河准备打兵夺先，灵活。如炮 2 进 4，车九平八，车 1 平 2，车一进一，黑方不占便宜。

7. 相三进一　　车 8 进 4　　　　**8.** 车九平八　　车 1 平 2

9. 车一平二　　车 8 平 4　　　　**10.** 车二进六　　士 4 进 5

红方进车威胁黑马，紧凑。如仕四进五，卒 7 进 1，黑方左马将有活动的机会。

11. 车二平三　　车 4 进 3

红方平车过于着急，不如仕四进五，卒 7 进 1，车二平三，马 7 退 8，兵九进一，红方好走。此刻黑方进车争夺主动。如马 7 退 8，形势比较平稳。

12. 炮七进四　　炮 2 进 2　　　　**13.** 马三进四　　车 4 退 2

14. 马四进五　　马 3 进 5

如车三进一，车4平6，炮七平一，炮6进7，炮一进三，炮6平4，黑方弃子反击。

15. 车三平五 车2平4 　　**16.** 仕四进五 炮2平9

17. 炮五平八 后车平2

红方平炮稳健。如车五进一，炮6进7，车五退三，炮6平8，帅五平四，车4退2，炮七平八，车4平6，黑方优势。

18. 炮七平八 车2平1

19. 车五平三（图38） 炮9进2

红方虽然多兵，但不能对黑方构成威胁。此时黑方进炮抢攻容易造成损失，可能是对红方的多兵产生了急躁情绪。不如炮9平7打车保马，打持久战。

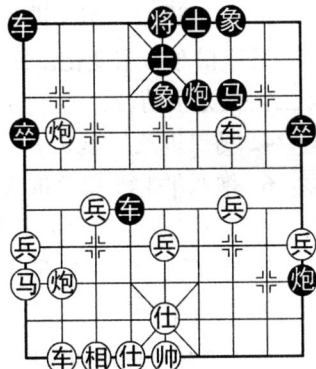

图38

20. 车三进一 车4退2

21. 后炮平五 车4平8

22. 帅五平四 车8平6

23. 帅四平五 车6平8 　　**24.** 帅五平四 炮9平4

运炮强行攻击容易发生危险，不如炮9平7，炮五平三，炮6进4，相七进五，炮7平9。黑方虽然少子，但有车双炮的攻势，占有主动。

25. 车八进五 炮4退1

红方进车避开攻击。如仕五退六，车1平4，黑方攻势较大。

26. 帅四平五 车8进6 　　**27.** 仕五退四 炮4平9

28. 炮五进五 象7进5

红方弃炮打象，主动争势的佳着。

29. 炮八平五 炮9进1 　　**30.** 帅五进一 车8退1

31. 帅五进一 车8退1 　　**32.** 帅五退一 车8进1

33. 帅五进一 车8退5 　　**34.** 车八进一 炮6进2

35. 兵五进一 炮6进2 　　**36.** 车三平五 炮6平5

37. 车五进一

红方胜。

（选自刘星胜李来群的对局）

第39局　五七炮进三兵对反宫马

1. 炮二平五　马2进3　　　　**2.** 兵七进一　炮8平6

3. 兵三进一　车9进1

升起横车力求变化。如马8进7，马二进三，车9平8，车一平二，红方主动。

4. 马二进三　车9平4　　　　**5.** 车一平二　马8进7

6. 炮八平七　象7进5

不如车4进3巡河，控制要道。

7. 车二进六　车4进4　　　　**8.** 车二平三　马7退8

9. 炮五平四　炮2进1　　　　**10.** 相七进五　车1进1

如卒3进1，炮四进四，红方好走。可见黑方第9回合走炮2进1没有什么效力，不如先升起右车为好。

11. 炮四进四　炮2进4　　　　**12.** 仕六进五　炮6平7

13. 马八进九　卒1进1　　　　**14.** 车九平八　车1平2

15. 炮四平一　炮7退2　　　　**16.** 兵七进一　马8进9

17. 车三平二　马9退7　　　　**18.** 车二进二　马3进1

19. 兵七平八　车4平2　　　　**20.** 车八平六　前车退1

21. 马三进四　车2平9　　　　**22.** 炮一进二　车9平6

23. 车六进四　车2平6　　　　**24.** 马四退六　炮2退6

25. 炮七平六　马1退3　　　　**26.** 车六进三　前车进4

27. 炮一进一　车6平7

红方不如相三进一，稳健。

28. 炮一退一（图39）　车6进8

黑方受到攻击，已没有更好的方法解困，只好采用弃子对攻的方法寻求机会，但很难达到目的。

29. 仕五退四　炮2平8　　　　**30.** 炮一平三　车7平1

31. 马六进八　炮 8 进 1

32. 炮三退一　马 3 进 1

33. 马八进九　车 1 退 1

红方运子有力，形成多子之势，黑方已难抵挡。

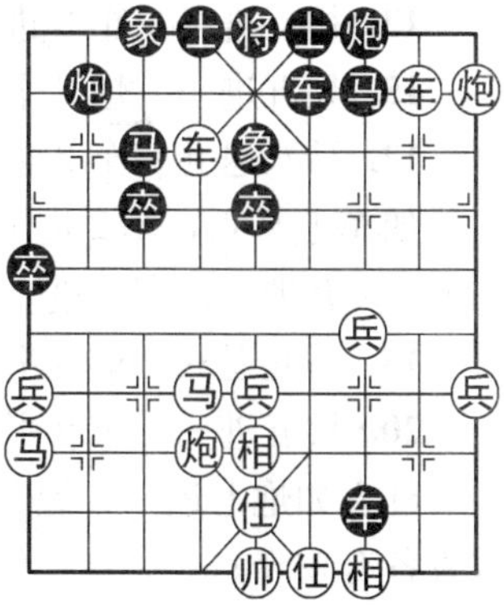

34. 车六退二　士 6 进 5

35. 马九进七　卒 5 进 1

36. 车六进一　炮 8 进 6

37. 炮三平一　炮 7 进 2

38. 马七退五　炮 7 平 6

39. 炮一进二　炮 6 进 1

41. 马五进七　炮 8 退 1

43. 马五进七　炮 6 进 5

45. 马七退五　炮 8 平 7

47. 车六平四

红方胜利。

（选自卜凤波胜胡荣华的对局）

图 39

40. 车六退二　炮 8 退 5

42. 马七退五　炮 8 进 1

44. 兵三进一　象 5 进 7

46. 仕四进五　象 3 进 5

第 40 局　五七炮进三兵对反宫马

1. 炮二平五　马 2 进 3

3. 车一平二　马 8 进 7

5. 马八进九　象 7 进 5

7. 车九平八　炮 2 进 4

2. 马二进三　炮 8 平 6

4. 兵三进一　卒 3 进 1

6. 炮八平七　车 1 平 2

8. 兵七进一　卒 3 进 1

红方弃七路兵，准备在黑方右路寻求机会。如兵九进一，士 6 进 5，兵五进一，车 9 平 6，炮五平四，炮 6 进 7，相三进五，炮 6 平 4，帅五平六，马 3 进 4。红方多子，黑方有一定的攻势，局势比较紧张。

9. 兵三进一　卒 7 进 1

11. 兵九进一　炮 6 进 4

10. 车二进四　卒 3 平 2

12. 马九进八　炮 6 平 7

13. 相三进一　车2进4　　　14. 车二平七　马3进4

15. 兵五进一　炮2平5　　　16. 仕六进五　士6进5

17. 马八退九　车2进5

　　如车七平六，车2进1，车八进四，马4进2，车六平八，炮5平6，兵五进一，卒5进1，车八进一，局势平稳。

18. 马九退八　炮5平6　　　19. 车七平六　马4进6

20. 兵五进一　车9平6

　　红方如炮七进一，炮7平3，马三进四，炮3平9，马四进五，双方各有攻守。

21. 兵五进一　马7进5　　　22. 车六平五　炮6进2

23. 炮五进四　车6进3（图40）

24. 车五退一　卒7进1

　　红方退车捉炮没有效力，不如相七进五先巩固防线。以下黑方如马6退5，则车五进一，形成比较稳健的形势，然后再相机取势。

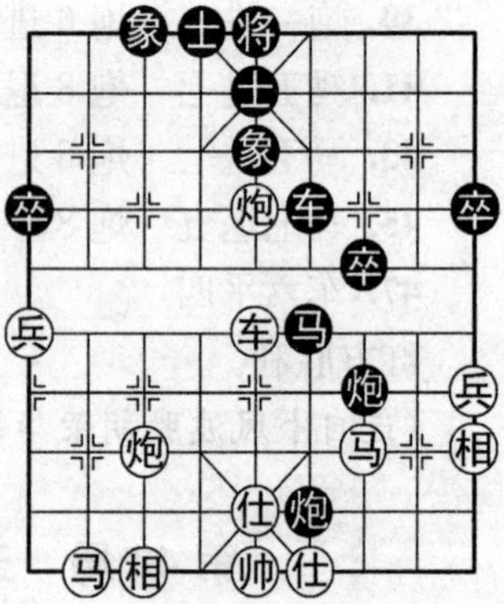

25. 相一进三　炮6平7

26. 马三退一　马6进7

27. 仕五进四　马7进9

28. 车五平三　炮7进1

29. 仕四进五　炮7平9　　　30. 炮五平一　车6平9

31. 车三退二　马9退8　　　32. 车三进二　车9平8

33. 马八进九　马8进9　　　34. 帅五平六　车8进6

35. 帅六进一　马9退8　　　36. 炮七平五　炮9退1

37. 帅六进一　马8退7

　　红方已难抵抗，黑方胜定。

　　（选自王荣塔负李国勋的对局）

图 40

第41局　五七炮进三兵对反宫马

1. 炮二平五	马2进3	**2.** 马二进三	炮8平6
3. 车一平二	马8进7	**4.** 兵三进一	卒3进1
5. 马八进九	象7进5	**6.** 炮八平七	车1平2
7. 车九平八	炮2进4	**8.** 兵七进一	卒3进1
9. 兵三进一	卒7进1		

如车9平8兑车以减轻右路压力，兵三进一，车8进9，马三退二，马7退8，车八进一，马3进4，马二进三，士4进5，车八平二，马8进6，车二进四，卒3进1，车二平六，卒3进1，兵三进一，炮6进4，马三进二，红方占优。

10. 车二进四　炮2平3

11. 车八平九　炮6进4

12. 车二平七　马3进4

13. 车七平六　马4进2（图41）

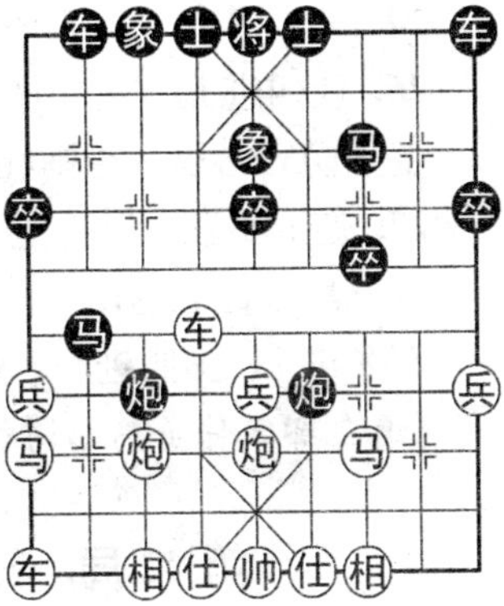

红方如兵五进一，车2进5，车七平八，马4进2，马九进七，马2进4，马七退九，炮6进1，炮七平四，马4进6，帅五进一，车9平8，帅五平六，车8进6，黑方弃子有攻势。

图41

14. 炮七进七　车2平3

红方如炮七平六，马2进1，车九进二，士6进5，兵五进一，炮6平7，相三进一，炮3平6，黑方满意。此刻黑方平车吃炮，保持反击力。如象5退3，马九进七，炮6平3，车六平七，卒7进1，车七退一，卒7进1，马三退五，马2退4，车七进一，马7进8，各有千秋。

15. 车六平八　炮6平7　　**16.** 马九进七　炮7进3

红方如马三退五，士6进5。黑方虽然少象，但子力比较活跃，仍占优势。

17. 仕四进五　车3进6　　　　**18.** 马三进四　车9平8

红方贸然进马，导致右路更加空虚。应车八平二加强防守。此时黑方抓紧时机，出车展开对攻，计算好可以抢先制敌，佳着。如车3退3，马四进六，车3平4，马六进四，车9进1，车八平二，红方还有相机进取的机会。

19. 马四进六　车3退5　　　　**20.** 马六进五　车3平5

21. 车八进三　炮7平9

红方如炮五平七，车5进1，炮七进七，士4进5，炮七平九，炮7平9，车八进五，士5退4，车八退二，士4进5，车八平五，车8进9，仕五退四，马7进6，抽回一车之后，黑方胜势。

22. 车九平八　车8进9　　　　**23.** 仕五退四　马7进6

24. 马五退七　车5平8　　　　**25.** 前车进二　前车退6

26. 仕四进五　士6进5

上士防守必要，否则红方前车平六杀。

27. 炮五平三　马6进5　　　　**28.** 炮三平五　前车进6

以下红方仕五退四，前车平6，帅五平四，马5进7，帅四进一，车8进7，帅四进一，炮9退2，黑方胜。

（选自郇正伟负葛维蒲的对局）

第42局　五七炮进三兵对反宫马

1. 炮二平五　马2进3　　　　**2.** 马二进三　炮8平6

3. 车一平二　马8进7　　　　**4.** 兵三进一　卒3进1

5. 马八进九　象7进5　　　　**6.** 炮八平七　车1平2

7. 车九平八　炮2进4　　　　**8.** 兵七进一　卒3进1

9. 兵三进一　卒7进1　　　　**10.** 车二进四　炮2平3

11. 车八进九　炮3进3　　　　**12.** 仕六进五　马3退2

13. 炮五进四　士6进5　　　　**14.** 炮五退一　马2进3

红方如炮七平五，马2进3，车二平七，马3进5，炮五进四，车 9 平 8，车七退四，炮 6 进 1，炮五退一，车 8 进 7。先弃后取，黑方满意。

15. 炮七平六　炮 3 退 2

16. 相三进五　马 7 进 6

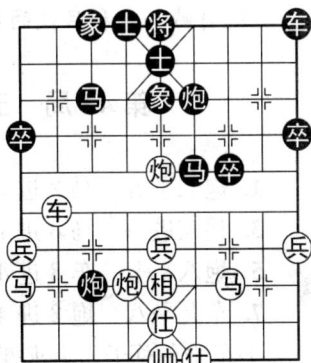

17. 车二平七　炮 3 平 2

18. 车七平八　炮 2 平 3（图 42）

19. 马九进七　车 9 平 7

红方应车八平七，炮 3 平 2，炮六平七，马 6 进 7，仕五进六，马 3 退 1，仕四进五，炮 2 退 5，车七进二，红方占优势。

20. 车八退二　炮 3 进 1

21. 车八进四　马 6 进 7

22. 车八平四　炮 6 平 8

23. 车四平二　炮 8 平 6

24. 马七进九　卒 1 进 1

25. 马九进七　炮 3 退 1

26. 炮六进一　马 7 进 5

27. 马三进四　马 5 退 3

28. 马七进八　卒 7 进 1

29. 马八进九　炮 6 退 1

30. 马四退五　马 3 退 4

31. 兵五进一　卒 7 平 6

平卒后并无反击手段，使大好形势毁于一旦。应卒 7 进 1，然后再车 7 进 5，红方很难应付。

32. 马五进四　炮 3 平 9

33. 仕五进六　炮 9 进 2

34. 帅五进一　车 7 进 8

35. 帅五进一　马 3 退 2

36. 马九退八　车 7 退 8

37. 马八退六　马 4 进 2

38. 炮六平八　马 2 进 1

红方平炮失去攻击机会。应炮六平三，再马四进三打车，黑方难对付。

39. 车二平四　马 1 退 3

40. 马六退七　炮 6 进 4

41. 车四退二　炮 9 平 8

42. 帅五平四　马 3 进 4

43. 炮五平六　马 4 退 6

44. 炮六平五　马 6 进 5

45. 兵五进一　车 7 进 6

46. 炮八平五　炮 8 退 7

图 42

47. 兵五平六　炮 8 平 6　　　　**48.** 车四进三　车 7 平 5

49. 马七退五　士 5 进 6

双方无力进取，和棋。

（选自臧如意和吕钦的对局）

第 43 局　五七炮进三兵对反宫马

1. 炮二平五　马 2 进 3　　　　**2.** 马二进三　炮 8 平 6

3. 兵三进一　马 8 进 7　　　　**4.** 兵七进一　车 9 平 8

5. 炮八平七　车 8 进 4　　　　**6.** 马八进九　车 1 平 2

7. 车九平八　炮 2 进 4　　　　**8.** 车一平二　车 8 平 4

平车避免兑子，力求变化，寻找机会。

9. 车二进六　炮 6 平 4

平炮可以掩护左马，加强防守，着法灵活有力。

10. 仕六进五　象 3 进 5　　　　**11.** 车二平三　炮 2 退 3

12. 车三平四　士 4 进 5　　　　**13.** 炮五平四　卒 1 进 1

14. 车四退三　炮 2 平 1

红方退车，以利于改变三路马的不佳处境，便于运炮从边路发展。

15. 车八进九　马 3 退 2　　　　**16.** 兵五进一　车 4 平 2

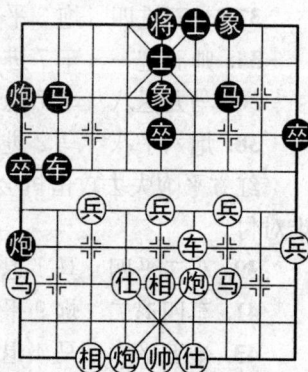

红方进中兵开通车道，准备平车捉马争先。

17. 相三进五　炮 4 平 1

18. 炮七进四　前炮进 3

19. 炮七平六　马 2 进 4

可考虑前炮退 1，可能对局势好一些。

20. 炮六退六　马 4 进 2

21. 仕五进六（图 43）　前炮退 1

红方由于多兵，怕黑方反攻，于

图 43

是各子退守要道，加强防守，不给黑方机会。黑方确是竭力进取。现在退炮打中兵，不如卒1进1，仕四进五，马2进1，兵七进一，象5进3，兵三进一，卒1平2，兵三进一，各有千秋。

22. 车四平五　后炮进1　　　**23.** 仕四进五　炮1平3
24. 马三进四　炮3平4　　　**25.** 炮六进六　马2进4
26. 炮四平三　马7进6　　　**27.** 兵三进一　马6进4
28. 兵三进一　前马退3

红方进兵正确。如车五平六，车2平7，兵七进一，前马进2，兵五进一，马4进5，红方失去优势。

29. 马四进五　马4进5　　　**30.** 兵七进一　马5退3
31. 马九进七

黑方一味求攻，忽略了防守的重要性，以致被红方反击而失败。

（选自胡荣华胜柳大华的对局）

第44局　五七炮进三兵对反宫马

1. 炮二平五　马2进3　　　**2.** 马二进三　炮8平6
3. 车一平二　马8进7　　　**4.** 兵三进一　卒3进1
5. 马八进九　象7进5

上左象是较有弹性的布局，而且变化比上右象更为复杂。

6. 炮八平七　车1平2　　　**7.** 车九平八　炮2进4
8. 兵七进一　卒3进1　　　**9.** 兵三进一　卒7进1
10. 车二进四　炮2平3　　　**11.** 车八进九　炮3进3
12. 仕六进五　马3退2　　　**13.** 炮五进四　士6进5
14. 炮五退一　马2进3　　　**15.** 炮七平六　炮3退2
16. 炮六退一　卒3进1

退炮企图右移进行攻击。如相三进五，形成较为流行的走法。

17. 马九进七　车9平8　　　**18.** 车二平四　炮6进2
19. 炮六平七（图44）　车8进3

红方应炮六进六。以下黑方如马
7进5，炮六进一，炮6退4，车四进
二，车8进6，马七进五，双方局势
平稳。黑方如果应付欠周，红方还有
便宜。

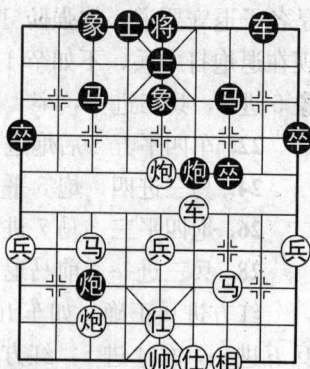

图44

20. 兵五进一　　马3进5
21. 马三进五　　炮3平8
22. 马五进七　　马5进3
23. 后马进九　　象3进1
24. 炮七平八　　马3退4

黑车占据卒林要道，使红方双马无法攻击。现在运马准备发动
攻势，形势比较主动。

25. 马七退六　　卒1进1		**26.** 马九退七　　炮8退1
27. 马七退五　　马4进3		**28.** 马六进七　　车8平2
29. 炮八进四　　炮8退3		**30.** 马五进六　　象1退3
31. 仕五退六　　炮8平4		**32.** 相三进五　　炮4退1
33. 仕四进五　　炮6退4		**34.** 马六退七　　车2平4
35. 炮八退五　　炮4平3		

双方攻守严密，红方的攻势难有进展。由于缺相，交换子力之
后，红方的形势非常不利。

36. 炮八平七　　车4进3		**37.** 兵一进一　　马7进5
38. 车四平二　　士5进6		**39.** 车二进二　　士4进5
40. 车二退二　　炮3进3		**41.** 炮七进四　　车4平3
42. 马七退八　　车3平1		

黑车吃去红方边兵之后，红方的形势已非常困难。

43. 炮五平六　　马5进4		**44.** 车二退二　　卒1进1
45. 马八进六　　车1平9		**46.** 相五退三　　卒1平2
47. 炮七退四　　车9进3		**48.** 炮七平九　　车9平7
49. 仕五退四　　卒2平1		**50.** 炮九平八　　马4进2
51. 兵五进一　　马3进4		**52.** 车二进一　　车7平6

黑方突破红方阵地，取得胜局。

（选自洪石负林宏敏的对局）

第45局　五七炮进三兵对反宫马

1. 炮二平五　马2进3		2. 马二进三　炮8平6	
3. 车一平二　马8进7		4. 兵三进一　卒3进1	
5. 马八进九　象7进5		6. 炮八平七　车1平2	
7. 车九平八　炮2进4		8. 兵七进一　卒3进1	
9. 兵三进一　卒7进1		10. 车二进四　炮2平3	
11. 车八进九　炮3进3		12. 仕六进五　马3退2	
13. 炮五进四　士6进5		14. 炮五退一　马2进3	
15. 炮七平六　卒3进1		16. 马九进七　炮3退2	

17. 车二平四　炮3平7（图45）

红方平车捉炮是新的走法。以往多走炮六退一或相三进五，形成激烈的争斗。

18. 炮六平七　炮6进2

红方平炮七路具有控制的作用。如车四进三吃炮，车9平6兑车，红方少兵缺相，局势反而不好。此刻黑方进炮容易受制，不如马3进5，车四进三，车9平6兑车，黑方可以满意。再如红方如不吃炮，而车四进二捉中马，炮6退1。红车吃炮后，黑方仍可平车兑车，红方没有便宜。

19. 炮七进五　车9平6　　20. 马七进五　炮6退1

红方进马含蓄有力，暗中伏下谋子的手段。

21. 车四退二　马7进5

不如炮7进1，随机应变。

22. 炮七退三　炮6平8

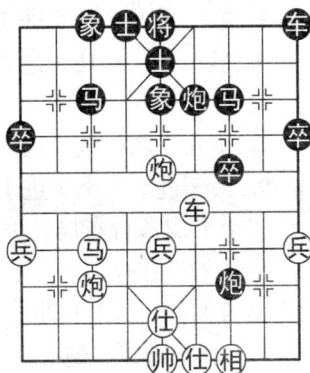

图45

如炮6平7，马五进七，伏下杀势并可得子，红方胜定。

23. 马五进七	车6进7	**24.** 仕五进四	炮8进1
25. 炮五平二	马5进6	**26.** 炮二退四	马6进8
27. 炮二平四	卒7进1	**28.** 仕四进五	炮7退1
29. 兵一进一	炮7平1	**30.** 马七退五	炮1退1
31. 马五进六	卒7平6	**32.** 炮七退一	马8退7
33. 马六进七	将5平6	**34.** 炮四进三	炮1平9
35. 炮七进三	马7退5	**36.** 炮四进二	

红方在攻击中计算准确，夺得胜局。

（选自吴贵临胜胡荣华的对局）

第46局　五七炮进三兵对反宫马

1. 炮二平五	马2进3	**2.** 马二进三	炮8平6
3. 车一平二	马8进7	**4.** 兵三进一	卒3进1
5. 马八进九	象7进5	**6.** 炮八平七	车1平2
7. 车九平八	炮2进4	**8.** 兵七进一	卒3进1
9. 兵三进一	卒7进1	**10.** 车二进四	炮2平3

以上形成流行布局。由于红方追求主动攻击，因而实力损失较为严重，如果在攻击中没有较大收获，将被动挨打。这个布局变化的生命力如何，还有待更多的开拓者不断创新和发现。

11. 车八进九	炮3进3	**12.** 仕六进五	马3退2
13. 炮五进四	士6进5	**14.** 炮五退一	马2进3
15. 炮七平六	炮3退2		

红方可相三进五，卒3进1，马九进七，炮3退3，车二平七，红方捉回一子，各有千秋。

16. 相三进五	卒3进1

进卒送吃，保持右路的稳定，是应对红方攻势的紧要着法。

17. 马九进七	车9平8	**18.** 车二平四	炮6进2
19. 马三进二	炮6退4		

黑方进退 6 路炮，用意深远，仔细分析，就会体会到其巧妙之处。如直接走炮 6 退 2，马七进九，以下伏有车四平七的先手，黑方将落入下风。

20. 炮六退一　车 8 进 3　　　　21. 炮六平七　马 7 进 5

22. 马七退九　炮 3 退 4

红方退马消极，此时应马七进五。

23. 炮七平八　炮 6 平 8

24. 马二退四（图 46）　车 8 平 6

红方退马四路，被黑方乘机平车兑车，成为对黑方有利的残局形势。不如马二退三，仍有较大的周旋空间，一时不至于成为败势。

25. 车四进二　炮 3 平 6

26. 马四进二　炮 6 平 8

27. 马二退三　后炮平 7

28. 马三进二　马 3 进 2

29. 仕五进六　马 2 进 4　　　　30. 马九进七　卒 7 进 1

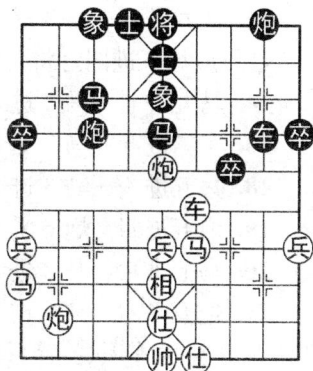

图 46

第 29 回合可走马 2 进 1 吃兵，形成多卒多象之势，可推进胜局的进度。现在进 7 卒白丢一卒，是一个损失，失误之着。

31. 相五进三　马 4 进 6　　　　32. 炮五退一　马 5 进 7

33. 马二进三　炮 7 平 9　　　　34. 马三进五　炮 8 进 6

35. 仕四进五　炮 9 进 6　　　　36. 仕五进四　马 6 进 8

37. 马五退六　马 7 进 5

红方应马五退四，还可支撑一阵。此时黑方胜定。

（选自柳大华负李来群的对局）

第 47 局　五七炮进三兵对反宫马

1. 炮二平五　马 2 进 3　　　　2. 马二进三　炮 8 平 6

3. 车一平二　马 8 进 7　　　　4. 兵三进一　卒 3 进 1

5. 马八进九　　象 7 进 5　　　　　　　**6.** 炮八平七　　车 1 平 2

7. 车九平八　　炮 2 进 4　　　　　　　**8.** 兵七进一　　卒 3 进 1

9. 兵三进一　　卒 7 进 1

如车 9 平 8，兵三进一，车 8 进 9，马三退二，马 7 退 8，车八
进一，双方对攻，红方有较多的抢先机会。

10. 车二进四　　炮 2 平 3　　　　　　**11.** 车八进九　　炮 3 进 3

12. 仕六进五　　马 3 退 2　　　　　　**13.** 炮七平六　　卒 3 进 1

红方应炮五进四打将，局势较为主动。

14. 马九进七　　马 2 进 3　　　　　　**15.** 马三进四　　车 9 平 8

16. 车二进五　　马 7 退 8　　　　　　**17.** 马四进五　　士 6 进 5

18. 兵五进一　　马 3 进 5

19. 炮五进四　　炮 6 平 9

20. 马七进六　　马 8 进 6（图 47）

21. 炮五平四　　马 6 进 8

双方兑去车马之后形成平稳之
势。此时红方应炮五平八。

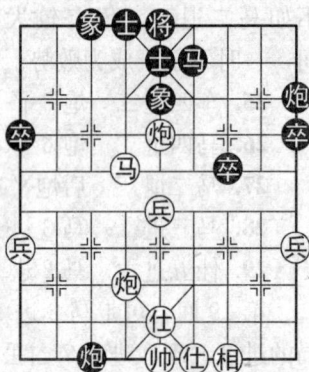

图 47

22. 炮六平九　　炮 9 进 4

23. 炮九进四　　炮 9 平 2

24. 仕五进六　　炮 2 进 3

25. 帅五进一　　炮 3 退 5

退炮限制马的活动并阻挡红中兵过河，有力的防守。以下还可
以走炮 2 退 5，打马争夺主动。

26. 炮四平八　　卒 7 进 1　　　　　　**27.** 马六进四　　马 8 进 6

28. 炮九平四　　卒 9 进 1　　　　　　**29.** 炮八退一　　炮 3 进 3

30. 炮四退一　　卒 9 进 1　　　　　　**31.** 炮八退一　　卒 7 平 8

32. 炮四平九　　炮 2 平 7

红方如兵九进一还有谋和的希望。

33. 炮九退一　　炮 3 退 6　　　　　　**34.** 炮八平二　　卒 9 平 8

应炮九进一对抗，谋求和势。

35. 炮九平二　　士 5 进 4　　　　　　**36.** 炮二进一　　炮 7 退 6

37. 兵九进一　将 5 平 6　　38. 炮二进二　炮 3 平 5

39. 炮二平六　炮 7 平 5　　40. 帅五平六　前炮平 4

黑方胜。

（选自言穆江负胡荣华的对局）

第 48 局　五七炮进三兵对反宫马

1. 炮二平五　马 2 进 3　　2. 马二进三　炮 8 平 6

3. 兵三进一　马 8 进 7　　4. 车一平二　卒 3 进 1

5. 马八进九　象 7 进 5　　6. 炮八平七　车 1 平 2

7. 车九平八　炮 2 进 4　　8. 兵七进一　卒 3 进 1

9. 兵三进一　卒 7 进 1　　10. 车二进四　炮 2 平 3

11. 车八平九　炮 6 进 4

12. 车二平七　马 3 进 4

13. 兵五进一　车 2 进 5

14. 车七平八　马 4 进 2

15. 马九进七（图48）　马 2 进 4

黑方进马抢攻是有力的攻法。如马 2 进 3，车九进二，炮 6 进 1，形成比较复杂的变化。

16. 马七退九　炮 6 进 1

17. 炮七平四　马 4 进 6

18. 帅五进一　车 9 平 8　　19. 帅五平六　车 8 进 6

20. 车九平八　卒 7 进 1　　21. 仕六进五　车 8 平 4

22. 仕五进六　卒 7 进 1　　23. 马三退二　马 6 进 7

红方应马三退一保护三路相。

24. 仕四进五　卒 7 平 6　　25. 马九退七　车 4 平 3

26. 马七进九　车 3 平 4　　27. 马九退七　车 4 平 3

28. 车八进一　卒 6 进 1

在少子的形势中，弃卒吃士，突破九宫防守，力求更多的机

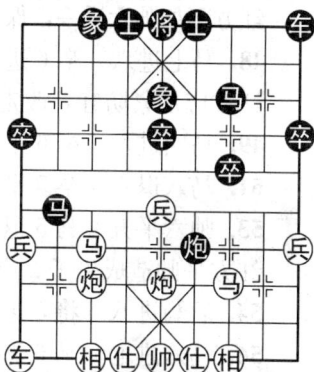

图 48

会，避免打持久战，正确。

29. 仕五进四　马7退6　　　30. 帅六退一　马6退5
31. 马二进四　士6进5　　　32. 炮五退二　卒5进1
33. 马七进五　马7进6　　　34. 仕六退五　车3平6
35. 马四进二　车6平8　　　36. 马二退三　车8平1
37. 车八平六　马6进5

红方应马三进四，还有一些作为。

38. 车六平七　前马进7　　　39. 马三进四　车1平6
40. 兵一进一　卒1进1　　　41. 车七平六　马5退7
42. 马五进六　卒5进1　　　43. 马六进七　卒1进1
44. 车六进七　象5退7　　　45. 车六退五　车6平4
46. 马四进六　象7进5　　　47. 马六退四　卒5平6

红方不如帅六进一，保留一仕，可以加强防守，还可对抗下去。

48. 马七进六　卒6进1

红方应加紧防守，改走马七退五，局势仍可支持。

49. 马四进六　卒6平5　　　50. 后马退八　前马进5
51. 马八退六　卒5平4　　　52. 炮五进七　士5进4
53. 帅六平五　马5退6

红方平帅造成失子。应炮五退二，还能坚持一阵。

54. 后马进八　将5进1　　　55. 马八进六　将5平4
56. 马六进七　马6进4　　　57. 帅五平六　马4进3

也可以卒1进1，成双马卒对马炮无仕相。红方仍难防守，黑
方胜势。

58. 马七退九　马7进9　　　59. 马九进七　马9退7
60. 炮五退六　马3退4　　　61. 帅六进一　马4退3
62. 炮五退一　象3进1　　　63. 马七退九　卒9进1
64. 马九退七　卒9进1　　　65. 炮五平七　马3进5
66. 帅六平五　马7进6　　　67. 帅五进一　马6进7
68. 帅五退一　马5进3　　　69. 帅五平四　马7退6
70. 炮七进一　将4平5　　　71. 马七退五　卒9平8

72. 炮七退一　马 6 进 4　　　　　**73.** 炮七进一　马 3 退 4

74. 炮七平五　将 5 平 4　　　　　**75.** 帅四进一　后马进 5

76. 帅四平五　马 4 退 3

兑掉一马之后，红方无法防守，黑胜。

（选自蔡翔雄负胡荣华的对局）

第 49 局　　五七炮进三兵对反宫马

1. 炮二平五　马 2 进 3　　　　　**2.** 马二进三　炮 8 平 6

3. 车一平二　马 8 进 7　　　　　**4.** 兵三进一　卒 3 进 1

5. 马八进九　象 7 进 5　　　　　**6.** 炮八平七　车 1 平 2

7. 车九平八　炮 2 进 4　　　　　**8.** 兵七进一　卒 3 进 1

9. 兵三进一　卒 7 进 1　　　　　**10.** 车二进四　炮 2 平 3

11. 车八进九　炮 3 进 3

红方进车兑车，可以引起激烈、复杂的对攻。

12. 仕六进五　马 3 退 2　　　　　**13.** 炮五进四　士 6 进 5

14. 炮五退一　马 2 进 3　　　　　**15.** 炮七平六　炮 3 退 2

16. 相三进五　卒 3 进 1

红方也可炮六退一，形成另一种复杂的变化。

17. 马九进七　车 9 平 8

18. 车二平四　炮 6 退 2

19. 马七进九　卒 1 进 1

20. 车四平七　马 3 进 5

21. 车七退二　卒 1 进 1

22. 炮六进六（图 49）　卒 7 进 1

兑去车马之后，红方虽然失去一

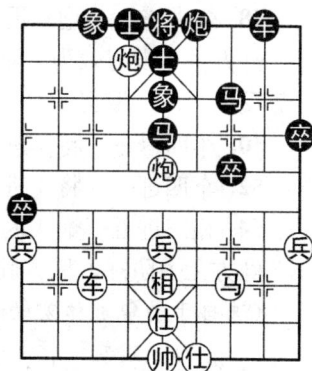

图 49

相，但已形成车双炮的强大攻势，取得了理想的成果。

23. 车七进七　卒 7 进 1　　　　　**24.** 车七退五　车 8 进 4

红方抓紧时机，退车弃马，准备平炮展开强大的攻击。

25. 兵五进一　卒 7 进 1　　　　**26.** 炮六平九　象 5 退 3

27. 车七进五　炮 6 平 8　　　　**28.** 车七退六　将 5 平 6

29. 炮九退三　马 5 进 3

红方退炮打车，使黑车不敢离开要道，只好弃马解围，红方获得较大的攻势。

30. 车七进二　车 8 进 1　　　　**31.** 炮九进四　将 6 进 1

32. 炮九退一　士 5 进 4　　　　**33.** 车七进三　士 4 进 5

34. 车七退二　士 5 进 6　　　　**35.** 炮五平八　车 8 平 5

红方平炮失去取胜机会。应炮五进四，将 6 平 5，炮五平八，红方胜势。

36. 车七进三　将 6 平 5　　　　**37.** 炮八进三　将 5 进 1

38. 车七平五　士 4 退 5　　　　**39.** 炮八退一　将 5 平 4

40. 炮九退一　将 4 退 1　　　　**41.** 炮八平三　炮 8 进 9

42. 相五退三　车 5 平 2　　　　**43.** 炮三进一　士 5 退 6

44. 仕五退六　卒 7 进 1　　　　**45.** 炮九进二　车 2 进 4

红方进炮过于着急，应车五退六，在对攻中仍有较好的机会。

46. 车五退一　将 4 退 1　　　　**47.** 车五进一　将 4 进 1

48. 炮九平六　炮 8 退 9　　　　**49.** 车五平四　炮 8 平 4

红方平车没有效力，不如车五退六，还能抵挡一阵。此时黑方乘势反击，由此取得优势。

50. 车四退一　将 4 进 1　　　　**51.** 车四退一　将 4 退 1

52. 车四进一　将 4 进 1　　　　**53.** 仕四进五　炮 4 退 9

54. 相三进五　炮 4 退 3　　　　**55.** 仕五退六　炮 4 平 8

红方无力防守，黑方胜。

（选自于幼华负林宏敏的对局）

第 50 局　　五七炮进三兵对反宫马

1. 炮二平五　马 2 进 3　　　　**2.** 马二进三　炮 8 平 6

3. 车一平二　马 8 进 7　　　　**4.** 兵三进一　卒 3 进 1

5. 马八进九　象 7 进 5 　　　　**6.** 炮八平七　车 1 平 2

7. 车九平八　炮 2 进 4 　　　　**8.** 兵七进一　卒 3 进 1

9. 兵三进一　卒 7 进 1 　　　　**10.** 车二进四　炮 2 平 3

11. 车八平九　马 3 进 4

红方平车避开兑车是力求稳健的变化。此刻黑方可以先走炮 6 进 4。

12. 车二平七　炮 6 进 4

红方也可炮五进四，士 6 进 5，车二平七，炮 6 进 4，炮五退一，红方先手。

13. 兵五进一　炮 6 平 7

14. 相三进一（图 50）　士 6 进 5

黑方弃子抢攻凶悍。另有一种变化是车 2 进 5，车七平八，马 4 进 2，马九进七，马 2 进 3，车九进二，马 3 退 5，马三进五，炮 7 平 3，车九平

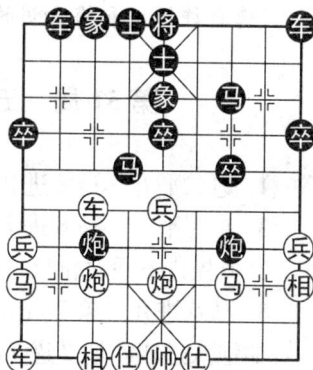

图 50

七，炮 3 平 9，兵五进一，卒 5 进 1，马五进七。红方有攻势，黑方多卒，各有千秋。

15. 车七平六　炮 3 进 3

红方如马九进七，车 2 进 6，车七平六，车 2 平 3，炮七进七，象 5 退 3，车六进一，卒 7 进 1，形成对攻之势。黑方虽然失象，但有先手。

16. 车九平七　马 4 进 6 　　　　**17.** 炮五平六　车 9 平 6

弃子破相，虽然有一定攻势，但红方多子，防守比较稳固，难有机会突破。

18. 仕六进五　车 2 进 6 　　　　**19.** 车七平八　车 2 平 1

20. 车八进二　马 6 进 7 　　　　**21.** 炮七平三　马 7 进 6

22. 车六平八　马 6 进 5 　　　　**23.** 炮六退二　车 6 进 8

24. 后车平六　马 5 进 7 　　　　**25.** 车六平三　炮 7 平 5

26. 车三平五　炮 5 平 8 　　　　**27.** 车八退二　卒 1 进 1

28. 炮六平九　　车1平7　　　29. 车五平三　　炮8进3
30. 相一退三　　车6平7　　　31. 车三退一　　车7进2
32. 车八平二　　车7进1　　　33. 炮九进五　　炮8平9
34. 车二平一　　卒7进1　　　35. 马九进八　　卒7平6
36. 炮九进一　　卒9进1　　　37. 马八退六
双方无力进取，和棋。

（选自许银川和梅青明的对局）

第51局　五七炮进三兵对反宫马

1. 炮二平五　　马2进3　　　2. 马二进三　　炮8平6
3. 车一平二　　马8进7　　　4. 兵三进一　　卒3进1
红方先进三兵对付反宫马较为灵活，现已成为流行布局。

5. 马八进九　　象7进5
如炮八进四，炮2进7，车九平八，车1平2，形成牵制局势，各有千秋。

6. 炮八平七　　车1平2
7. 车九平八　　炮2进4
8. 兵七进一　　卒3进1
9. 兵三进一（图51）　　车9平8
黑方如卒7进1，车二进四，卒3平2，兵九进一，车9平8，车二平八，车2进5，马九进八，炮2平9，马三进一，车8进6，马八进七，车8平9，车八进七，红方占优。

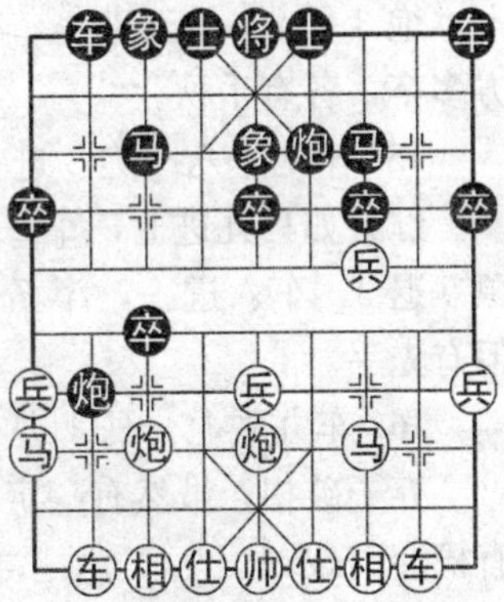

10. 兵三进一　　车8进9
11. 马三退二　　马7退8
可炮2平3兑车，抢先求攻为好。

13. 马二进三　　卒3进1
红方平车捉马，抢夺主动，好着。

12. 车八进一　　马3进4
14. 车八平六　　车2进4

图51

15. 炮五进四　士 4 进 5　　　　**16.** 炮七平五　炮 6 进 5

17. 仕四进五　炮 6 平 1　　　　**18.** 相七进九　马 4 进 5

19. 马三进二　车 2 进 1

红方进马避开交换，力求增强进攻兵力。

20. 马二进一　车 2 平 7　　　　**21.** 马一进二　马 8 进 6

22. 车六进七　马 6 进 7

红方进车压象肋巧妙。如炮 2 进 3，相九退七，车 7 进 4，仕五退四，马 6 进 7，前炮平四，红方胜势。

23. 前炮平四　炮 2 进 3

红方平炮，伏下炮五进五的凶着，黑方已不好应付。

24. 相九退七　车 7 进 4　　　　**25.** 仕五退四　马 5 进 7

如马 5 退 4，马二退四，马 7 退 6，炮四进二，车 7 退 7，炮四平一，仍是红胜。

26. 马二退四　后马退 6　　　　**27.** 炮四进二

红方攻势凶悍，获得胜局。

（选自李来群胜朱永康的对局）

第 52 局　五七炮进三兵对反宫马

1. 炮二平五　马 2 进 3　　　　**2.** 马二进三　炮 8 平 6

3. 车一平二　马 8 进 7　　　　**4.** 兵三进一　卒 3 进 1

5. 马八进九　象 7 进 5　　　　**6.** 炮八平七　车 1 平 2

7. 车九平八　炮 2 进 4　　　　**8.** 兵七进一　卒 3 进 1

红方如兵五进一，士 6 进 5，兵九进一，车 9 平 6，炮五平四，车 6 平 7，相三进五，马 3 进 4，炮七退一，车 2 进 2，车八进一，炮 2 平 1，车八进一，马 4 进 5，车八进五，马 5 进 7，车八退四，马 7 进 8，车八平九，卒 7 进 1，兵七进一，卒 7 进 1，兵七进一，卒 7 平 8，车九平四，炮 6 进 5，车四退一，车 7 平 6，车四进七，将 5 平 6，红方较为好走。

9. 兵三进一　卒 7 进 1　　　　**10.** 车二进四　炮 2 平 3

11. 车八平九　　炮 6 进 4　　　**12.** 马九进七　　炮 6 平 3

红方以马换炮得不到便宜。不如车二平七，马 3 进 4，车七平六，马 4 进 2，马九进七，马 2 进 3，车九进二，炮 6 平 3，车九平七，炮 3 退 2，马三进四，士 6 进 5，马四进五，马 7 进 5，炮五进四，车 2 进 3，车七进三，车 2 平 5，车七退二，双方局势平稳。

13. 车二平七　　马 3 进 4　　　**14.** 炮七平六　　士 6 进 5

15. 车七平六　　马 4 退 3　　　**16.** 车九进二　　炮 3 退 2

黑方退炮稳健。如车 2 进 9，车九平八，车 2 平 3，车六平七，马 3 进 4，车八进三，马 4 退 6，车八退四。下一步可走马三退五，红方夺子占优势。

17. 车九平八　　车 2 进 7

如车六进二，车 2 进 6，车九平七，马 7 进 6，红方被迫换子，局势不妙。

18. 炮五平八　　马 7 进 6　　　**19.** 车六平五　　车 9 平 6

20. 相七进五　　车 6 进 3

21. 炮六进一　　炮 3 进 3

22. 炮六退一　　炮 3 退 3

23. 炮六进一　　炮 3 进 2

24. 炮六进五（图 52）　马 3 进 4

红方进炮压住象肋，准备平车捉马炮时吃底象，创造有力的攻势，是以攻为守的好着。

25. 车五平七　　卒 5 进 1

26. 炮八进七　　车 6 平 2

27. 车七进五　　炮 3 平 4　　　**28.** 车七退四　　车 2 退 3

红方不如车七退六吃炮，车 2 退 3，车七平六，车 2 进 4，仕四进五。局势平稳，但红方好走。

29. 车七平六　　炮 4 退 5　　　**30.** 车六进三　　车 2 进 4

不如车 2 进 6，局势较好。

31. 车六退四　　马 6 进 7　　　**32.** 车六平二　　车 2 退 1

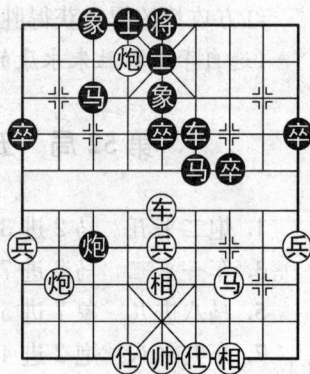

图 52

33. 车二进五　士 5 退 6　　34. 车二退六　马 7 退 6

35. 车二平四　车 2 平 6　　36. 车四进一　士 6 进 5

37. 马三进二　卒 7 进 1　　38. 相五进三　车 6 平 8

39. 车四进一　车 8 进 2　　40. 车四平五　车 8 进 1

41. 兵一进一　车 8 平 9　　42. 车五进一　卒 1 进 1

43. 车五退一　象 5 进 3　　44. 相三进五　车 9 退 1

45. 车五平七　车 9 进 1

双方无法取胜，所以同意和棋。

（选自李雪松和许银川的对局）

第 53 局　　五七炮进三兵对反宫马

1. 炮二平五　马 2 进 3　　2. 马二进三　炮 8 平 6

3. 兵三进一　卒 3 进 1　　4. 马八进九　象 7 进 5

5. 炮八平七　车 1 平 2　　6. 车九平八　炮 2 进 4

7. 车一平二　马 8 进 7

如车一进一，马 8 进 7，车一平四，士 6 进 5，兵七进一，红方先手。

8. 兵七进一　卒 3 进 1　　9. 兵三进一　卒 7 进 1

10. 车二进四　炮 2 平 3

如卒 3 平 2，兵九进一，炮 6 进 4，车二平八，车 2 进 5，马九进八，炮 6 平 7，相三进一，车 9 进 1，马八进七，象 5 进 3，兵五进一，车 9 平 2，仕六进五，象 3 进 5，兵五进一，红方有攻势，比较好走。

11. 车八进九　炮 3 进 3　　12. 仕六进五　马 3 退 2

13. 炮五进四　士 6 进 5　　14. 炮五退一　马 2 进 3

15. 炮七平六　炮 3 退 2　　16. 炮六退一　卒 3 进 1

退炮灵活，比相三进五有更大的威力。

17. 马九进七　车 9 平 8　　18. 车二平四　炮 6 进 2

19. 炮六进六　马 7 进 5

如炮六平七，车8进3，兵五进一，马3进5，马三进五，炮3平8，马五进七，马5进3，后马进九，象3进1，黑方仍可防守。

20. 炮六进一　炮6退4	21. 车四进二　车8进6
22. 马七进五　炮3退4	23. 车四退四　卒7进1
24. 炮五进二　士5进6	
25. 车四平七　车8退5	
26. 车七进四　车8平4	
27. 炮五平六（图53）　车4进1	

图 53

红方针对中路展开持久进攻，使黑方不能攻击红方的右路。而黑方为了进攻红方右路，不惜弃中象强行对右路施加压力，双方的争斗复杂激烈。红方虽然得了中象，但子力并不灵活，现在红方想通过交换子力之机保持先手。

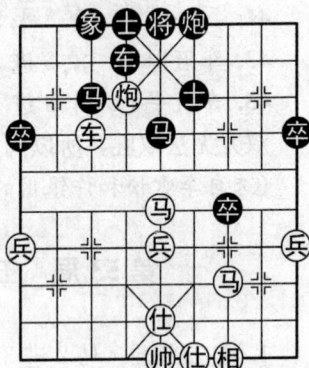

28. 车七平五　士4进5	29. 车五平七　卒1进1
30. 相三进五　卒7平6	31. 马五进六　马3退2
32. 马三进二　马2进1	33. 车七平九　马1退3
34. 马六退七　车4进3	35. 马二进一　卒6进1
36. 马一进二　炮6平7	37. 车九平七　马3进1
38. 车七平三　象3进5	39. 马七进六　车4退1
40. 兵五进一　将5平4	41. 车三平五　卒6平5
42. 相五退三　马1进2	

红方车双马有一定先手，所以黑方兑马以减少红方攻力，明智之举。

43. 马六退八　车4平2	44. 车五平六　将4平5
45. 车六平三　车2平9	46. 兵一进一　车9进1
47. 兵五进一　车9平8	48. 马二退一　车8平2
49. 兵五进一　将5平4	50. 仕五退六　炮7平5
51. 仕四进五　车2平4	52. 兵五平六　将4平1

53. 兵六平七　炮 5 平 1　　　　**54.** 兵七进一　炮 1 进 6

55. 车三平八　炮 1 进 3　　　　**56.** 车八退六　车 4 平 1

57. 马一进三　车 1 进 1　　　　**58.** 马三退四　卒 1 进 1

红方兵临九宫有一定威胁，所以黑方不敢轻易进攻。如卒 5 平 4，相三进五，以后有相五退七的好着，黑方将处于下风。

59. 马四进五　卒 1 平 2　　　　**60.** 马五退六　卒 2 进 1

61. 马六退五　卒 2 进 1　　　　**62.** 马五进七　卒 2 进 1

如车八平七，卒 2 平 3。黑卒可以长捉红车，形成和局。

（选自吕钦和林宏敏的对局）

第 54 局　　五七炮进三兵对反宫马

1. 炮二平五　马 2 进 3　　　　**2.** 马二进三　炮 8 平 6

3. 兵三进一　卒 3 进 1　　　　**4.** 马八进九　象 7 进 5

5. 炮八平七　车 1 平 2　　　　**6.** 车九平八　炮 2 进 4

7. 车一进一　马 8 进 7

红方起横车，使攻守更加复杂。

8. 车一平七　车 9 平 8

红方平车七路是用意深远的构思。

9. 兵七进一　炮 2 平 3

如车 8 进 4，兵七进一，车 8 平 3，炮七进五，炮 6 平 3，车七进四，象 5 进 3，马三进四，红方好走。

10. 车八进九　炮 3 进 2　　　　**11.** 车八退九　炮 3 退 3

12. 炮五平六　车 8 进 4　　　　**13.** 相三进五　卒 7 进 1

兑卒弃去一炮，企图争取主动。如炮 3 平 4，车八进七，马 3 退 5，车八进一。黑方右路较为空虚，容易发生危险。

14. 相五进七　卒 7 进 1　　　　**15.** 相七退五　卒 7 进 1

16. 马三退一　马 3 进 4

如车 8 进 4 捉马，车八进七，马 3 进 4，炮七进七，士 4 进 5，车八进二，马 4 退 3，炮七退一，士 5 退 4，车八退二，红方占优。

由此可见黑方上马正确。

17. 炮七退一　车8进1　　**18.** 车八进八　马4进5

19. 炮六进六　马5进3

红方进炮落空。不如车八平六，士4进5，炮七进八，炮6退1，车六退五，红方不难走。

20. 车八退六　车8平4

红方如马九退八，车8平2，车八退四，马3退2。黑方占优，红方更加不利。

21. 炮六平三　马3退2　　**22.** 炮三退五　马2进4

23. 车八退一　马7进6　　**24.** 炮三平二　马4进6

红方应炮三退一，还可进行对抗。

25. 炮七平四　后马进7

26. 炮二进六　象5退7（图54）

27. 仕六进五　马7进6

红方形成被攻之势，心中不免着急，现在上仕捉马，不冷静，造成失马，局势一落万丈。不如马一进三，车4平8，仕六进五，马6退5，炮四进八，红方可抗衡下去。

28. 仕五进四　车4平8

29. 炮二平一　车8进3　　**30.** 仕四退五　炮6平7

31. 相五进三　车8平9　　**32.** 车八进五　车9平8

33. 车八平五　炮7平5　　**34.** 马九进七　车8退8

35. 炮一退一　车8进3　　**36.** 车五退二　马6退8

37. 相三退五　马8退6　　**38.** 车五平三　卒3进1

黑方抓住红方子力位置不好的机会，尽快跃马进卒加强控制，逐步扩大了优势。

39. 马七进五　卒3平4　　**40.** 车三平四　马6进7

41. 车四退三　车8平7　　**42.** 马五进六　车7平4

兑换一马之后，黑方车炮卒占位较佳，红方子力分散，黑方大

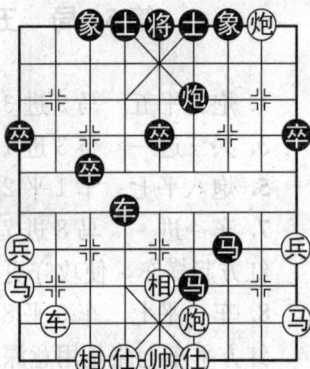

图54

占优势。

43. 车四平三　炮 5 进 4　　44. 炮一平二　车 4 平 3
45. 帅五平六　车 3 平 8　　46. 炮二平四　车 8 平 4
47. 车三进三　士 4 进 5　　48. 炮四退六　卒 4 进 1
49. 兵九进一　卒 4 平 3　　50. 仕五进六　卒 3 进 1
51. 仕四进五　炮 5 进 2　　52. 车三退三　炮 5 平 3
53. 车三平六　车 4 平 6　　54. 仕六退五　炮 3 平 5

红方无力抵抗黑方车炮卒的攻击，黑胜。

（选自许波负李艾东的对局）

第 55 局　五七炮进三兵对反宫马

1. 炮二平五　马 2 进 3　　2. 马二进三　炮 8 平 6
3. 兵三进一　卒 3 进 1　　4. 马八进九　象 7 进 5
5. 炮八平七　车 1 平 2　　6. 车九平八　炮 2 进 4
7. 车一进一　车 9 进 1

黑进横车，准备援助右路的反击。

8. 车一平二　马 8 进 7　　9. 车二平四　士 6 进 5
10. 车四进三　车 9 平 8　　11. 兵九进一　车 8 进 3
12. 马九进八　马 3 进 4

红方跃马是新变化。以往多走车四平八兑车，车 2 进 5，马九进八，炮 2 平 1，炮七退一，卒 7 进 1，马八退七，卒 7 进 1，黑方弃边炮，准备利用 7 路卒威胁红马，也有一定的主动性，各有千秋。

13. 马八进六　车 8 平 4　　14. 炮五进四　炮 6 进 2
15. 炮七平五　马 7 进 5　　16. 炮五进四　车 2 进 3
17. 炮五退二　炮 6 平 5

不如炮 6 退 4 加强防守。

18. 车八进二　士 5 退 6

退士调整防守，好着。如炮 2 退 1 打车，仕六进五，红方较为易走，黑方不合适。

19. 仕四进五	士4进5	**20.** 相三进五	车4进2
21. 帅五平四	将5平4	**22.** 车四进一	炮2退2
23. 炮五平四	炮5进1	**24.** 帅四平五	炮5退2
25. 炮四进五	炮2进1		

进炮暗伏炮2平3的巧妙攻法，是转化被动局势的机会。如士5退6，车四进四，将4进1，马三进四，车4平5，车八平六，炮5平4，车四退一，将4退1，车四退二。红方得还一子，大占优势。

26. 炮四平二 （图55）　炮2平3

红方平炮二路失利，被黑方平炮3路反成败势。应兵七进一拦炮，卒3进1，炮四平二，红方占优势。

27. 兵七进一	车2进4
28. 炮二退七	车4进2
29. 马三进四	炮5进4

红方进马失误，被黑方兑炮后多吃一相，防守更加困难。应车四平五，尽力迫使黑炮离开要道，虽然形势仍在下风，但还有谋求和局的希望。

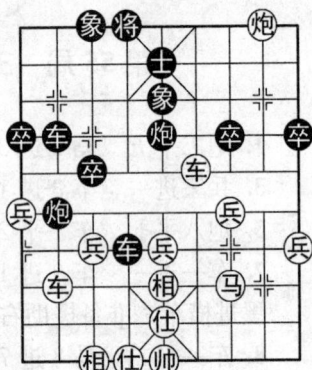

图55

30. 帅五平四	炮5平6	**31.** 马四退五	车2平3

平车捉兵相正确。如炮6平7，马五进七，双车被捉，黑方反而不利。

32. 车四退三	车3进2	**33.** 帅四平五	车3退4
34. 炮二进四	车3平7	**35.** 炮二平九	车4退2
36. 车四进一	车7进4	**37.** 仕五退四	车4进3
38. 炮九进三	将4进1	**39.** 车四退一	车7退3
40. 兵九进一	车7平5	**41.** 仕四进五	卒3进1
42. 帅五平四	车5退2	**43.** 兵九平八	车4平1
44. 马五进四	车5平6	**45.** 帅四平五	士5进4

46. 炮九平八　车6平2　　**47.** 车四平七　车2退4
48. 车七进二　车2进6　　**49.** 车七进五　车2平9
50. 马四进二　车9平8　　**51.** 马二进三　车8退4
黑方胜定。

（选自许银川负于幼华的对局）

第56局　五七炮进三兵对反宫马

1. 炮二平五　马2进3　　**2.** 马二进三　炮8平6
3. 兵三进一　卒3进1　　**4.** 马八进九　象7进5
5. 炮八平七　车1平2　　**6.** 车九平八　炮2进4
7. 车一进一　马8进7　　**8.** 车一平四　士6进5
9. 车四进三　车9平8

红方也可兵七进一，卒3进1，车四进三，卒3进1，炮七进五，炮6平3，车四平七，炮3平4，车七退一，炮2退2，车八进四，红方好走。

10. 兵九进一　车8进4　　**11.** 马九进八　马3进4
12. 马八进六　车8平4

如炮2平5，马三进五，车2进9，炮五进四。红方一车换马炮之后，中路有很大攻势。

13. 炮五进四　炮6进2　　**14.** 炮七平五　马7进5
15. 炮五进四　车2进3　　**16.** 车四平五　卒9进1

红方如炮五平一，卒7进1，兵三进一，炮6平5，车四平五，象5进7，黑方占优势。

17. 马三进四　炮6进5　　**18.** 仕六进五　炮6退3
红方如车五平八，车4进5，帅五平六，车2进2，黑方好走。

19. 车八进二　车4平6　　**20.** 仕五退六　车2平4
21. 车八平二　车6退4

如车八进一，卒3进1，车五平七，车4平5，黑方仍占优势。

22. 马四进三　炮6平3

23. 马三进一　炮 2 退 5（图 56）

红方如马三进二，车 6 进 8，伏下车 4 进 6 的杀着，黑方占优。

24. 车二进七　车 6 平 8

红方进车兑车消极，不如兵三进一增强攻击力，牵住黑方子力。

25. 马一进二　炮 2 进 1

进炮切断红方退马攻击的机会，攻不忘守的佳着。

26. 兵三进一　车 4 进 1

27. 兵三平四　车 4 平 6

如兵三进一，车 4 平 7，红方反而受攻。

図 56

28. 车五平三　车 6 退 4	**29.** 车三平二　炮 3 平 9
30. 相三进五　车 6 平 7	**31.** 炮五退一　将 5 平 6
32. 仕六进五　炮 9 进 3	**33.** 仕五进六　车 7 进 9
34. 帅五进一　车 7 退 3	**35.** 兵五进一　炮 9 退 2
36. 兵九进一　卒 1 进 1	**37.** 炮五平九　炮 9 平 4
38. 炮九平一　车 7 平 9	**39.** 炮一进二　士 5 进 6

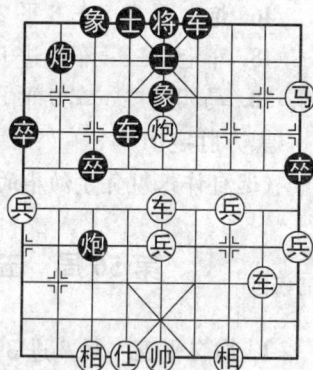

进炮是无奈之举。如炮一平五，车 9 进 2，帅五退一，炮 4 平 3，相七进九，车 9 进 1，帅五进一，炮 3 进 1，红方无法解杀，黑胜。此刻黑方上士正确。如炮 2 平 9，马二退三，将 6 进 1，车二进四，将 6 进 1，马三退四，黑方反而不妙。

40. 马二退三　将 6 平 5	**41.** 车二进五　将 5 进 1
42. 车二退一　将 5 退 1	**43.** 车二进一　将 5 进 1
44. 炮一平四　炮 2 平 6	**45.** 车二退一　将 5 退 1
46. 车二进一　将 5 进 1	**47.** 车二平六　炮 4 退 5
48. 兵五进一　炮 4 平 1	

红方进中兵失误。应车六退二吃炮，车 9 平 7，车六退三，车 7 退 4，兵五进一。下一步可兵五平六吃卒，黑方难以取胜。

49. 兵五进一　车 9 进 2	**50.** 帅五退一　车 9 平 2

51. 相五进三　车2退5　　52. 兵五平六　炮1退2
53. 车六平七　炮1进9　　54. 相七进九　车2平4
55. 车七退一　将5退1　　56. 车七平四　车4平5
57. 帅五平四　车5平6　　58. 帅四平五　炮1平2
黑方胜。

（选自徐天红负李来群的对局）

第57局　五七炮进三兵对反宫马

1. 炮二平五　马2进3　　2. 马二进三　炮8平6
3. 兵三进一　卒3进1　　4. 马八进九　象7进5
5. 炮八平七　车1平2　　6. 车九平八　炮2进4
7. 车一进一　车9进1　　8. 车一平二　马8进7

红方平车捉马，然后再捉炮，目的是不让黑方左车右移。如车
一平四，炮6平7，车四进三，车9平2，红方不易争取主动。

9. 车二平四　士6进5　　10. 车四进三　车9平8
11. 兵九进一　车8进3　　12. 车四平八　车2进5

平车兑车欲捉炮扩大先手。如马九进八，马3进4，红方没有
便宜。

13. 马九进八　炮2平1　　14. 炮七退一　卒7进1

不理睬边炮的危险性，而一意兑7路卒威胁红方三路马，准备
弃炮抢进7卒过河反击，这是黑方的一种攻法。如车8进2，炮五
平七，炮1平5，马三进五，车8平5，相七进五，将5平6，兵七
进一，卒3进1，前炮进五，卒3平2，前炮平四，车5平6，兑子
之后局势平稳。

15. 马八退七　卒7进1　　16. 马七进九　卒7进1
17. 马三退五　车8平4　　18. 炮五平一　车4进4

如马五进七，车4进4，炮七平九，马7进6，仕四进五，马6
进4，炮五平四，马4进3，马九退七，车4平3，相七进五，卒7
进1。黑方得还一子，占优。

19. 炮一退一　炮6进6　　　**20.** 兵七进一　马3进4

进马正确。如车4平3吃炮，马五进七，炮6退2，仕六进五，炮6进2，仕五进四，车3退1，马九退七。黑方被迫一车换双，反而吃亏。

21. 兵七进一　马4进3　　　**22.** 马五进四　炮6平3

23. 马四退五　车4退1　　　**24.** 炮一平七　马3进4

25. 兵五进一　车4平6　　　**26.** 车八进三　马7进8

27. 兵七进一　车6进1

如改走将5平6，则马五进三，车6平7，仕六进五，车7平3，车八平四，卒7平6，马九退七。红方兵种较好，占优。

28. 马五进四（图57）　车6进1

黑方用车吃士，勉强攻击，造成失子，颇为可惜。应车6退2吃马，车八平四，卒7平6，仕六进五，马4退3。黑方多卒，比较好走。

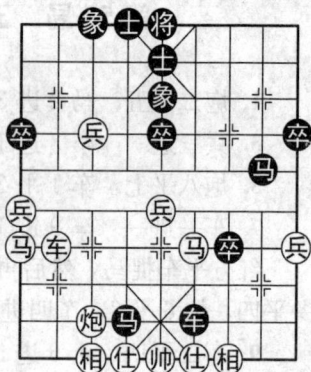

图57

29. 帅五进一　车6平4　　　**30.** 马四退六　卒7进1

31. 车八平二　马8退6　　　**32.** 马九进七　车4平3

33. 马七进八　士5进6

化士解杀，造成败势。应车3退1吃炮还可支持下去，以下车二进六，象5退7，车二平三，士5退6，马八进七，将5进1，车三退三，车3退5，帅五平六，车3进5，帅六退一，车3退7，车三平四，车3进2。黑方虽然少一马，但过河卒仍有作为，红方要想取胜仍有一定难度。

34. 马八进七　将5平6　　　**35.** 炮七平八　马4退2

36. 马六退七

红方胜。

（选自阎文清胜汤卓光的对局）

第58局 五七炮进三兵对反宫马

1. 炮二平五　马2进3　　2. 马二进三　炮8平6
3. 兵三进一　卒3进1　　4. 马八进九　象7进5
5. 炮八平七　车1平2　　6. 车九平八　炮2进4
7. 车一进一　马8进7　　8. 车一平四　士6进5
9. 兵七进一　卒3进1

红方进兵兑卒过早，不如车四进三，车9平8，兵九进一，炮2退3，兵七进一，车8进4，车八进三，炮2平3，车八进六，马3退2，马九进八，红方仍持先手。

10. 炮七进五　炮6平3

红方运炮打马是行棋次序上的错误。应车四进三，卒3进1，炮七进五，炮6平3，车四平七，炮3平4，车七退一，形成平稳局势。

11. 车四进三　象5进3（图58）

上象河口，保持3路卒的威力，好着，黑方由此反占主动。如卒3平2，兵九进一，过河卒将要丢失，黑方不占好处。

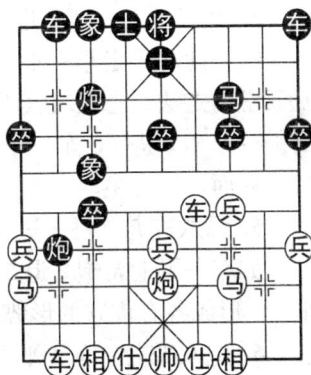

图58

12. 仕六进五　象3进5
13. 兵五进一　车9平8
14. 兵五进一　车8进6
15. 车四平五　炮3平2
16. 车八平九　前炮平7
17. 马三退一　车8平9

应相三进一，炮2进3，车五平七，卒5进1。虽然黑方占优势，但红方不丢子，还可支持下去。

18. 兵五进一　车9进2　　19. 车五退一　车9平7
20. 相三进一　炮2进5　　21. 兵五进一　象3退5

22. 炮五进五　士 5 进 4　　　　**23.** 炮五退二　炮 2 平 8

24. 炮五平三　马 7 进 5　　　　**25.** 车五平三　炮 8 进 2

如车五进三，士 4 进 5，炮三退二，炮 8 进 2，相一退三，车 7 进 1，仍是黑胜局势。黑方得势之后，运子紧凑有力，迫使红方穷于应付。

26. 相一退三　车 7 退 2　　　　**27.** 炮三退二　车 2 进 6

28. 炮三进三　马 5 进 6　　　　**29.** 兵三进一　车 2 平 5

30. 车九进一　马 6 进 4　　　　**31.** 帅五平六　马 4 进 5

32. 相七进五　马 5 退 3　　　　**33.** 车九平七　车 5 平 6

黑方车马炮攻杀有力，红方无力支持，黑胜。

（选自孙寿华负廖二平的对局）

第 59 局　　五七炮进三兵对反宫马

1. 炮二平五　马 2 进 3　　　　**2.** 马二进三　炮 8 平 6

3. 兵三进一　卒 3 进 1　　　　**4.** 车一进一　象 3 进 5

红方此时多走车一平二或马八进九，现在抢出右横车，意欲避开通常的走法，意在攻其不备。黑方上右象稳健。如马 8 进 7，兵七进一，卒 3 进 1，车一平七，象 3 进 5，车七进三，红方在左路打开局面，较占主动。

5. 马八进九　马 8 进 7

如车一平七，炮 2 退 2，马八进九，车 9 进 1，车七平四，炮 6 平 7，形成各有攻守的形势。

6. 炮八平七　车 1 平 2　　　　**7.** 车九平八　车 9 平 8

8. 车一平四　士 6 进 5

上左士有利于加强防守，减少红方的攻击机会。

9. 车八进六　车 8 进 6

进车对抢攻势，将对红方右路形成有力的牵制。如车 8 进 4，车四进五，马 3 进 4，车四平五，炮 6 进 5，车五退一，红方主动。

10. 车四进二　马 3 进 4　　　　**11.** 车四退一　马 4 退 3

黑马被迫回防，但使红车立于险地，使红方有所顾忌，黑方不太吃亏。如马4进5，马三进五，车8平5，车四进一，7路马易受攻击，黑方不合适。

12. 兵七进一　卒3进1

红方弃兵引起战端，兑子突破。如车四进一，马3进4，车四退一，马4退3，双方不变成和。

13. 炮七进五　炮6平3　　　14. 马三进四　卒7进1

红方跃马出击。如炮五平八，炮3进7，仕六进五，车8平7，车四退三，炮2进5，车八进三，炮2平7，黑方占优。

15. 兵三进一　马7进6

红方进兵导致局势陷入被动，没有看清黑方的反击潜力。应车四进三，对黑方有一定的牵制，仍可坚持下去。

16. 马四退二　炮3进7　　　17. 仕六进五　马6进5

18. 马二进四　马5进3　　　19. 马九退七　卒3平2

退马防止炮2平4的闪击，但应法不准确，不如仕五进六，马3退4，兵三进一，虽然略处下风，但还可战斗下去。

20. 马四进五　炮3平2

21. 车八平七　卒2平3（图59）

黑方平卒有力，不仔细分析不知其巧妙之处。黑方由此展开强力反击。

22. 马五进七　车2平3

如车七平八，马3退2，车八平六，后炮平3，马七进六，马2进3，红方难以对付。

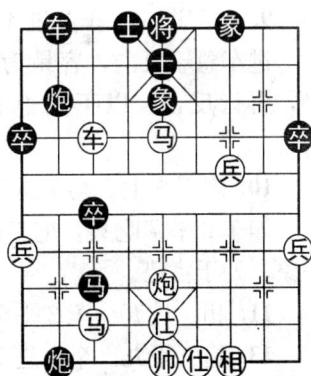

图59

23. 车七平三　马3退5

24. 马七退六　卒3平4　　　25. 车三平八　车3进8

26. 车八退六　马5退4　　　27. 车八进七　马4进6

28. 车八退三　车3进1　　　29. 仕五退六　马6进8

30. 仕四进五　车3退5

如车八平六，马 8 进 7，帅五进一，马 7 退 6，红方失车。

31. 车八平六　　车 3 平 7　　　**32.** 帅五平四　　车 7 进 5

33. 帅四进一　　车 7 退 1　　　**34.** 帅四退一　　车 7 退 2

35. 兵九进一　　马 8 进 7　　　**36.** 炮五平四　　马 7 退 6

黑方回马捉车，伏下车 7 进 3 后再马 6 进 8 的吃炮攻着，黑方胜。

（选自刘殿中负吕钦的对局）

第 60 局　　五七炮进三兵对反宫马

1. 炮二平五　　马 2 进 3　　　**2.** 马二进三　　炮 8 平 6

3. 兵三进一　　马 8 进 7　　　**4.** 马八进九　　车 9 平 8

5. 炮八平七　　车 1 平 2　　　**6.** 车九平八　　炮 2 进 4

7. 炮七进四　　象 3 进 5

红方七路炮打卒是近年来的新变化。

8. 炮七平三　　车 8 进 3

可以士 6 进 5 加强防守，不让三路兵过河，然后再伺机反攻。

9. 兵三进一　　车 2 进 4

进车急于反击，容易为对方所利用。不如士 6 进 5 先稳住局势，再行反击。以下如炮五平七，马 3 进 4，黑方有一定的反击力。

10. 炮五平七　　马 7 退 9

如车 2 平 7 吃兵，炮三进三，象 5 退 7，炮七进五，黑方失去一象，处于劣势。

11. 相三进五　　车 2 平 7　　　**12.** 炮七进五　　炮 6 平 3

13. 炮三平九　　卒 5 进 1　　　**14.** 炮九进三　　炮 3 退 2

15. 车八进三　　车 7 进 3　　　**16.** 车八进二　　车 7 退 4

17. 车一进一　　车 7 平 1　　　**18.** 炮九平八　　马 9 进 7

19. 车一平三　　车 8 平 2

20. 车三平八（图 60）　　车 2 平 5

红方平车强行兑车，力求先手提中卒，抢先控制对方，然后再进兵增强威力，逐步扩大优势。

21. 兵九进一　车1进2

22. 马九进八　马7进6

23. 前车进三　车5平4

24. 后车平四　马6进5

25. 车四进二　卒5进1

26. 仕四进五　车1退5

27. 兵七进一　车1进6

图60

红方进七路兵，是增加攻击实力的有力之着。如帅五平四，士6进5，车四进五，马5进7，帅四进一，车1平2，车八进一，车4平8。黑方虽然少子，但有一定攻势，红方很不合算。

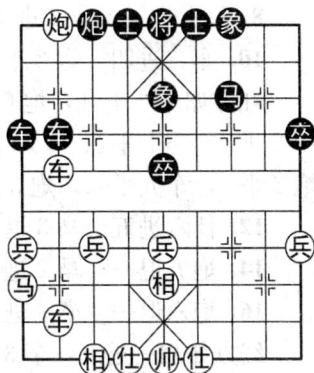

28. 车八平四　士6进5　　**29.** 后车平三　象7进9

30. 车三进四　象5进7　　**31.** 车三平八　马5进7

32. 车八进一　士5退6　　**33.** 马八进七　车1平9

34. 马七进六　士6进5　　**35.** 马六退八　车4平5

36. 车八平六　车9进3　　**37.** 仕五退四　车9平6

38. 车四退八　马7进6　　**39.** 马八进七

红方胜。

（选自张影富胜郑兴年的对局）

第61局　五七炮进三兵对反宫马

1. 炮二平五　马2进3　　**2.** 马二进三　炮8平6

3. 兵三进一　卒3进1　　**4.** 马八进九　象7进5

5. 炮八平七　车1平2　　**6.** 车九平八　炮2进4

7. 车一平二　马8进7

红方也可车一进一，马8进7，车一平七，车9平8，兵七进一，炮2平3，车八进九，炮3进2，车八退九，炮3退3，炮五平六，车8进4，相七进五，炮3平4，车八进七。红方比较主动。

8. 兵七进一　卒3进1　　　　**9. 兵三进一　卒7进1**

10. 车二进四　炮2平3　　　**11. 车八进九　炮3进3**

红方如车八平九，炮6进4，车二平七，马3进4，兵五进一，车2进5，车七平八，马4进2，马九进七，马2进4，车九进一，炮6平3，车九平六，炮3进3，仕六进五，马4退3，双方对攻。

12. 仕六进五　马3退2　　　**13. 炮五进四　士6进5**

14. 炮五退一　马2进3　　　**15. 炮七平六　炮3退2**

16. 炮六退一　卒3进1

红方如相三进五，卒3进1，马九进七，车9平8，车二平四，炮6退2或炮6进2，黑方可对抗。

17. 马九进七　车9平8　　　**18. 车二平四　将5平6**

出将避开捉炮，稳健。如炮6退2，马七进九，卒1进1，车四平七，马3进5，车七退二，卒1进1，炮六进七，红方有攻势。又如炮6进2，炮六平七，仍是红方主动。

19. 兵五进一　车8进3（图61）

20. 马三进五　炮3平2

红方进中马，运子次序上失误，使黑方3路炮可以回防，从而使攻势受阻。红方应炮六进六，卒7进1，车四退二，炮3平7，炮六平四，马3进5，车四平三，士5进6，车三进二。红方兵种较好，比较主动。

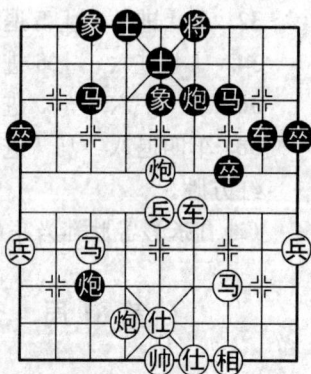

图61

21. 炮六进六　将6进1

22. 炮六退五　炮2退4

及时退炮调整阵容，佳着，由此形势好转。

23. 车四退二　炮2平6　　　**24. 车四平三　炮6进3**

25. 马五退六　马7进6　　　**26. 相三进一　前炮平8**

红方上相先行防范，避开黑方平炮打车，正确。

27. 车三平二　卒7进1　　　**28. 炮六平七　马3进5**

29. 炮五平六　马5进4　　　**30. 兵五进一　炮8平5**

应马6进7，炮七平四，卒7平6，黑方占优势。

31. 马七退五	车8进4	**32.** 炮七平二	马6进7
33. 马六进五	马7进5	**34.** 马五进三	马5进7
35. 帅五平六	马7退6	**36.** 炮二平八	象5进7
37. 炮八平四	炮6进5	**38.** 仕五进四	马4进3
39. 帅六进一	马3退1	**40.** 兵五平四	马1退3
41. 仕四进五	象3进5	**42.** 帅六退一	将6退1
43. 相一退三	卒1进1		

红方过河一兵，马炮伺机进攻，有一定的威胁。此时黑方进边卒不是当务之急，应尽快解决9路卒的兑换。不如马3退4，力争兑捉一路兵，还有谋和的机会。

44. 相三进五	马3进1	**45.** 马三退五	卒1进1
46. 帅六平五	将6平5	**47.** 炮六进一	马6退8
48. 相五进三	卒1平2	**49.** 兵一进一	马1退3
50. 炮六退二	马8退7	**51.** 马五进六	马7退6
52. 兵四进一	象5退3	**53.** 相三退五	马3进2
54. 炮六平四	马6进8	**55.** 炮四平五	将5平6
56. 兵四平三	马8退6	**57.** 兵三平二	马2退4
58. 兵二平一	马6进5		

红方运子紧凑灵活，逐渐控制了局势。而黑方双马未能跃入要道，边卒又丢失，形势已经非常不利。

59. 炮五退一	卒2进1	**60.** 仕五进六	马5进4
61. 仕四退五	马4进2	**62.** 相五进三	卒2平3
63. 炮五进一	马2退4	**64.** 马六进四	卒3进1
65. 帅五平六	马4退6	**66.** 后兵进一	马4退5
67. 后兵平二	象7退9		

红方双兵过河，并又捉死一象，黑方已难防守。

68. 兵一进一	士5进6	**69.** 兵一平二	马5进3
70. 炮五退一	马6进7	**71.** 炮五平四	将6平5
72. 炮四进四	卒3进1	**73.** 相三退五	士4进5

74. 炮四平三　马3进1　　75. 炮三进二　将5平4
76. 马四进五　象3进5　　77. 马五退七　将4进1
78. 炮三平七　卒3平2　　79. 马七退六　马1进2
80. 马六进五　马2退4　　81. 马五退七　将4平5
82. 前兵平三　马7退6　　83. 兵二进一　马6退4
84. 兵三平四　前马退6　　85. 相五进三　马6退5
86. 兵二平三　马5退3　　87. 炮七平一　卒2平3
88. 炮一退八

红方胜。

（选自吕钦胜于幼华的对局）

第62局　五七炮进三兵对反宫马

1. 炮二平五　马2进3　　2. 马二进三　炮8平6 ·
3. 兵三进一　马8进7　　4. 马八进九　车9进1
5. 炮八平七　车1平2　　6. 车九平八　炮2进4
7. 车一进一　车9平4　　8. 车一平四　士4进5
9. 仕四进五　车4进3　　10. 车四进五　象3进5
11. 兵九进一　卒7进1

双方运子稳健沉着，形成相持形势，此时如何走子很是紧要。黑方可卒9进1等待一下变化。红方如车四平三，马7退8，炮五进四，马8进9，车三平四，炮6平7，马三进四，车4平2，相三进五，炮2平5，车八进五，车2进4，各有千秋。

12. 车四平三　马7退8　　13. 兵三进一　马8进9
14. 车三进一　卒9进1

红方进车保住过河兵是必然的走法，避免三路受到牵制。此时黑方进边卒是必要的等待着法。如急于走车4平7，车三退二，象5进7，兵七进一，象7退5，炮七进四，卒9进1，马三进四，红方占优势。

15. 兵五进一　炮6进4　　16. 马三进二　炮6平8

17. 相三进一　车2进4　　　18. 兵三平四　马9进8

19. 车三退一　车4进1　　　20. 兵四平三　马8退9

21. 马二退四　车4进1　　　22. 车三平四　卒3进1

23. 马四退二　炮8平3

不如车4平7提兵，保持封制形态。

24. 马九进七　车4平3　　　25. 车八进二　卒3进1

如马3进4，车四退一，马4进5，炮七平六，马5退3，炮五进四，车3平8，帅五平四，红方先手。

26. 马二进三　炮2退1　　　27. 帅五平四　车2平7

28. 炮五平三　车7平8　　　29. 炮三退二　车8进5

红方先退炮，老练之着，避免黑方进车叫将之后，再马9进8跃出。

30. 车四退四　炮2平5（图62）

黑方炮打中兵，力求加大攻力，但使红左车通头，造成被攻的形势，由此失利。应象5进7顶马，炮七平五，车3平7，以后再跃出左边马加强攻势。

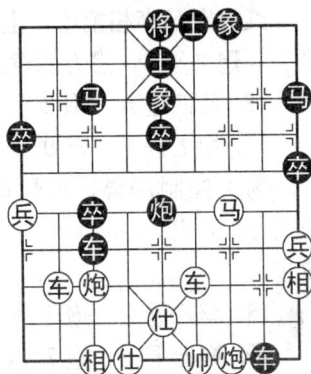

图62

31. 车八进五　马3退4

32. 车八退一　炮5平1

33. 马三进四　车3平5

34. 炮七平五　马4进3

35. 车八平七　炮1平2

弃马无可奈何，否则难以缓解红方的凶悍攻势。

36. 车七进一　炮2进2　　　37. 马四退三　车5退1

38. 炮五进四　车5退2　　　39. 车四平八　卒3平4

40. 车八平四　卒4平5　　　41. 车七平八　象5退3

42. 车八平二　车8平9　　　43. 马三进四　车5平4

44. 马四退五　车4平5　　　45. 马五进四　车5平4

46. 马四进三　将5平4　　　47. 车四平七

红方胜。

（选自李家华胜柳大华的对局）

第63局　五七炮进三兵对反宫马

1. 炮二平五　马2进3	2. 马二进三　炮8平6
3. 车一平二　马8进7	4. 兵三进一　卒3进1
5. 马八进九　象7进5	6. 炮八平七　车1平2
7. 车九平八　炮2进4	8. 兵七进一　卒3进1
9. 兵三进一　卒7进1	10. 车二进四　卒3平2
11. 兵九进一　炮6进4	12. 车二平八　车2进5
13. 马九进八　炮6平7	14. 马八进七　炮7进3

红方跃马弃相抢攻，主动有力。如相三进一，马3进2，兵五进一，炮2平6，黑方满意。

15. 仕四进五　炮2平3	16. 马七进五　象3进5
17. 炮七进五　车9平8	

为了控制局势，加快进攻速度，黑方大胆出车弃马，发动有力的攻击。

18. 车八进三　炮3进2

19. 炮七平三　炮7平9（图63）

黑方弃马之后有进车抽吃炮的着法，以为黑方形势较好，但实际并不是这样，因红方有平七路车提炮的先手，仍是红方好走。

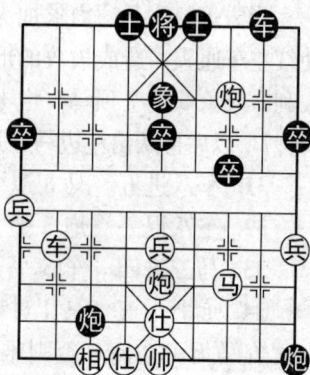

图63

20. 车八平七　车8进9	21. 马三退四　车8退6
22. 马四进三　炮3平4	23. 炮五平八　车8进6
24. 马三退四　车8退7	25. 马四进三　卒7进1
26. 炮八进七　将5进1	27. 车七进五　炮4退7
28. 炮三进一　车8进7	29. 仕五退四　车8退8
30. 帅五进一　车8平7	31. 帅五平六　将5平6
32. 车七平六　士6进5	33. 车六退三　车7进2

34. 车六平四　士 5 进 6

红方应兵五进一比较紧凑。

35. 车四平二　士 4 进 5　　　**36.** 兵五进一　车 7 平 6

37. 马三进五　车 6 进 3　　　**38.** 马五进七　车 6 平 2

39. 兵五进一　车 2 进 2　　　**40.** 帅六进一　车 2 退 3

41. 相七进九　卒 7 进 1　　　**42.** 兵五进一　卒 7 进 1

43. 仕六进五　车 2 进 3　　　**44.** 炮八退七　炮 9 退 2

红方退炮加强防守佳着。黑方虽然有攻势，但兵力不足，难以持久，红方可以有惊无险地打退黑方的反击。

45. 仕五进四　象 5 进 3　　　**46.** 兵五平四　士 5 进 4

47. 帅六平五　士 6 退 5　　　**48.** 炮八进六　车 2 退 7

红方妙手进炮打将，黑车不得不吃，以下兵四进一，士 5 进 6，车二进三，将 6 退 1，红方吃车胜定。

（选自许银川胜阎文清的对局）

第 64 局　　五七炮进三兵对反宫马

1. 炮二平五　马 2 进 3　　　**2.** 马二进三　炮 8 平 6

3. 车一平二　马 8 进 7　　　**4.** 兵三进一　卒 3 进 1

5. 马八进九　象 7 进 5　　　**6.** 炮八平七　车 1 平 2

7. 车九平八　炮 2 进 4　　　**8.** 兵七进一　卒 3 进 1

9. 兵三进一　卒 7 进 1　　　**10.** 车二进四　炮 2 平 3

11. 炮五进四　士 6 进 5

先打中卒与车八进九先兑车的变化相同。

12. 车八进九　炮 3 进 3　　　**13.** 仕六进五　马 3 退 2

14. 车二平七　马 2 进 3

红方应炮五退一，先避开黑方的攻击，比较稳健。

15. 炮七平五　马 3 进 5　　　**16.** 炮五进四　炮 3 平 1

17. 马三进四　车 9 平 8　　　**18.** 马四进六　车 8 进 3

19. 车七进二　炮 1 退 3　　　**20.** 兵五进一　卒 7 进 1

21. 车七平九　炮 1 平 8　　　**22.** 马九进八　炮 6 进 2

红方兑去一炮之后，攻势减少，而黑方却利用车马捉炮的机会，升炮河口，准备平 7 路攻击红相，是抢夺先手的好着。

23. 炮五平四　炮 6 平 7

24. 仕五进六　马 7 进 6（图 64）

如图 64 所示，黑方不打相而跃马加强攻击力，企图先控制一下局势，运子异常的老练，迫使黑方更难对付。

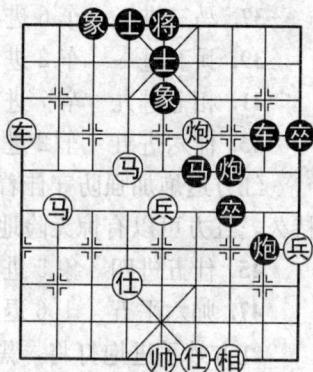

图 64

25. 兵五进一　炮 7 平 5

26. 帅五平六　炮 8 退 1

27. 车九平五　炮 8 平 2

28. 马六退八　炮 5 进 2

29. 仕六退五　卒 9 进 1　　　**30.** 马八进六　马 6 进 4

31. 车五退二　马 4 进 3　　　**32.** 帅六进一　炮 5 平 1

33. 相三进五　车 8 进 1

进车捉马，使红方更难应付，黑方由此打下了取势的条件。

34. 马六退八　马 3 进 2　　　**35.** 帅六退一　炮 1 进 3

36. 相五退七　车 8 平 3　　　**37.** 帅六进一　车 3 进 5

38. 帅六进一　炮 1 退 2

红方无力对抗车马炮的攻击，黑胜。

（选自戴荣光负李来群的对局）

第 65 局　五七炮进三兵对反宫马

1. 炮二平五　马 2 进 3　　　**2.** 马二进三　炮 8 平 6

3. 车一平二　马 8 进 7　　　**4.** 兵三进一　卒 3 进 1

5. 马八进九　象 7 进 5　　　**6.** 炮八平七　车 1 平 2

7. 车九平八　炮 2 进 4　　　**8.** 兵九进一　士 6 进 5

红方进边兵静观变化，不如弃兵抢攻积极主动。

9. 兵五进一　卒 9 进 1

可车 9 平 6，仕四进五，车 6 平 8，车二进九，马 7 退 8，车八进一，马 8 进 6，车八平六，马 6 进 8，黑方子力灵活。

10. 兵七进一　卒 3 进 1

红方弃七路兵，准备进车捉炮抢夺先手。

11. 车二进三　炮 2 进 2

13. 马三进五　车 2 进 6

红方应车二平五控制中路。此时黑方进车牵制车马，夺势的好着。

14. 马九退七　车 2 平 3（图 65）

红方退马七路企图打马捉车抢先，不料黑方平车弃炮，采取先弃后取的战术，对抢先手，由此展开激烈争夺。

15. 炮五进三　车 9 平 8

红方打中卒过急，不如车八进一

12. 兵五进一　卒 5 进 1

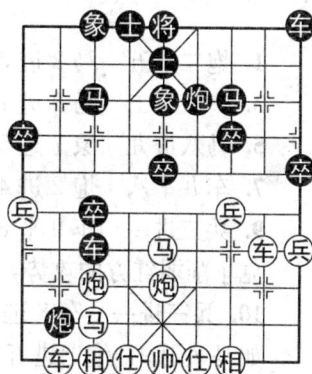

图 65

平稳。黑方出车兑车抢先，如炮 2 退 2，炮七进二，马 3 进 4，车八进三，红方优势。

16. 车二平四　炮 6 进 3

进炮弃炮，走法有力，由此夺得先手。

17. 车八进一　炮 6 平 5		**18.** 炮七平五　车 8 进 4	
19. 前炮平四　卒 3 平 4		**20.** 炮四进三　马 7 进 5	
21. 炮四平一　卒 7 进 1		**22.** 炮五进二　卒 4 平 5	
23. 兵三进一　马 5 进 7		**24.** 车四进五　卒 5 进 1	

黑方跃马运卒，逐渐扩大了优势。

25. 炮一进一　马 7 进 8	**26.** 车八平九　马 8 进 7
27. 车四退七　马 7 退 6	**28.** 车九进一　马 3 进 5
29. 车九平三　马 5 进 7	**30.** 马七进九　车 3 进 3
31. 车四平六　车 8 退 1	**32.** 马九进八　车 3 退 4
33. 马八退七　车 8 平 9	**34.** 炮一平二　车 3 平 8

35. 马七进五　车9平5　　　　**36.** 车六进二　车8退5
37. 仕六进五　车5进2
黑方胜。
（选自王德发负林宏敏的对局）

第66局　五七炮进三兵对反宫马

1. 炮二平五　马2进3　　　　**2.** 马二进三　炮8平6
3. 车一平二　马8进7　　　　**4.** 兵三进一　卒3进1
5. 马八进九　象7进5　　　　**6.** 炮八平七　车1平2
7. 车九平八　炮2进4　　　　**8.** 兵七进一　卒3进1
9. 兵三进一　车9平8

兑车削弱红方的攻势，力图在平稳中取势。

10. 兵三进一　车8进9　　　　**11.** 马三退二　马7退8

如马7退9，炮七进五，炮6平3，马二进三，士6进5，马三进四，车2进4，仕六进五，马9退7，双方各有攻守。

12. 车八进一　马3进4　　　　**13.** 马二进三　士4进5
14. 车八平六　车2进4

平车捉马是抢先之着。如车八平二，马8进6，车二进四，卒3进1，炮七平六，车2进4，兵三进一，炮6进4，车二平四，卒3进1，炮五平七，马6进7。黑方子力灵活。

15. 炮五进四　马8进6　　　　**16.** 炮五平一　炮6平9
17. 兵三平二　炮2进1

进炮打马企图进卒攻击红方左路，积极。

18. 炮七退一　卒3进1　　　　**19.** 车六进一　炮2平7

红方进车防守黑卒前进，迫不得已。

20. 车六平三　马4进5

进马弃3路卒，力图保护左马，紧要。

21. 马九进七　车2进2
22. 车三进六（图66）　车2平3

红方进车捉马，必然，否则落入下风。

23. 炮七平三　马5进6

进马伏下叫将的反击之势，抢先之着。

24. 车三平四　马6退4

25. 炮三平六　车3平9

平车吃兵先得实惠。如车3进2，仕四进五，车3平4，仕五进六，车4退1，炮一平九，黑方兑子后形势不利。

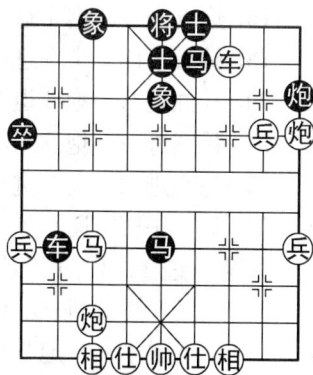

图66

26. 炮一平九　车9平1

27. 炮九平三　车1平7

28. 车四退六　马4退5

29. 车四进二　马5退3

30. 车四平七　车7进3

31. 兵二平一　炮9平8

32. 兵一平二　炮8平9

33. 兵二平一　炮9平8

双方着法不变，和棋。

（选自臧如意和马军的对局）

第67局　五七炮进三兵对反宫马

1. 炮二平五　马2进3

2. 马二进三　炮8平6

3. 兵三进一　马8进7

4. 车一平二　车9进1

5. 马八进九　车9平4

6. 炮八平七　车4进4

7. 车九平八　车1平2

8. 车八进六　士4进5

上士力求平稳。如车4平7吃兵对红方较有威胁。

9. 相三进一　炮2平1

10. 车八进三　马3退2

11. 仕四进五　炮6平3

12. 车二平四　象3进5

13. 车四进四　车4平6

兑去双车之后形势平稳，红方略占先手。

14. 马三进四　卒3进1

15. 兵九进一　炮1进3

16. 炮五平三　炮1进1　　　　17. 炮三进四　炮1平5

18. 帅五平四　卒5进1　　　　19. 马四进六　炮5平6

20. 马九进八　炮6退2

21. 兵三进一　炮6平4

22. 马八进六　马7进5

23. 兵三平四（图67）　炮3退1

如卒5进1，兵四平五，马5进7，相一进三，卒9进1，炮七平三，炮3平2，后炮平八，炮2平4，兵五平四，马7退9，炮三平八，马2进4，马六进四，马9退7，前炮平六，马7进6，炮六进二，红方占优势。

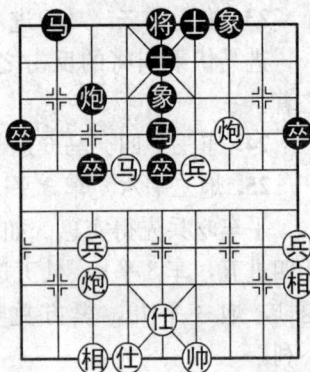

图 67

24. 兵四平五　马5退3　　　　25. 马六退五　卒1进1

进边卒造成反击迟缓，容易遭受打击，不如马3进2，准备跃过河口牵制红方。

26. 马五进四　卒1进1　　　　27. 炮七平二　士5进6

28. 马四进二　士6退5　　　　29. 炮三进二　士5进4

30. 炮二平六　炮3平4

平炮邀兑子力，减弱红方的攻击力。如炮3平6，炮三平二，以下有马二进三的攻势，黑方有危险。

31. 炮六进六　马2进4　　　　32. 炮三退二　卒9进1

33. 炮三进一　士6进5　　　　34. 炮三平二　将5平4

35. 马二退三　马3进2　　　　36. 马三进一　马2进3

37. 马一进三　马4进2　　　　38. 兵五进一　马3退4

39. 相七进五　卒1平2　　　　40. 兵一进一　卒2进1

41. 兵一进一　卒2平3　　　　42. 相一进三　马2进3

43. 炮二进二　将4进1　　　　44. 马三退五　马1进2

45. 炮二退八　将4退1　　　　46. 兵一进一　象5进7

47. 兵一平二　马4进5　　　　48. 马五退四　象7退5

49. 兵二平三　前卒平4　　　　50. 马四进五　马5进7

51. 帅四进一	马 2 退 4	52. 炮二进八	将 4 进 1
53. 兵五平六	卒 4 平 5	54. 兵三进一	马 7 退 9
55. 兵六平七	马 4 进 6	56. 兵七进一	士 5 退 6
57. 兵七平六	将 4 退 1	58. 马五进七	马 9 进 8
59. 兵三平二	马 8 退 7	60. 帅四退一	象 5 进 7
61. 相五退三	将 4 平 5	62. 兵二进一	卒 3 进 1
63. 仕五进四	卒 5 平 4	64. 仕六进五	马 6 退 4
65. 马七进九	马 4 退 5	66. 兵二平三	象 7 退 9
67. 马九进七	将 5 平 4	68. 马七退五	将 4 平 5
69. 兵三平四			

红方兵种优越，并有先手，黑方没能兑子，终为红方获胜。

（选自吕钦胜李来群的对局）

第 68 局　五七炮进三兵对反宫马

1. 炮二平五	马 2 进 3	2. 马二进三	炮 8 平 6
3. 车一平二	马 8 进 7	4. 兵三进一	卒 3 进 1
5. 马八进九	象 3 进 5	6. 炮八平七	车 9 进 1
7. 车九平八	车 1 平 2	8. 车八进四	车 9 平 4
9. 仕四进五	士 4 进 5	10. 兵九进一	炮 2 平 1
11. 车八进五	马 3 退 2		

红方进车兑车保持平稳局势。可车八平四，局势比较复杂。

12. 炮五进四	炮 6 进 7		

红方炮打中卒，容易失去控制局势的力量。但兑去一炮之后，局势比较平稳，红方也不吃亏。

13. 帅五平四	马 7 进 5	14. 车二进六	马 2 进 3
15. 车二平三	炮 1 平 2	16. 车三平四	车 4 进 4

红方不如平车吃卒，造成多兵之势。

17. 相三进五	车 4 平 1	18. 炮七平八	炮 2 进 1
19. 车四退一	炮 2 进 1	20. 车四进一	车 1 平 4

21. 炮八进二　车4退1　　**22.** 炮八平五　车4平8

23. 车四退三　车8进3　　**24.** 马三进四　车8进2

25. 帅四进一　炮2进4　　**26.** 仕五进六　马5进4

27. 兵七进一　卒3进1　　**28.** 相五进七　车8平4

不如炮2退2打车争先，车四退一，车8退3打通兵线要道，黑方占优。

29. 马四进三　将5平4　　**30.** 车四进三　马4退5

31. 马三进四（图68）　车4退1

32. 帅四退一　炮2退5

此时应马3进4提车，车四退三保中兵，马5进4，马四退五，车4退2。以下势必兑子，红方少双仕，非常危险。

33. 车四退一　车4退1

34. 马四退五　马3进5

35. 马九进八　马5进3

36. 车四进一　炮2平4

37. 马八进七　马3进5

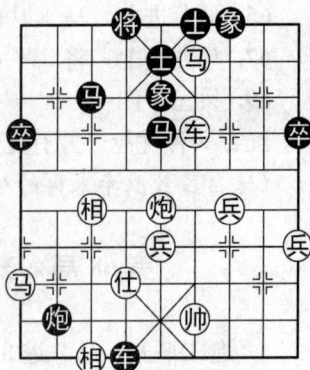

图68

黑方由于没有攻击子力进入对方阵地，难以构成威胁，而红方的车马炮占有攻势，所以只好兑子，减少变化。

38. 兵五进一　卒9进1　　**39.** 兵三进一　将4平5

40. 相七进五　炮4退1　　**41.** 兵三平二　卒1进1

经过再度兑子，已成平稳局势。

42. 马七进九　车4退3　　**43.** 马九进七　炮4退1

44. 车四平六　车4平6　　**45.** 帅四平五　将5平4

46. 兵二平一　车6平9　　**47.** 兵一进一　车9平3

48. 马七退八　车3平2　　**49.** 马八进九

和棋。

（选自臧如意和胡荣华的对局）

第69局　五七炮进三兵对反宫马

1. 炮二平五　马2进3　　　　2. 马二进三　炮8平6

3. 兵三进一　卒3进1　　　　4. 马八进九　象3进5

5. 炮八平七　马8进7　　　　6. 车九平八　车1平2

7. 车一平二　车9进1　　　　8. 车八进四　车9平4

如车二进六，炮2进1，红方不占便宜。

9. 仕四进五　士4进5　　　　10. 兵九进一　炮2平1

11. 车八进五　马3退2　　　　12. 炮五进四　炮6进7

红方炮打中卒后，被黑方进炮交换，双方局势平稳，一时难于取势。

13. 帅五平四　马7进5　　　　14. 兵五进一　车4进4

15. 兵五进一　马5退3　　　　16. 车二进三　车4平7

17. 相三进五　车7平5　　　　18. 车二平五　车5进1

红方接连兑子，企图稳中求胜，不给黑方反击机会，在中残局中斗功夫。

19. 马三进五　炮1进3

20. 兵七进一　炮1退1

21. 兵七进一　象5进3

22. 马五进七　炮1平2（图69）

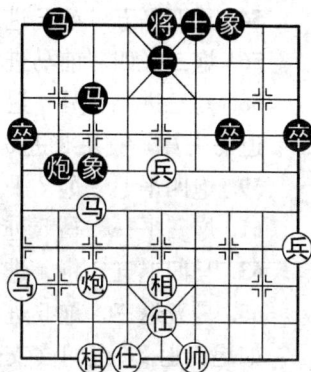

图69

23. 马九退七　象7进5

红方退马七路，以退为进的佳着，有利于保护中兵，创造攻势。如炮七进三打象，马2进4，然后再走象7进5兑子，红方难以取势。

24. 相五退三　卒1进1

25. 炮七平一　卒1进1　　　　26. 马七进六　炮2退1

27. 相三进五　马2进4　　　　28. 马六进四　卒1平2

29. 马七退五　卒7进1　　　　30. 炮一进四　卒2进1

31. 兵一进一　卒 2 平 3　　　**32.** 兵一进一　象 5 退 7

33. 兵一平二　炮 2 进 1　　　**34.** 马五进七　象 3 退 5

35. 马七进六　炮 2 平 1　　　**36.** 兵二进一　炮 1 退 1

37. 兵二平三　将 5 平 4　　　**38.** 炮一平二　将 4 平 5

39. 炮二进一　马 4 退 2　　　**40.** 炮二进二　将 5 平 4

41. 仕五进四　卒 3 进 1　　　**42.** 炮二退六　马 2 进 1

43. 炮二进四　马 1 退 2

红方渡过一边兵，又进炮跃马，逐渐扩大攻势。迫使黑方
退守。

44. 兵三进一　炮 1 进 3　　　**45.** 马四退六　马 2 进 1

46. 前马退七　炮 1 平 2　　　**47.** 兵三进一　马 1 进 2

48. 兵三平四　象 5 退 3　　　**49.** 仕四退五　马 2 进 3

50. 马六进四　卒 3 进 1　　　**51.** 炮二退一　前马退 5

52. 马七进六　马 5 退 3　　　**53.** 炮二进三　炮 2 平 6

平炮可以掩护 7 卒过河，加强反攻。改走将 4 平 5，兵四平
五，马 3 退 5，马六进四，将 5 平 4，兵五平六，马 3 退 2，马四退
三，红方占优势。

54. 兵四平五　卒 7 进 1　　　**55.** 马四进三　卒 3 平 4

56. 炮二平四　前马进 4　　　**57.** 帅四平五　炮 6 平 7

58. 马三进二　马 4 退 5

退马失算，应象 3 进 5，然后再谋求对攻。

59. 炮四平七　炮 7 平 5　　　**60.** 炮七平三　炮 5 退 5

61. 炮三平一　马 5 进 6　　　**62.** 马二进四　炮 5 退 1

63. 马四退五　将 4 进 1　　　**64.** 帅五平四　将 4 进 1

65. 马五退三　炮 5 进 3　　　**66.** 马三进四　将 4 退 1

如炮 5 退 2，还可多支持一阵。

67. 炮一退一　炮 5 退 2　　　**68.** 马六进四　将 4 退 1

69. 炮一进一

红方以老练的残局功夫取得胜局。

（选自赵国荣胜宋国强的对局）

第70局　五七炮进三兵对反宫马

1. 炮二平五　马2进3　　　　**2.** 马二进三　炮8平6

3. 车一平二　马8进7　　　　**4.** 兵三进一　车1进1

以往多走卒3进1，升右车比较少见。

5. 炮八平七　车1平4　　　　**6.** 炮七进四　象3进1

红方乘机炮打3路卒，这样可借打象之机，尽快出动左路子力。如马八进九，车4进3，车九平八，卒7进1，红方无便宜可占。

7. 马八进七　车4进2　　　　**8.** 炮七退二　马3进2

9. 炮五平四　车9进1　　　　**10.** 相七进五　车9平3

11. 仕六进五　象7进5　　　　**12.** 车二进六　士6进5

13. 马三进二　象1退3

退象迟缓，不利于防守，不如车3进3守住河口，并可见机平移左路，增强攻势。

14. 车二平三　炮6退2　　　　**15.** 兵九进一　车3进3

16. 车三平二　马7进6

进马企图强攻。如车4进1比较平稳。

17. 车二进三　马6进4　　　　**18.** 马二进一　车3平6

19. 马一进二　炮6平7

平炮保持子力，不使局势简化，正确的选择。如马4进3，炮七退二，车4进3，兵三进一，车6平7，炮七进七，象5退3，车二平四，士5退6，马二退四，将5进1，马四退三，红方优势。

20. 马二退三　士5退6　　　　**21.** 兵九进一　炮2平1

22. 马七进九　马2进1

红方力求兑子夺先，保持多兵之利，而黑方竭力进取，寻机展开攻势。双方各施战法，斗智斗力。

23. 车九进三　卒5进1　　　　**24.** 马三退二　炮1进2

25. 车九退三　车6进2　　　　**26.** 车九平六　炮1进2

27. 兵三进一　车6平7

28. 炮四平三（图70）　卒1进1

黑方进1路卒，意欲等待一下，由此成为失利的关键。应炮1平5打中兵，马二进四，车7进1，马四退五，车7退1，车二退五，车7平5，车二平六，车4进2，车六进四，象5进7，车六进二，形成和势。

29. 兵五进一　炮1退1

30. 兵五进一　车4平2

31. 兵五平四　士4进5

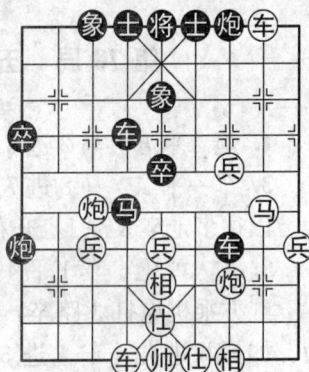

图70

32. 车二退一　车7平8

33. 炮三进七　象5退7

34. 马二进三　马4进6

35. 仕五进四　炮1进4

36. 车六平九　马6进4

37. 帅五平六　马4进2

38. 帅六平五　马2退4

39. 帅五平六　车8平3

40. 仕四进五　马4退2

41. 车九平七

黑方弃炮运马强行反击，但双车无从下手。红方胜。

（选自臧如意胜赵庆阁的对局）

第71局　五七炮进三兵对反宫马

1. 炮二平五　马2进3　　　　**2.** 马二进三　炮8平6

3. 车一平二　马8进7　　　　**4.** 兵三进一　车9进1

升左横车是一对攻性较强的战术，变化比较复杂。

5. 马八进九　车9平4

如炮八平六，车9平4，仕四进五，车4进4，进河口车加强攻守，有一定的控制能力。

6. 仕四进五　车4进4　　　　**7.** 相三进一　士4进5

8. 车二平四　象3进5

红方也可炮八平七，车4平2，兵九进一，车2退1，车二进六，红方比较主动。

9. 炮八平七　车 4 平 2　　　　**10.** 兵九进一　车 2 退 1

11. 车四进六　车 1 平 4　　　　**12.** 车四平三　马 7 退 8

13. 兵三进一　马 8 进 9

红方进三路兵给黑方施加压力，并借机开出左车，控制局势。

14. 车三平四　车 2 平 7　　　　**15.** 车九平八　炮 2 进 2

16. 车八进四　炮 2 平 3　　　　**17.** 炮七进三　卒 3 进 1

18. 马三进四　车 7 进 2　　　　**19.** 马四进五　车 7 平 9

不捉中兵正确。如车 7 平 5，马五进七，炮 6 平 3，车四平七，红方优势。

20. 车八平六　车 4 进 5　　　　**21.** 马五退六　马 3 进 4

22. 车四退一　车 9 退 2

如车四平九，马 4 进 6，黑方先发制人，红方不合算。

23. 炮五平六　车 9 平 6　　　　**24.** 马六进四　马 9 进 7

25. 兵五进一　卒 9 进 1　　　　**26.** 相一进三　卒 9 进 1

27. 马四进六　炮 6 退 1

28. 马九进八　卒 3 进 1 （图 71）

29. 马八进七　卒 3 进 1

兑去双车之后，黑方运子很细致。在这种情况下，红方进八路马强行抢攻，被黑方巧过 3 路卒进入反击，非常不利。此时如兵七进一，马 4 进 2，炮六平三，象 5 进 7。红方失子，难以对付。

30. 马七进九　士 5 进 4

31. 炮六平九　马 4 进 2

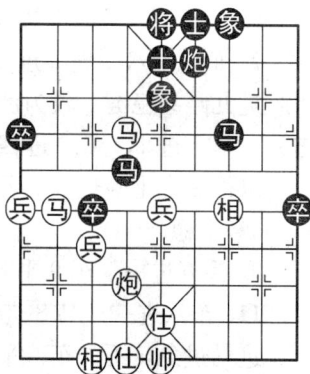

图 71

32. 炮九平三　马 7 进 6

红方难以有效攻击，黑方却采取有效措施，跃马抢攻在先，争得了有力的反击之势。

33. 炮三进七　士 6 进 5　　　　**34.** 仕五进六　卒 9 平 8

35. 炮三退一　卒 8 平 7　　　　**36.** 马九进七　将 5 平 4

37. 马七退五　卒7进1　　　　**38.** 炮三退四　马2进4

39. 仕六进五　卒3进1　　　　**40.** 马五退六　卒3平4

41. 后马退四　卒4进1

红方吃马造成败势。可仕五进六吃卒，马6进7，炮三进二，还可支撑一阵。

42. 马四进三　卒4平5　　　　**43.** 帅五平六　炮6进8

44. 炮三平四　马4进6

黑方胜。

（选自吴贵临负李来群的对局）

第72局　五七炮进三兵对反宫马

1. 炮二平五　马2进3　　　　**2.** 马二进三　炮8平6

3. 车一平二　马8进7　　　　**4.** 兵三进一　卒3进1

如兵七进一，卒7进1，形成另一路变化。

5. 马八进九　象7进5　　　　**6.** 炮八平七　车1平2

7. 车九平八　炮2进4　　　　**8.** 兵九进一　士4进5

进九路兵稳健。较为流行的走法是兵七进一，卒3进1，兵三进一，卒7进1，车二进四，黑方有反击机会。上右士是创新之着。以往多走士6进5，兵五进一，车9平6，仕四进五，车6平8，局势平稳。

9. 兵五进一　车9平8　　　　**10.** 车二进九　马7退8

11. 车八进一　马8进9　　　　**12.** 马三进四　炮2平9

进马过急，不如车八平二，车2进4，兵一进一，红方略好。

13. 车八平一　炮9平5　　　　**14.** 仕四进五　车2进7

15. 炮七退一　炮5平8

黑方积极主动，对红方阵营发起攻击。

16. 炮五平一　炮8平9

红方平炮巧妙。不但解除了遭受攻击的环节，并又针对黑马展开攻击，一举两得。

17. 炮一平三　炮 9 退 2

平三路炮稳健。如炮一进四，炮 9 平 4，相三进五，红方略占优势。

18. 车一进二　车 2 退 4 **19. 相三进五　车 2 平 4**
20. 炮七进四　炮 9 平 6

这时应车 4 进 1，炮七平一，卒 9 进 1，马四进三，马 9 进 7，炮三进四，卒 1 进 1。黑方虽然仍落下风，但还可以对抗。

21. 车一进三　车 4 进 2 **22. 车一进一　象 5 进 3**
23. 车一退二　前炮平 4 **24. 马四进三　车 4 平 5**
25. 炮三平二　象 3 退 5 **26. 车一退二　车 5 平 4**
27. 炮二进二　车 4 进 3 **28. 兵七进一　炮 4 平 8**

红方走法细致，次序井然，现在已将黑车迫于低路，然后再展开攻势。

29. 兵七进一　象 5 进 3 **30. 车一进二　炮 8 退 2**
31. 车一平七　象 3 进 5 **32. 车七进一　炮 6 进 1**

红方得到黑象之后，不但破坏了对方的防守，而且各子又很灵活，形势占优。

33. 车七退二　马 3 进 4 **34. 马三进四　炮 8 退 1**
35. 马四退三　炮 8 进 2

红方退三路马不如吃掉中卒。

36. 马三退四　马 4 退 2 **37. 车七平八　炮 6 进 1**
38. 兵三进一　炮 6 平 5 **39. 兵三进一　将 5 平 4**

红方进兵没有多大效力，不如马九进七，车 4 平 3，车八退一，黑方不好应付。

40. 车八平六　车 4 退 3 **41. 炮二平六　炮 8 平 9**
42. 马四进六　马 2 退 4 **43. 马九进八　将 4 平 5**

红方进马软着。应马六进五，马 4 进 3，马五退七，红方占优。

44. 炮六平五　马 4 进 3 **45. 马八进七　炮 9 进 1**
46. 马七退五　炮 9 平 4 **47. 炮五进二　马 3 进 1**

红方在以上的争斗中，曾两次出现失误，未能取得理想的结果。

现在虽然多一相，三路兵又已过河，但由于子力减少，很难取胜。

48. 马五退六　马1进3　　**49.** 马六进七　炮4退1

50. 炮五平九　炮4平2　　**51.** 马七进八　马3退5

52. 马八进九　炮2平4

红方利用子力位置较好的优势，吃去黑卒，有了取胜的机会。

53. 兵三平四　炮4退2　　**54.** 兵四平三　马5退4

55. 炮九平七　炮4平1　　**56.** 兵三平四　象5退7

57. 兵四平五　马4进5

运兵迫使黑马离开要路，然后马炮兵协同作战，形成猛烈攻势。

58. 马九退七　将5平4　　**59.** 炮七退二　马5退3

60. 兵五平六　士5进4　　**61.** 炮七平六　将4进1

62. 兵六进一　将4平5　　**63.** 马七退六　炮1进5

64. 兵六平七　将5平6　　**65.** 炮六平四　炮1平6

66. 马六退四　将6平5　　**67.** 马四进三　将5退1

68. 兵七进一　士6进5

吃去黑士之后，红方扩大了残局优势。黑方单士象防力不足，很难阻挡马炮兵进攻，只有设法兑子才有谋和机会。

69. 兵七平六　士5进6

70. 炮四平一　马3退5

71. 炮一进五　象7进9

72. 马三进二　象9退7

73. 兵六平七　炮6平4（图72）

74. 马二退三　象7进9

75. 马三进二　象9退7

76. 炮一平三　炮4退6

77. 炮三平六　将5平4

78. 仕五进六　士6退5

79. 马二退一　士5进6

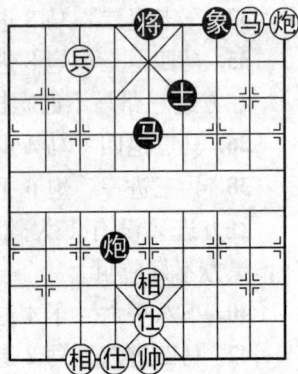

图72

马兵对马单士，红方的子力位置较佳，取胜的机会较多。

80. 马一进三　士 6 退 5　　　　**81.** 相五进七　士 5 进 6

82. 马三退五　士 6 退 5　　　　**83.** 马五退七　马 5 退 3

红方马兵集中左路，再平帅四路进行控制，黑方不易防守。

84. 帅五进一　马 3 进 5　　　　**85.** 相七退九　马 5 退 3

86. 帅五进一　马 3 进 5　　　　**87.** 仕六退五　马 5 进 6

88. 帅五平四　马 6 退 5　　　　**89.** 仕五退四　马 5 退 3

红方运帅等待机会，增强了攻击力。

90. 帅四平五　马 3 进 5　　　　**91.** 帅五退一　马 5 退 3

92. 马七进五　马 3 进 5　　　　**93.** 马五进三　马 5 退 7

94. 帅五平四　马 7 进 5

红方又平帅四路，为进攻创造条件。

95. 马三退四　将 4 平 5　　　　**96.** 马四进三　将 5 平 4

97. 马三退五　马 5 退 3

红方退马控制黑士，紧凑有力。

98. 马五退四　马 3 进 5

如马 3 进 4，马四进六，马 4 退 2，马六进八，下一手可兵七平六，黑方败势。

99. 马四进六　将 4 平 5　　　　**100.** 马六进八　士 5 进 6

如马 5 退 3，兵七平六，士 5 进 6，帅四进一，黑方仍难防范。

101. 帅四平五　将 5 平 6

如士 6 退 5，兵七平六，仍然不好应付。

102. 马八进六

兑去一马，红兵占据要道，胜局已定。

（选自刘殿中胜李望祥的对局）

第73局　　五七炮进三兵对反宫马

1. 炮二平五　马 2 进 3　　　　**2.** 马二进三　炮 8 平 6

3. 兵三进一　马 8 进 7　　　　**4.** 马八进九　车 9 平 8

红方不出右车而先上左边马是新变化。

5. 兵七进一　象3进5　　　6. 炮八平七　炮2进3

7. 相三进一　车8进4　　　8. 车九平八　车1平2

9. 车一平二　车8平4　　　10. 车二进六　士4进5

11. 车二平三　马7退8　　　12. 兵九进一　炮2进1

13. 炮七进四　炮2进1

黑方失卒造成损失，不愿使局势平稳，进炮捉马，积极展开反击，明智。

14. 马三进四　车4平6　　　15. 马四退六　炮2平9

16. 车八进九　马3退2　　　17. 炮五进四　马2进4

18. 炮五退二　马8进9

红方退中炮，希望保持中炮的威力，以便将来对黑方有一定的威胁。但由于中路比较空虚，容易被黑方所袭击，所以不如炮五平一打卒平稳。此时黑方进边马捉车，表面是一步抢先之着，其实是软着，不如车6进2，威胁中路，并且立刻可以捉双子。红方如马六进七，车6平5，仕四进五，炮9平3，黑方优势。

19. 车三平六　马4进2

20. 车六平五　卒9进1

21. 炮七退一　车6进2

22. 仕四进五　马9进8 (图73)

23. 炮七平三　炮9进2

红方平炮三路，欲决一胜负，但不如马六进五，象5进3，车五平八，马2退4，车八平九，马4进2，车九平八，马2退4，双方如不变，按亚洲规则，可算和局，黑方此时很难求

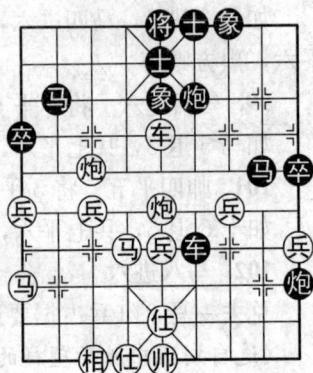

图73

变。而现在红方平炮掩护中车吃象，变化比较激烈。吕钦能攻善守，运子精妙，演成胜势。

24. 车五进一　马2进4　　　25. 炮五进二　车6平5

26. 马六进七　马8进9　　　27. 车五平七　士5进4

28. 马七进六　将5进1　　　29. 马六进七　将5平6

30. 炮三平四　炮6平9　　　**31.** 马七退六　后炮平5
32. 车七进一　将6进1　　　**33.** 马六进五　炮5退1
34. 车七退一　将6退1　　　**35.** 车七平五　车5平6
36. 兵三进一　马9进7
黑方胜。

（选自吴贵临负吕钦的对局）

第74局　五七炮进三兵对反宫马

1. 炮二平五　马2进3　　　**2.** 马二进三　炮8平6
3. 车一平二　马8进7　　　**4.** 兵三进一　车9进1
5. 马八进九　车9平4　　　**6.** 炮八平七　车4进3
7. 车九平八　车1平2　　　**8.** 仕四进五　士4进5
9. 车八进四　炮2平1

红方如车二进六，卒7进1，车二平三，炮6退1，车三退一，车4进1，车三进一，炮6平7，车三平四，车4平7，黑方优势。

10. 车八进五　马3退2　　　**11.** 炮五进四　炮6平5
12. 炮五退二　卒7进1　　　**13.** 相三进五　马2进3

红方上中相力求稳健，但不如车二进六机会较多。炮5进1，车二平三，象3进5，兵九进一，红方占优。

14. 兵九进一　马3进5　　　**15.** 车二进四　炮5进3

兑炮正确。如炮1进3，炮五进三，象3进5，兵三进一，马5进4，炮七平六，炮1平8，炮六进三，马4进6，兵三进一，马7进5，马三进二，红方大占优势。

16. 兵五进一　炮1平5　　　**17.** 兵三进一　马5进7

进马吃兵不如车4平7，可以牵制三路马的活动。

18. 马九进八　车4平2　　　**19.** 马八退六　车2平4
20. 马六退四　后马进5

红方运马进而复退，走法灵活有力，此时不但加强了对中兵的保护，又封住了黑马的反击道路，为加强攻势创造出条件。

21. 兵七进一　马7进6（图74）

黑方进马捉车，并不产生什么效力，不如卒3进1兑兵，力求谋取平稳局势才是上策。

22. 车二进二　马5进4

23. 炮七平九　车4平7

24. 车二退三　车7平6

25. 马三进二　马6退8

26. 车二进一　马4退5

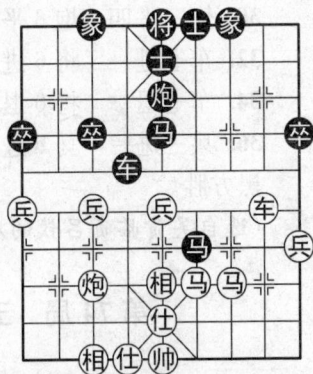

图 74

交换子力之后，红方形势较佳，而黑方各子位置不好，处境十分危险。

27. 炮九进四　卒3进1　　**28.** 车二进二　马5进7

29. 马四进三　卒3进1　　**30.** 炮九进三　象3进1

31. 车二平七　将5平4　　**32.** 兵五进一　车6进1

33. 兵九进一　卒3平4　　**34.** 兵九进一　士5进4

35. 兵五进一　炮5平8　　**36.** 兵五平六　士6进5

37. 兵九进一　炮8平1　　**38.** 车七平九　炮1平2

39. 车九平八　炮2平1　　**40.** 兵六平七　马7退5

41. 兵七平六　马5进7　　**42.** 炮九平三　卒4进1

43. 车八进三　将4进1　　**44.** 炮三退一　士5进6

如车6退4，车八退一，将4退1，兵六进一，将4平5，兵六进一，士5退4，兵六进一，将5平6，兵六平五，将6平5，车八进一，红胜。

45. 车八退一　将4退1　　**46.** 兵六进一　将4平5

47. 兵六平五　将5平6　　**48.** 车八进一　将6进1

49. 车八退四　马7进5　　**50.** 马三进二　士6退5

51. 炮三平二

红方胜。

（选自李洪滨胜王墨林的对局）

第75局 五七炮进三兵对反宫马

1. 炮二平五 马2进3 　　　　**2.** 马二进三 炮8平6

3. 兵三进一 马8进7 　　　　**4.** 马八进九 车9平8

红方先上边马而不走车一平二，是考虑黑方如走卒3进1，再车一进一，使布局纳入自己设计的走法中，以利扩大先手。

5. 炮八平七 车1平2 　　　　**6.** 车九平八 炮2进4

7. 兵七进一 车8进4

进车河口对抢先手。如象3进5，车一平二，兑车后红方稳占先手。

8. 车一平二 车8平4 　　　　**9.** 仕六进五 象3进5

10. 炮五平四 炮6进4 　　　　**11.** 车二进七 炮6平7

红方进车捉马过急，使黑方有反先机会。因炮6平7再马7退5，红方也没有连续的攻击手段。不如马三进四，车4进1，相三进五，炮6平7，马四进三，炮7退3，车二进六，炮2平9，车二平三，车2进9，马九退八，炮9平7，车三平四，车4退1，红方仍持先手。

12. 相七进五 马7退5 　　　　**13.** 炮七进一 卒7进1

14. 相三进一 车4平6 　　　　**15.** 兵三进一 车6平7

16. 相一进三 炮7平3 　　　　**17.** 马九进七 炮2平5

黑方平炮打兵正确。如车7进1吃相，马七进五，车7进2，马五进六，反而成为败势。

18. 车八进九 马3退2 　　　　**19.** 车二退四 炮5退2

20. 马七进五 车7平6 　　　　**21.** 炮四进二 马5进3

22. 马五退六 车6退3

23. 炮四平五 炮5平7（图75）　　**24.** 马三退一 车6进7

红方退马失误。应马三退二，虽然形势不理想，但还可对抗下去。

25. 车二进二 炮7退3 　　　　**26.** 马一进二 车6退2

27. 马二退四　炮7平5

28. 车二退二　车6退1

29. 炮五退一　卒5进1

30. 炮五平八　卒5进1

31. 炮八进一　卒5平4

32. 马六进八　卒3进1

进卒正确。如马3进5，马八进六，马5进4，车二平六，车6进1，车六进一，炮5进6，帅五平六，黑方不占好处。

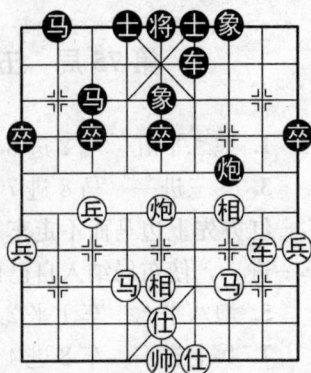

图 75

33. 马八进六　卒3进1　　　**34.** 马六进五　车6退2

35. 马五进七　马2进3　　　**36.** 炮八退四　车6平2

37. 炮八平七　卒3平4　　　**38.** 兵一进一　马3进4

39. 车二平七　马4进6　　　**40.** 车七进五　马6退5

41. 炮七平六　象5进3

红方应车七平六，象5进3，车六退三，炮5进1，炮七平六，士4进5，马四进二，象7进9，车六进一，车2平4，炮六进六，有谋和机会。

42. 车七进一　卒4平5　　　**43.** 相五退七　炮5进1

44. 相三退五　卒5进1　　　**45.** 马四进三　卒5进1

46. 炮六进五　马5进6　　　**47.** 炮六平五　士6进5

48. 车七退四　卒5进1　　　**49.** 仕四进五　车3平7

50. 马三退四　马6进4

黑方胜。

（选自言穆江负于幼华的对局）

第76局　五七炮进三兵对反宫马

1. 炮二平五　马2进3　　　**2.** 马二进三　炮8平6

3. 兵三进一　马8进7　　　**4.** 兵七进一　车9平8

5. 炮八平七　象 3 进 5

如车 8 进 4，车一平二，车 8 平 2，马八进九。黑方左路空虚，红方便宜。

6. 马八进九　炮 2 进 3

进炮打兵是争先的过渡走法，意图先封住红车，争取主动。

7. 相三进一　车 1 平 2　　　　**8.** 车九平八　车 8 进 4

9. 车一平二　车 8 平 4　　　　**10.** 车二进六　炮 2 进 1

11. 仕四进五　士 4 进 5　　　　**12.** 车二平三　马 7 退 8

13. 车三平四　马 8 进 7

红方平车四路，企图控制卒林要道，然后徐图进取。但由于速度迟缓，使黑方进马巩固了阵势，红方反而不好。不如兵三进一，马 8 进 9，车三进一，卒 3 进 1，炮五平四。红方有攻势，可以满意。

14. 兵五进一　马 7 进 8　　　　**15.** 车四退三　炮 2 退 1

16. 车四平五　卒 1 进 1

17. 车八进三　炮 6 平 7

18. 兵一进一（图 76）　马 8 进 7

由于红方的立体空间比较小，攻力难以发挥，此时进一路兵企图静观变化，反而给了黑方反击的机会，形势由此更为不利。不如炮七平六，以后马九退七，局势稳健。

19. 兵五进一　卒 5 进 1

20. 炮五进三　马 7 退 5

退马巧妙。力争谋子，创造胜势。

21. 兵七进一　车 4 平 5　　　　**22.** 兵七平六　车 5 退 1

23. 炮七进五　炮 7 平 3　　　　**24.** 相七进五　车 2 进 3

25. 兵六进一　车 5 平 4

红方如仕五退四，卒 3 进 1，兵六进一，车 2 平 4，车八进一，马 5 进 7，仍是黑方优势。

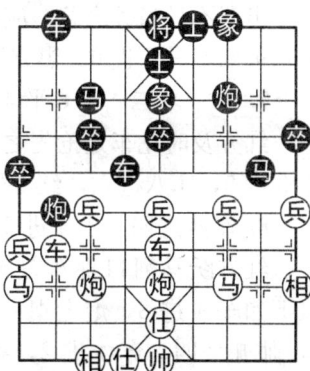

图 76

26. 车五进一	炮2平3	27. 车八平七	前炮退1
28. 相五退三	车2进4	29. 车五退二	前炮平5
30. 车七平四	车2平1	31. 车五进三	车1平7
32. 车五平九	车4平8	33. 车九进一	车8进5
34. 车九平七	炮3退2	35. 仕五退四	车7平9
36. 车七平一	炮3进9	37. 仕六进五	车9平3

黑方双车炮攻势锐不可挡，黑方胜。

（选自王德发负柳大华的对局）

第77局　五七炮进三兵对反宫马

1. 炮二平五	马2进3	2. 马二进三	炮8平6
3. 兵三进一	马8进7	4. 炮八平七	车9平8
5. 马八进九	车8进4	6. 车九平八	车1平2

出车不是当务之急，应先走卒7进1，使7路马活跃。以下如车八进四，马7进6，黑方局势开畅。

7. 车一平二　车8平4

红方及时兑车是抢先之着。以下如车8进5兑车，马三退二，象3进5，车八进六，红方先手。

8. 车八进四　士4进5

红方跃马河口捉车是抢先之着。以下如车4进3，炮七退一，炮6进7，帅五平四，车4进2，帅四进一。一炮换双士之后没有子力接应，不能组织有效的进攻，黑方不占便宜。

10. 仕四进五　炮2进2（图77）

11. 车二进六　炮2平6

红方针对7路马不能出击的弱点，及时进车展开威胁，争得了更大的主动性。此刻黑方应炮6平4，车

9. 马三进四　车4进4

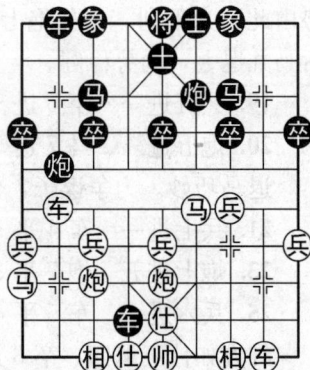

图77

二平三，象3进5，先稳住阵脚，再待机而动。

12. 车八进五　马3退2　　　　**13.** 车二平三　后炮进3

14. 车三进一　象3进5　　　　**15.** 兵三进一　后炮平3

16. 炮七进三　卒3进1　　　　**17.** 兵三平四　车4退2

18. 车三退三　炮6进3　　　　**19.** 车三退三　炮6退3

20. 车三进三　炮6进3　　　　**21.** 兵五进一　马2进3

22. 车三退三　炮6退3　　　　**23.** 车三进三　炮6进3

24. 兵九进一　车4平6　　　　**25.** 兵五进一　卒5进1

26. 兵四平五　车6平5　　　　**27.** 兵五平四　炮6平9

平边炮准备进炮进攻，但难以构成攻势，不如炮6平8，可以相机进行退守。

28. 马九进八　炮9进1　　　　**29.** 相三进一　炮9退3

30. 兵七进一　马3进5　　　　**31.** 马八进九　卒3进1

32. 车三平七　马5退7　　　　**33.** 兵四平三　马7进5

34. 兵三平四　马5退7　　　　**35.** 兵四平三　卒9进1

平兵巧妙，有力地控制黑马，黑方受困难行。

36. 马九进七　车5退2　　　　**37.** 车七退一　卒9进1

不如炮9退1，车七平八，炮9平4，兵三进一，马7退8，还有机会谋取和势。

38. 车七平八　士5退4　　　　**39.** 兵三平四　马7进6

红方抓紧机会，充分调动车马炮兵的力量，加快攻击，使黑方不好应付。此时黑方以马换兵无可奈何。如车5进1，车八进一，车5进1，马七退六，车5退3，马六进八，士6进5，马八进七，将5平6，车八平四，红方胜定。

40. 车八进二　车5进1　　　　**41.** 车八平四　士6进5

42. 马七退六　车5退2　　　　**43.** 车四退二

红方退车困炮，黑方行子困难，无法防守，红胜。

（选自徐健秒胜白殿友的对局）

第78局　五七炮进三兵对反宫马

1. 炮二平五　马2进3　　　　　**2.** 马二进三　炮8平6

3. 车一平二　马8进7　　　　　**4.** 兵三进一　卒3进1

5. 马八进九　象7进5　　　　　**6.** 车九进一　士6进5

红方进左横车，企图集中双车于右路，争取攻击机会。

7. 车九平四　卒1进1　　　　　**8.** 车四进三　车1进3

9. 仕四进五　车9平7　　　　　**10.** 炮五平六　车1平4

11. 兵九进一　卒1进1　　　　　**12.** 车四平九　卒7进1

红方兑兵活通马路，防止黑方走车4进1是紧要之着。如被黑方走成炮2平1，就没有进九路兵的机会了。

13. 兵三进一　象5进7　　　　　**14.** 炮八平七　马7进6

15. 车九平三　象3进5　　　　　**16.** 相三进五　车4进3

17. 兵七进一　马3进4

进马意欲展开攻势，使局势紧张。如卒3进1，形势较为平稳。

18. 兵七进一　马4进5　　　　　**19.** 马三进五　车4平5

20. 炮六进六　车5平1　　　　　**21.** 炮六平八　车1退6

22. 兵七进一　车7进3

进兵不如车二进六，较为紧凑有力。如马6进5，车三平九，车1平2，炮七平八，黑方不好应付。

23. 车三平五　士5退6

24. 车二进三　士4进5

25. 兵七平八　炮2平3

26. 炮七进四　卒5进1

27. 车五进一　马6退7（图78）

28. 马九进七　车1平2

红方以巧妙手法夺去一中卒，占尽先手。但不利的是双炮兵位置不好，容易被黑方乘势兑子减轻压力。

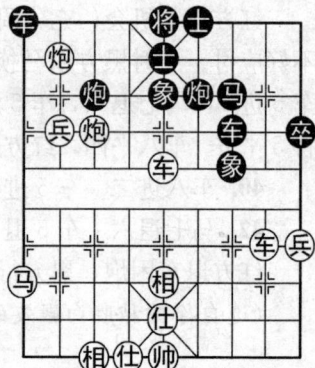

图78

此时如马九进八，车1平2，炮八退一，炮3退1，兑子后形成平稳局势。

29. 炮八退一	炮3进4	30. 车二平七	炮6平2
31. 兵八进一	车2进2	32. 炮七退二	车7平5
33. 车五平九	车5进2	34. 车九进一	卒9进1
35. 车九平三	马7进5	36. 车三平一	马5进3
37. 车一退一	车2平4	38. 车一平二	车4进6
39. 车二退三	象7退9	40. 车二平四	车5平4
41. 车四进一	象9退7	42. 车七平九	后车平8
43. 炮七退二	车8进4	44. 仕五退四	车8退4
45. 相五退三	车8平4	46. 仕四进五	前车退2

双方攻守严密，各无建树，终成和局。

（选自李来群和柳大华的对局）

第79局　五七炮进三兵对反宫马

1. 炮二平五	马2进3	2. 马二进三	炮8平6
3. 兵三进一	马8进7	4. 兵七进一	车9平8
5. 炮八平七	车8进4	6. 车一平二	车8平2
7. 马八进九	象3进5	8. 车二进六	士4进5
9. 车二平三	马7退8		

红方急于平车压马，以后又没有连续的打击手段，不能占到便宜。现在左路被封，不如炮七进四，车1平4，炮七平三，车4进5，车二退二，车4平3，炮五平四，红方仍持先手。

10. 炮五平六	卒9进1	11. 仕四进五	马8进9
12. 车三平二	车1平4		

不如卒1进1，控制红方马路。

13. 相三进五	卒1进1

红方应抓紧机会走兵九进一，活通马路，争取主动。

14. 车九进一	车4进6	15. 炮七进四	车2退1

16. 炮六平七　车2进4

退车捉炮之后再进车牵制双炮的活动，运子功夫老练。

17. 车二平四（图79）　炮2平1

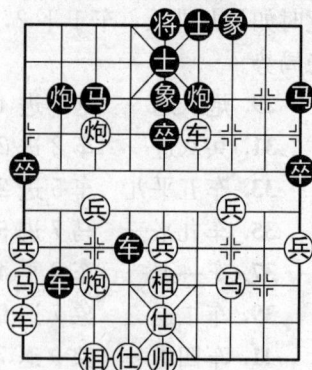

图79

红方平车四路，虽然可防止炮6进6打车的威胁，但却影响左路子力的出击。不如车九平七，炮2平1（如炮6进6，仕五进六，炮6退2，仕六退五，黑方没有好的进攻方法），后炮平六，炮1进4，兵七进一，卒1进1，车七进二，红方仍可抗击。

18. 车九平七　炮1进4　**19.** 后炮平六　卒1进1

20. 车七进一　车2平3

红方应兵七进一，使局势复杂化，黑方不易掌控形势。

21. 炮七退四　炮1平5　**22.** 兵七进一　炮5退1

及时炮打中兵，红方更难应付。如马三进五兑炮，红九路马受制，局势仍然危险。

23. 炮七进五　炮6平3

红方进炮兑马，除此没有更好的办法。如兵七进一，马3进1，兵七平八，车4进1，红方失子。

24. 帅五平四　马9进8　**25.** 车四平五　马8进7

红方不甘心死守，平车吃卒。如车四退一，马8进7，兵七进一，炮3平2，红方仍然受困难行。

26. 兵七进一　车4平6　**27.** 仕五进四　炮3进7

28. 帅四进一　炮5平6　**29.** 车五平四　炮3退2

30. 马九退七　卒1平2　**31.** 仕六进五　卒2平3

32. 帅四退一　车6进1　**33.** 帅四平五　车6退1

34. 马三退四　卒3进1　**35.** 炮六退一　车6平4

36. 车四退二　车4进2　**37.** 马七进九　卒3平2

38. 马九进八　炮3平2　**39.** 马八进九　马7进9

40. 马九进七　炮 2 进 2　　　41. 马四进三　车 4 平 3
42. 帅五平六　车 3 退 5　　　43. 马七进九　马 9 进 7
44. 车四平六　车 3 退 2　　　45. 马三进五　车 3 平 1
46. 马五进四　车 1 进 2　　　47. 车六退一　卒 2 平 3
48. 车六平七　炮 2 退 9

黑方攻势强大，红方无力招架，黑方胜。

（选自吕钦负胡荣华的对局）

第 80 局　五七炮进三兵对反宫马

1. 炮二平五　马 2 进 3　　　2. 马二进三　炮 8 平 6
3. 兵三进一　马 8 进 7　　　4. 兵七进一　车 9 平 8
5. 炮八平七　象 3 进 5　　　6. 马八进九　士 4 进 5

红方进双兵虽然影响车的出动，须有耐心运子对抗，才能有好的效果。

7. 车九平八　炮 2 平 1　　　8. 车一平二　车 8 进 9

失去一先而兑车，目的是移开中炮，是战略性下法。企图后中求先，稳扎稳打。如车八进七，炮 1 进 4，兵七进一，车 8 进 4，兵七平八，车 1 平 2，兑车之后，红方右车还没出动，没有先手。

9. 马三退二　车 1 平 4　　　10. 炮五平三　车 4 进 6
11. 相三进五　炮 1 进 4　　　12. 马二进四　卒 7 进 1

弃卒力求寻找机会。红方如仕六进五，黑方难有反击的突破口。

13. 兵三进一　马 7 进 6　　　14. 兵三平四　炮 6 进 6
15. 兵七进一　马 3 退 4

如象 5 进 3，失去度数，并不便宜。以下红方如仕六进五，黑方各子易受攻击，比较难走。

16. 兵七进一　车 4 平 5　　　17. 兵四进一　炮 6 平 4
18. 帅五进一　炮 4 退 4　　　19. 车八进五　炮 4 平 5
20. 兵四平五　炮 1 平 9　　　21. 车八平六　炮 9 退 2
22. 车六退一　马 4 进 2　　　23. 马九进八　卒 1 进 1

红方进马不如兵五平六，炮9进3，炮三进六，炮9平3，炮三平八，红方占先手。

24. 帅五平六　　卒1进1

应炮三进六，马2进4，兵五平六，红方占先。

25. 炮三进六　　马2进4　　　**26.** 兵七平六　　马4进2

应兵五平六限制黑马参战，并克制车炮攻击。

27. 马八进七　　车5进1　　　**28.** 炮七进一　　车5退1

29. 炮七平六　　炮5平7　　　**30.** 炮三退二　　炮9进4

进炮有效地牵制了红帅的活动，为车炮攻杀创造出条件。

31. 兵五进一　　象7进5

32. 相七进九　　卒1进1

33. 兵六进一　　士5进4（图80）

上士防止红方马踏中象的攻击，是谋算深远的好着。红方得子后不能构成杀势，而黑方却能抢先入局。

34. 炮三平八　　象5进3

35. 炮八退四　　炮7进4

36. 帅六进一　　卒1平2

37. 马七进八　　炮7退7

38. 马八退六　　炮7平4

39. 马六退七　　卒2进1

黑方车炮卒将联合发挥威力，红方无法防守，黑方胜。

（选自刘殿中负金波的对局）

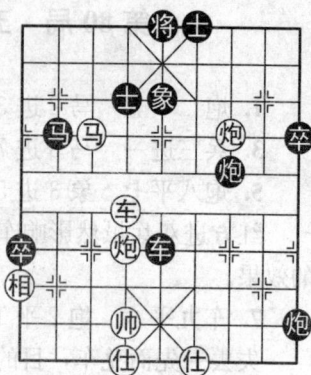

图80

第81局　五七炮进三兵对反宫马

1. 炮二平五　　马2进3　　　**2.** 马二进三　　炮8平6

3. 兵三进一　　卒3进1　　　**4.** 马八进九　　马8进7

5. 炮八平七　　象3进5　　　**6.** 车九平八　　车1平2

7. 车八进四　　车9平8

红方先进左车，防止黑方进右炮封车，在平稳中寻求变化。

8. 车一平二　车 8 进 9　　　　　**9. 马三退二　士 4 进 5**

10. 兵九进一　炮 2 平 1

平炮兑车必然，但双马不活容易导致被动。如炮 6 进 2，马二进三，马 3 进 2，车八平四，红方仍占先手。

11. 车八进五　马 3 退 2

12. 炮五进四　马 2 进 3

13. 炮五退一　马 3 进 4

14. 炮七平三（图 81）　炮 6 进 1

平炮三路，不怕失中兵，好着。黑方如马 4 进 5，炮三进四，马 7 退 8，相三进五，黑马在中路作用不大。由此可知，上一回合黑方的马 3 进 4 并不太好，可炮 6 进 5 阻拦红方子力。

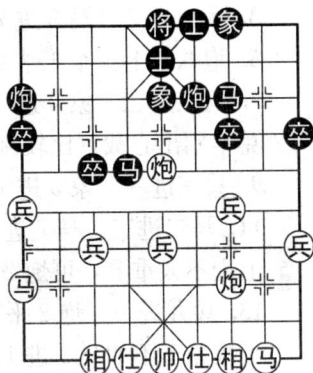

图 81

15. 炮三进四　炮 6 平 5

16. 马二进三　炮 1 进 3　　　　**17. 相三进五　炮 1 进 1**

18. 仕四进五　将 5 平 4　　　　**19. 马三进四　马 4 进 5**

20. 炮三平九　炮 5 平 3　　　　**21. 仕五进四　马 7 进 8**

22. 马四进五　炮 3 平 4　　　　**23. 炮九退二　士 5 进 4**

不如马 8 进 6，炮九平六，将 4 平 5，炮五进二，象 7 进 5，马五退四，马 5 退 6，黑方仍可支持。

24. 兵一进一　士 6 进 5　　　　**25. 仕六进五　马 5 进 7**

26. 炮九平六　炮 1 退 5　　　　**27. 兵三进一　马 8 进 7**

28. 相五进三　后马退 5

上相限制双马的活动。如象 5 进 7，马五退三，黑方仍难防守。

29. 兵三平四　马 7 退 8　　　　**30. 马五进三　炮 1 平 4**

31. 马九进八　前炮平 2　　　　**32. 炮六进四　将 4 进 1**

33. 马八进七　将 4 退 1　　　　**34. 马七进八　将 4 进 1**

35. 炮五平六　炮 2 平 4　　　　**36. 炮六退一**

双马炮兵攻杀有力，黑方失卒无力防守，红胜。

（选自吕钦胜孙勇征的对局）

第82局　五七炮进三兵对反宫马

1. 炮二平五　马2进3　　　　**2.** 马二进三　炮8平6

3. 兵三进一　马8进7　　　　**4.** 马八进九　车9平8

5. 炮八平七　车1平2　　　　**6.** 车一平二　车8进9

7. 马三退二　象3进5　　　　**8.** 车九平八　卒7进1

兑卒别出心裁，比较流行的是炮2进4或炮2进6。

9. 兵三进一　象5进7　　　　**10.** 车八进四　象7退5

11. 马二进三　马7进6　　　　**12.** 炮七进四　士4进5

上士不太重要，可炮2退1。

13. 兵九进一　炮2平1

平炮兑车不如卒9进1，待机而变。

14. 车八进五　马3退2　　　　**15.** 马九进八　马2进3

如马2进4，炮七平一，炮1进3，炮一平九，红方多兵占优。

16. 马八进六　炮1进3　　　　**17.** 兵七进一　卒9进1

18. 仕四进五　炮1进1

不如卒1进1，比进炮要好一些。

19. 炮五平四（图82）　炮6进5

兑炮后造成右路马失去保护，失先。不如马6进7，先压住红方右马，使其一时没有攻击的机会。

20. 仕五进四　马3退2

21. 炮七平八　马2进4

22. 炮八退五　马6退8

23. 相三进五　卒9进1

24. 兵一进一　马8进9

26. 炮八平六　马4进3

28. 仕六进五　炮4退3

30. 炮六进五　马3进4

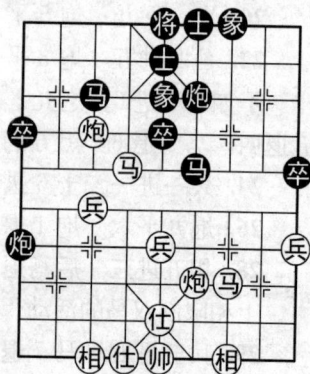

图82

25. 马三进二　卒1进1

27. 马六进八　炮1平4

29. 马八进七　炮4退2

31. 兵五进一　马9进8

进中兵可以抢占空间，控制局势的发展。

32. 马二进四	马8退6	**33.** 马四进二	士5退4
34. 马二进三	将5进1	**35.** 马三退四	将5退1
36. 兵七进一	士6进5	**37.** 炮六平八	士5进6
38. 兵七平六	士4进5	**39.** 相五进七	将5平6

红方运用马炮兵抢攻，逐步扩大了优势，现又上相制约黑马活动，借用守子助力，局势更加有利。

40. 马四退二	马6退7	**41.** 马二进三	将6平5
42. 马三退四	将5平6	**43.** 马七退九	马4进3
44. 兵六进一	卒5进1	**45.** 兵五进一	马3退4
46. 马四进三	将6平5	**47.** 马九进七	卒1进1
48. 相七进五	卒1进1	**49.** 兵五平六	马7进6
50. 前兵平七	卒1平2	**51.** 兵六进一	卒2平3
52. 兵七进一	马6退5	**53.** 马七退九	卒3平4
54. 兵七进一	炮4退1	**55.** 炮八进三	象5退3
56. 兵七进一			

吃象夺炮，攻势凶悍，红方胜。

（选自李艾东胜李来群的对局）

第83局　五七炮进三兵对反宫马

1. 炮二平五	马2进3	**2.** 马二进三	炮8平6
3. 兵三进一	马8进7	**4.** 炮八平七	车9平8
5. 马八进九	车1平2	**6.** 车九平八	炮2进4
7. 兵七进一	车8进4	**8.** 车一平二	车8平4
9. 炮七进四	卒7进1		

炮打3路卒先得实利，企图在稳步进取中寻求机会。

10. 车二进六　马7进6（图83）

弃卒跃马过急，易受攻击。不如象3进5，局势虽然被动，但足可应付。

11. 兵七进一　　车4平3

进兵捉车是抢攻的好着。如车二平四，士4进5，兵三进一，马6进4，黑方可以反击。平车吃兵无可奈何。如车4进2，车二平四，炮6平5，车四退一，炮2平5，马三进五，炮5进4，仕四进五，卒7进1，车八进九，马3退2，车四进一，红方多子，大占优势。

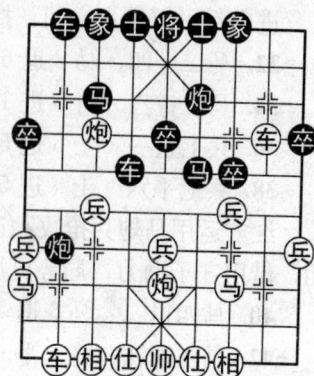

12. 车八进三　　车3退1

13. 车八进六　　马3退2

14. 车二平四　　炮6平3

图 83

15. 车四退一　　炮3进7

16. 仕六进五　　卒7进1

17. 车四平三　　炮3平1

18. 仕五进六　　象3进5

19. 车三退一　　马2进3

20. 兵九进一　　卒9进1

21. 马三进二　　卒1进1

22. 马九进八　　车3进6

红方进马弃兵，待黑方进攻之后，再退马防守。如兵九进一，炮1退5，黑方有兑子谋和的机会。

23. 帅五进一　　卒1进1

24. 马八退七　　车3平6

25. 车三平九　　士6进5

26. 车九进一　　炮1平7

红方进车牵制黑方子力，使其不能组织起攻势，明智老练。

27. 车九平四　　车6平3

28. 马七进六　　车3退4

29. 马六进五　　马3进1

上边马避开兑子，针锋相对。如马3进5，炮五进四，车3平8，帅五平四，红方胜。

30. 车四退一　　车3进3

31. 帅五退一　　车3退2

32. 马二进四　　车3平5

红方进马弃兵加快攻击。如兵五进一，车2平7守住要道，红方攻势受阻。

33. 马五退六　　炮7退5

34. 马四进六　　炮7平4

35. 帅五平四　　马1退3

36. 后马进四　　马3进5

37. 车四退二　车5平8　　**38.** 马六进七　炮4退3
39. 马四退六　马5退7　　**40.** 马六进七　车8平3
41. 后马进六　车3退5　　**42.** 车四进五　车3进8
43. 帅四进一　车3平5　　**44.** 仕六退五　车5平7
45. 马六退八　车7退1　　**46.** 帅四退一　车7平5
47. 马八退六

红方紧急攻杀，黑方招架不住，红方胜。

（选自宋国强胜汤卓光的对局）

第84局　五七炮进三兵对反宫马

1. 炮二平五　马2进3　　**2.** 马二进三　炮8平6
3. 兵三进一　马8进7　　**4.** 马八进九　车9平8
5. 炮八平七　象3进5　　**6.** 车九平八　炮2平1
7. 车一平二　车8进9　　**8.** 马三退二　卒7进1

进7路卒兑兵，打开马的通路。如士4进5，炮五平三，红方仍然好走。

9. 兵三进一　象5进7　　**10.** 马二进三　马7进6

如象7退5，马三进四，士4进5，炮七进四，红方多兵。

11. 炮七退一　象7退5

由于红方不能骑河车捉黑马，黑方形成河口马士角炮的有利形势。

12. 炮七平三　卒3进1　　**13.** 车八进四　炮1退1

退炮化解了红方的攻势，巧妙。

14. 兵九进一　卒1进1　　**15.** 兵五进一　炮1平5
16. 车八进二　马6进4　　**17.** 车八退五　卒1进1
18. 炮五进一　车1平2　　**19.** 车八平四　车2进7

进车捉马是抢先佳着。如炮6平9，车四进七，红方占优。

20. 马三进二　车2平8　　**21.** 马二进一　车8退4
22. 车四进六　车8平9　　**23.** 车四退四　卒5进1

不如马3进4跃出右马，才能更好地控制局势。

24. 车四进五　车9进3　　　25. 炮五进二　炮5进3
26. 兵五进一　马4进6　　　27. 炮三平九　马6进4
28. 帅五进一　马4进3

红方被迫出帅，竭力对抗。如炮九平六，卒1进1，红方难以抵挡。

29. 炮九进三　车9平5
31. 炮九进五　士4进5
32. 马九进八　车5退2
33. 马八进七（图84）　马2退4

双方激烈对攻。关键时刻，黑方没有选好最佳攻击方法，失去机会。此时应车5平8，马七进五，将5平4，马五进七，车8进4，帅五退一，马2退4，黑方胜势。

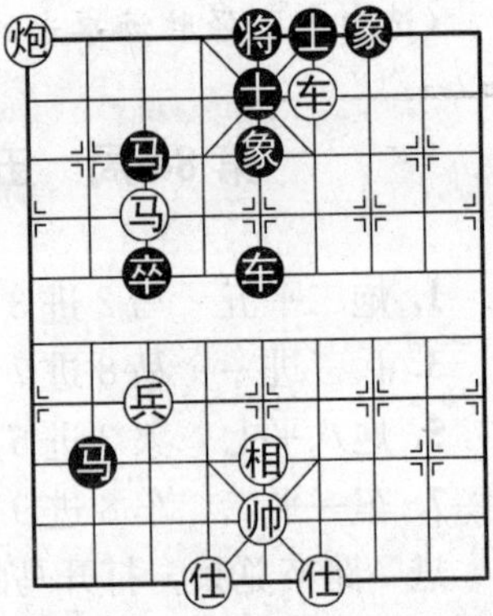

30. 相三进五　前马退2

图84

34. 帅五平四　车5平8
35. 仕四进五　马3进5
36. 马七进五　马5进6

进马失去谋和机会。不如车8退2，马五进七，将5平4，形成和势。

37. 炮九退七　车8进4　　　38. 帅四退一　车8进1
39. 帅四进一　士5进4

如马6退8，马五进七，将5平4，车四退五，马4退5，车四平五，车8平7，仕五进四，仍是红方胜势。

40. 马五进三　将5平4　　　41. 车四进一　将4进1
42. 车四退一　将4退1　　　43. 车四退一　将4进1
44. 马三退四　将4退1　　　45. 车四平六　将4平5
46. 车六平八　将5平6　　　47. 马四进六　象7进5
48. 车八进二　将6进1　　　49. 马六进八

由于黑方没走士5退4，红方有了炮九平六先手打将之着，然后运车抢夺先手攻击。下面进炮要杀，终于抢先获胜。

（选自金波胜阁文清的对局）

第85局　五七炮进三兵对反宫马

1. 炮二平五　　马2进3　　　　2. 马二进三　　炮8平6

3. 兵七进一　　马8进7　　　　4. 炮八平七　　象3进5

5. 兵三进一　　车1平2

先出右车，意欲走成三步虎的阵形，不走流行布局，但不理想。以往多走车9平8，马八进九，车1平2，黑方可以对抗。

6. 车一平二　　炮2平1　　　　7. 马八进九　　士4进5

8. 车九平八　　车2进9　　　　9. 马九退八　　卒9进1

10. 车二进六　　车9平8　　　11. 车二进三　　马7退8

12. 炮七进四　　炮1进4　　　13. 炮七平六　　卒1进1

14. 兵七进一　　马8进9　　　15. 马三进四　　炮6进2

16. 兵七进一　　马3退2　　　17. 炮六退五　　炮6退1

18. 炮六进五　　炮6进1　　　19. 马八进七　　炮1平3

20. 马四进六　　炮3进3

红方弃相、兵，跃马加快攻击，颇有远见。

21. 仕六进五　　炮3退6

22. 马六进八（图85）　马2进4

黑方进马4路后受到红方攻击，后果不利。不如马2进1，炮六退五，炮6平4，炮五进四，炮4退1。兑子后红方仍持先手，但缺一相，在防守上有一定困难。

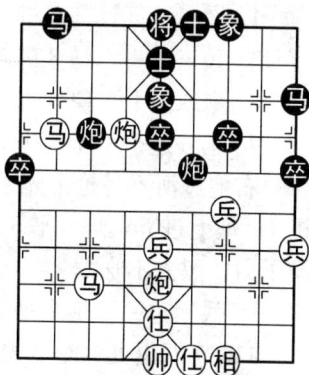

图85

23. 炮六退五　　炮3进3　　　24. 马八退六　　炮3平4

25. 马七进八　　炮4退1　　　26. 马六进八　　马4进2

27. 后马进六　　马9进8　　　28. 炮五进四　　马8退7

红方乘机打中卒，威胁中路，再利用双马配合作战，争取扩大攻势。

29. 炮五平七　马7进5　　　　**30.** 炮七平三　炮6退2

红方在中路的进攻难成事，又在卒上打主意。现掠去7路卒，红方多兵。

31. 相三进五　卒9进1　　　　**32.** 兵五进一　卒9进1

33. 兵五进一　马5进3　　　　**34.** 炮三进一　炮6进4

35. 兵五进一　士5进6　　　　**36.** 兵五进一　象7进5

37. 炮三平五　马2进4

红方一兵换取双象，黑方的防线被打开。

38. 炮五退四　将5进1　　　　**39.** 兵三进一　将5平6

40. 马六进四　士6进5　　　　**41.** 炮六进五

红方胜。

（选自胡荣华胜徐天红的对局）

第86局　五七炮进三兵对反宫马

1. 炮二平五　马2进3　　　　**2.** 马二进三　炮8平6

3. 兵三进一　马8进7　　　　**4.** 马八进九　卒3进1

5. 炮八平七　象3进5　　　　**6.** 车九平八　车1平2

7. 车一进一　车9平8　　　　**8.** 车一平七　炮2进4

右炮过河不易抢占先手，可炮2进2。红方如兵七进一，卒3进1，炮七进五，炮6平3，车七进三，炮2平3。不论红方如何兑换子力，黑方不吃亏。

9. 兵七进一　炮2平3　　　　**10.** 车八进九　炮3进2

11. 车八退九　炮3退3　　　　**12.** 炮五平六　士4进5

黑方的3路要道受到威胁，一时不好化解，只好勉强上士防守。如车8进4，相三进五，炮3平4，车八进七，仍难应付。

13. 炮六进四　车8进4

进炮打卒灵活有力。如上中相捉炮，黑方可炮3平4，车八进七，马 3 退 4，以下可进河口车及退士角炮，防守反而牢固。

　　14. 炮六平三（图86）　车8平4

　　黑方可象 7 进 9，相三进五，炮 3 平 4，炮七进五，炮 6 平 3，车八进七，炮 3 平 4，炮三平九，前炮进 2，马三进四，车 8 平 6，马四退六，卒 3 进 1，兵九进一，车 6 平 4，车八进二，后炮退 2，炮九进三，车 4 退 2。再走前炮平 3，可化解红方的攻势。

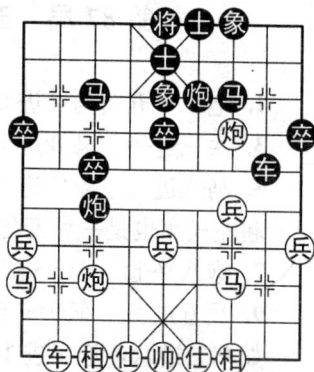

图 86

　　15. 相三进五　车 4 进 3

　　16. 车八进二　炮 3 平 4

　　17. 仕六进五　车 4 退 1　　　　**18. 兵三进一　炮 4 退 5**

　　19. 炮三进三　象 5 退 7

　　三路兵过河助战，炮打象抢攻，黑方两路受到攻击，已没有好的防守办法。

　　20. 炮七进五　象 7 进 5　　　　**21. 炮七平四　士 5 进 6**

　　22. 兵三进一　马 7 退 8　　　　**23. 车八进五　士 6 退 5**

　　可车八进四吃中卒，取势比较简明快捷。

　　24. 车八平五　马 8 进 6　　　　**25. 兵三平四　车 4 退 4**

　　兑车企图打持久战，寻求谋和机会。

　　26. 车五平六　士 5 进 4　　　　**27. 马九进七　卒 5 进 1**

　　28. 马七进九　士 6 进 5　　　　**29. 马九进七　炮 4 平 1**

　　30. 兵九进一　马 6 进 8　　　　**31. 兵四平五　马 8 进 7**

　　32. 马三进四　马 7 进 6　　　　**33. 仕五进四　将 5 平 6**

　　34. 仕四进五　炮 1 进 1　　　　**35. 前兵平六　马 6 退 8**

　　36. 相五进三　卒 9 进 1　　　　**37. 相七进五　炮 1 平 4**

　　38. 兵六平七　士 5 退 4　　　　**39. 兵七平八　士 4 退 5**

　　40. 兵八平九

　　红方胜。

　　（选自许波胜李来群的对局）

第87局　五七炮进三兵对反宫马

1. 炮二平五　马2进3　　　**2.** 马二进三　炮8平6

3. 兵三进一　马8进7　　　**4.** 车一平二　卒3进1

5. 马八进九　象7进5　　　**6.** 车九进一　卒1进1

起左横车也是一种变化，伺机控制要道，稳健。

7. 炮八平七　士6进5　　　**8.** 车九平八　炮2平1

9. 兵五进一　车9平6

如车二进六，炮1进1牵制，红方徒劳无益。

10. 车二进三　炮6进5

如仕四进五加强防守较为稳健。黑方进炮兑炮，解除红炮对3路马的威胁，并打乱红方的攻守形势，是抢先之着。

11. 炮七平四　车6进7

12. 马三进二　车1平2

13. 车八平三　车2进5

14. 仕四进五　车6退7（图87）

退车底路，攻不忘守。如车6退3，马二进三，车2平5，炮五平一，黑方左路空虚，有危险。

15. 马二进三　车2平5

16. 兵三进一　马3进4

17. 车二平六　马4进6

图 87

如马三进一，车6平7，兵三进一，马7退6，红马无好位可占。可考虑炮五平一，牵制黑方左路并调整仕相。

18. 车六平四　马6退7　　　**19.** 车四进六　后马退6

20. 兵三进一　车5进1

进车为争取多卒创造条件。如急于卒3进1，炮五平一，黑方有负担。

21. 兵三平四　卒5进1　　　**22.** 车三进四　卒3进1

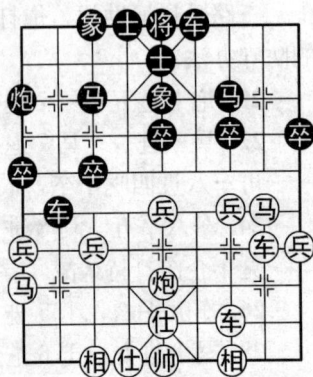

23. 炮五进三　　卒3进1

如兵七进一，炮1平3，仕五进六，炮3进7，仕六进五，炮3平7，车三退五，车5进1，红方不利。

24. 炮五平八　　炮1平3

红方可先马九退八，防止黑方进卒攻击。且中炮有一定的牵制作用，黑方暂时不便出击，红马一时不会发生危险。此刻黑方平炮，迫使红方上中相，为下一着进卒捉马创造条件，细致。

25. 相七进五　卒3进1		**26.** 车三退一　卒3平2	
27. 马九退八　卒2进1		**28.** 炮八进一　卒2进1	
29. 兵一进一　车5平6		**30.** 兵四平五　车6平1	
31. 炮八平一　马6进7		**32.** 炮一进三　车1平6	
33. 兵五平六　将5平6		**34.** 兵六平七　炮3平4	

如兵六进一，炮3进4，下一步平中攻杀。

35. 兵七平六　炮4平2		**36.** 车三平八　炮2平1	
37. 车八平三　马7进8		**38.** 兵一进一　马8进6	
39. 兵一平二　马6进4		**40.** 炮一退八　炮1平2	
41. 车三平六　马4退6			

退马隔断红车，并伏下马6进8的攻势，黑方胜局已定。

（选自王德发负胡荣华的对局）

第88局　五七炮进三兵对反宫马

1. 炮二平五　马2进3		**2.** 马二进三　炮8平6	
3. 兵三进一　马8进7		**4.** 车一平二　卒3进1	
5. 马八进九　象7进5		**6.** 车九进一　炮2平1	

红方还可炮八平六，车1平2，车九平八，炮2进4，马九退七，炮2进2，形成另一路变化。

7. 车九平六　车1平2		**8.** 炮八平七　车2进5	
9. 相三进一　士6进5		**10.** 兵九进一　车2平1	
11. 车二进六　车9平8		**12.** 车二平三　车8进2	

13. 兵三进一　炮6退2　　　　**14.** 车三平四　车8进4

15. 兵七进一　马3进2　　　　**16.** 兵三进一　车8平7

红方进三路兵捉马，企图抢占先手，不料黑方平车弃马夺取主动，形势发生了新的变化，双方的争夺更加激烈，红方没有占到便宜。红方采取什么样的走法才能取得积极主动的效果呢？从整体形势分析，还是应兵七进一比较稳妥。以下黑方如车1平3，车六进一，车3退1，兵三进一，马7退8，炮五进四，红方仍有先手之利。

17. 车六进七（图88）　马7退8

黑方在右路的车马位置较佳，已经限制了红方七路炮的攻击作用，红方进车压象肋抢攻不会产生好的效果。不如兵七进一吃去3卒。以下黑方如车1平3，车六进一，马2进1，兵三进一，车7进1，车六进七，将5平4，炮七平三，炮1平7，兵七平六，红方好走。

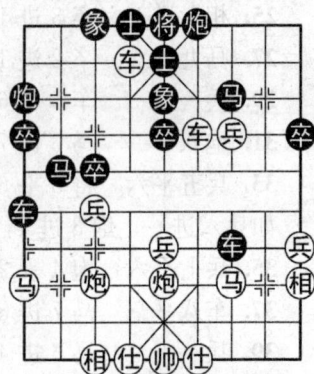

图88

18. 车四平五　炮6进1

19. 车六退三　车1平3　　　　**20.** 马三退五　炮6退1

21. 车五平八　马2进1　　　　**22.** 炮七进一　车7平5

红方可车八退三，炮6进6，兵五进一，炮6平5，车六退二，炮5平2，车六平三，炮2进1，炮七进一。仍是互相牵制的局势，红方并不吃亏。

23. 车六平二　马8进6　　　　**24.** 兵三平四　马1退2

25. 马五进三　车5平7　　　　**26.** 炮七平五　车3平6

27. 车二平五　炮6平8

红方平中车，意图吃中象进行强攻，但太过勉强。黑方平炮之后，不但化解了这种攻势，并且还向红方的右路展开反击，红方已处被动之中。这时红应后炮平七，车6平3，炮七平五，车7进1，兵四平五。红方弃子抢攻，虽然局势复杂，临场不易计算，但存在机会。

28. 马三退二　炮 1 进 5

红方退马造成失子。应车八退一，车 7 进 1，前炮平二，虽然仍处下风，但还能支持。

29. 相七进九　马 6 进 8　　　**30.** 马二进四　车 6 进 3

31. 前炮进四　将 5 平 6

先平将避开攻击，而不急于吃炮，十分稳重老练。

32. 仕六进五　象 3 进 5　　　**33.** 车五进二　马 8 进 6

34. 炮五平四　将 6 平 5　　　**35.** 炮四平五　将 5 平 6

36. 炮五平二　炮 8 进 5　　　**37.** 车八退一　炮 8 平 5

38. 炮二平五　车 7 平 6　　　**39.** 帅五平六　后车平 4

40. 帅六平五　车 4 平 5　　　**41.** 炮五进二　马 6 进 5

42. 帅五平六　车 5 平 4　　　**43.** 帅六平五　马 5 进 4

44. 仕五进六　车 6 进 1　　　**45.** 帅五进一　车 4 平 3

黑方胜。

（选自王德发负胡荣华的对局）

第89局　五七炮进三兵对反宫马

1. 炮二平五　马 2 进 3　　　**2.** 马二进三　炮 8 平 6

3. 车一平二　马 8 进 7　　　**4.** 兵三进一　卒 3 进 1

5. 马八进九　象 7 进 5　　　**6.** 车九进一　卒 1 进 1

进边路卒可以制马通车，是对付边马七路炮的一种变化。

7. 车九平四　士 6 进 5　　　**8.** 车四进三　车 1 进 3

9. 仕四进五　卒 9 进 1　　　**10.** 炮八平七　马 3 进 2

红方如车二进六，炮 2 进 1，车二进二，炮 2 退 2，车二退二，炮 2 进 2，双方不变，可以形成和局。

11. 车二进六　马 2 进 1

可炮 6 退 2，伺机而动，比较灵活。

12. 炮七退一　炮 6 退 2　　　**13.** 车四平八　炮 2 平 4

14. 炮五平六　卒 1 进 1　　　**15.** 车八退一　车 9 进 3

进车兑子过于求稳，不如卒9进1，兵一进一，车9进5，相七进五，卒7进1，兵三进一，卒1平2，黑方由此夺得优势。

16. 车二平一　马7进9　　　　**17.** 兵五进一　卒7进1

红方抢进中兵，不让黑方有进卒通车的机会，可以较好地控制局势。此时黑方可卒9进1，兵一进一，炮6平9，活跃左路子力。

18. 马三进二　卒5进1　　　　**19.** 兵五进一　卒7进1

20. 马二进一　车1平9　　　　**21.** 相七进五　车9平7

不如炮6平8，弃卒展开反击。如相五进三，炮8进9，仕五退四，车9平7，相三退五，车7进3，黑方占优。

22. 兵七进一　卒3进1　　　　**23.** 相五进七　卒7平6

24. 相七退五　炮4进3　　　　**25.** 车八平五　车7平2

平中车可防止黑炮平中路，又可掩护中兵前进，由此活通了左马的进路，一举多得。

26. 马九进七　车2进3　　　　**27.** 兵五进一　卒1平2

28. 炮六平七　卒2平3　　　　**29.** 马七进五　卒3平2

红方弃车弃马叫杀是妙手，为进攻开拓了新的道路。

30. 兵五进一　士5进6（图89）

如象3进5，马五进六，士5进4，车五进四，士4进5，前炮平六，红方有较强的攻势。

31. 车五平八　卒2进1

红方平车兑子，使胜局一去而不复返，真是可惜。应马五进四要杀，炮6进3，后炮进八，士4进5，炮七平八打车要杀，红方得车胜定。

32. 后炮进八　士4进5

33. 马五进六　炮6平3　　　　**34.** 马六进七　将5平6

35. 炮七进七　卒9进1　　　　**36.** 兵一进一　炮4平9

37. 炮七平八　炮9退4

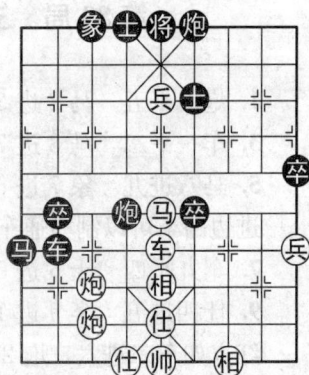

红方如炮七平九，炮9退4，马七退九，炮9进1，马九进七，

图89

马 1 退 2，炮九退三，炮 9 退 1，红方仍难取胜。

38. 马七退八　炮 9 进 1　　　　**39.** 兵五平四　士 5 进 6

40. 炮八退六

局势平稳，双方无力取势，和棋。

（选自王德发和刘殿中的对局）

第 90 局　五七炮进三兵对反宫马

1. 炮二平五　马 2 进 3　　　　**2.** 马二进三　炮 8 平 6

3. 车一平二　马 8 进 7　　　　**4.** 兵三进一　卒 3 进 1

5. 马八进九　象 7 进 5　　　　**6.** 炮八平七　车 1 平 2

7. 兵九进一　士 6 进 5

先进边兵，使左车待机而动。如车九平八，炮 2 进 4，兵七进一，卒 3 进 1，兵三进一，卒 7 进 1，车二进四，形成流行的布局形势。

8. 车九进一　炮 2 进 2　　　　**9.** 车九平八　卒 7 进 1

红方出左车，似笨实巧，可以取得多兵的先手。

10. 兵三进一　炮 2 平 7　　　　**11.** 车八进八　马 3 退 2

12. 炮五进四　马 2 进 3　　　　**13.** 炮五退一　炮 7 进 2

14. 相三进五　车 9 平 8

兑车是当务之急。如被红方走成车二进六，黑方全局受制。

15. 车二进九　马 7 退 8　　　　**16.** 炮七进三　马 3 进 5

17. 炮七平六　马 8 进 9　　　　**18.** 兵五进一　马 9 进 7

19. 马三进五　炮 6 进 4

进炮可以阻击红马，并可伺机打兵争先，好着。

20. 马五进七　炮 6 平 9　　　　**21.** 马七进六　马 7 进 6

22. 仕六进五　将 5 平 6　　　　**23.** 炮五平四　炮 7 退 3

24. 炮四进一　士 5 进 4　　　　**25.** 炮六平四　将 6 平 5

26. 兵五进一（图 90）　炮 9 进 3

黑方中马已陷入被捉死的危机。在这看上去生还无望的紧急时

刻，黑方巧妙利用双炮马的反击，终
于从外围杀开一条血路，救出了中
马，使局势化险为夷。

27. 相五退三　　马6退8
28. 后炮平一　　马5进7

红方只好平炮打边卒。如兵五进
一，炮7平5，相七进五，马8退6。
红方丢失中兵，不占便宜。

29. 相七进五　　马8进7
30. 马六进四　　将5进1
31. 马四进二　　后马退9
32. 马二退三　　马7进5
33. 炮四进一　　马9进7
34. 兵五平四　　马5进7
35. 帅五平六　　后马进6
36. 马九进八　　马6退4
37. 兵四平五　　马7退6
38. 马八进六　　象5进3
39. 炮四平五　　马6进8
40. 帅六进一　　马8进7
41. 马三退四　　炮9退1
42. 仕五进六　　马4进6
43. 兵五平四　　马7退6
44. 炮五退四　　前马进8
45. 仕六退五　　马8退7

红方应仕四进五，马8退7，帅六退一，仍占优势。

46. 仕五进四　　马6退4
47. 马六进四　　将5平6
48. 前马进六　　象3退5
49. 兵四进一　　马7进5

红方以为进兵弃炮之后，可以马六进七，将6退1，兵四进
一，形成杀势，而忘记了失去中炮对中路已失去控制，黑方可以平
中将防守，并没有胜机。此时应炮六平八，仍是对攻的形势。

50. 马四进三　　将6平5
51. 兵四进一　　马5进6
52. 帅六平五　　马6退8

双马炮围攻九宫，红方子力又难于防守，形势危险之极。

53. 帅五退一　　马8退6
54. 帅五进一　　马6退8
55. 帅五平四　　马8进7
56. 帅四进一　　马7进5
57. 帅四退一　　马5退4
58. 帅四退一　　后马进6

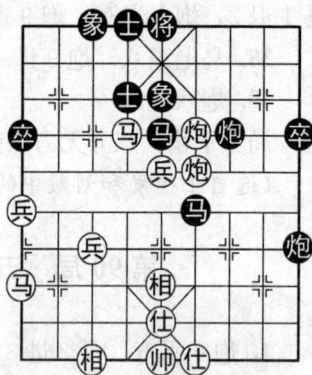
图90

由于红方在攻杀中发生了失算，导致了不可收拾的局面，黑方终于反败为胜。

（选自付光明负陆健洪的对局）

第91局 五七炮进三兵对反宫马

1. 炮二平五	马2进3	2. 马二进三	炮8平6
3. 车一平二	马8进7	4. 兵三进一	卒3进1
5. 马八进九	象7进5	6. 炮八平七	车1平2
7. 车九平八	炮2进4	8. 兵九进一	士6进5
9. 兵五进一	卒9进1	10. 车八进一	车9平7

平车7路稳健。更为积极的是卒9进1，兑卒后开出左车。

11. 车二进六 炮2退3

12. 兵七进一（图91）卒7进1

双方激烈对攻，变化复杂。此时黑方冲7卒打车，导致右路受制约，局势失利，不如卒3进1。红方如炮七进五，炮6平3，虽然右路车炮被牵制，但有过河一卒的便宜，足可对抗下去。

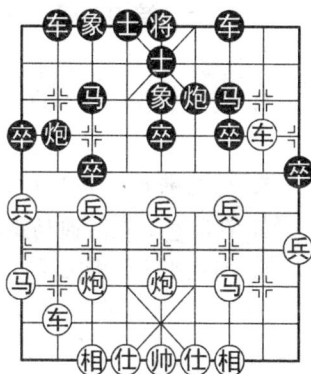

图 91

13. 车二退三	卒7进1		
14. 兵七进一	马7进6		
15. 车二平六	卒7进1	16. 马三退一	卒7平6
17. 兵七进一	卒6平5	18. 车六进二	马6进7
19. 炮五平三	马7退5	20. 炮七进五	炮6平3
21. 兵七平八	马5退3		

退马防止红方冲兵，但反攻机会减少，效果不好，不如卒5平6，也许还会有一定机会。

22. 仕六进五	炮3进7	23. 马九退七	炮3平1
24. 兵八进一	炮1退3	25. 兵八进一	车2平1

26. 马七进八　马3进1　　　**27.** 车八平九　马1进3

28. 车六退一　炮1退2　　　**29.** 马八进九　卒1进1

30. 车六平七　前卒平4　　　**31.** 车七退一　车7进7

进车吃炮无可奈何，因红方有炮三平九打死车的手段，黑方无法应付。

32. 车七平六　车7退3　　　**33.** 马一进二　车7平3

34. 车六进三　车1进2　　　**35.** 车九平八　车3进2

36. 马二进一　车3平9　　　**37.** 马一进三　车9平5

38. 车八进五　车1平3　　　**39.** 车六平七

红方双车马兵攻势扩大，黑方无力阻挡，红方胜。

（选自龚晓民胜王从祥的对局）

第92局　五七炮进三兵对反宫马

1. 炮二平五　马2进3　　　**2.** 马二进三　炮8平6

3. 车一平二　马8进7　　　**4.** 兵三进一　象3进5

5. 马八进九　卒1进1

如卒3进1先活通马路，局面灵活。

6. 炮八平七　炮2平1

如车1平2，车九平八，炮2进4，兵七进一，黑方双马受制，红方占优。

7. 车九平八　士4进5

8. 车二进六　车1平4

9. 车二平三　车9进2（图92）

10. 兵三进一　车4进5

红方进兵加强攻力，由此扩大了攻势。此时黑方如车4进4捉兵，马三进四，车4平7，车三退一，象5进7，马四进五，红方大占优势。

11. 车三平四　车9平8

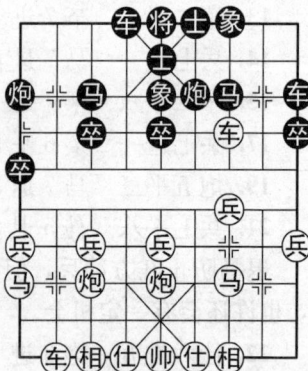

图92

12. 兵三进一　马 7 退 8　　　　**13.** 车四退二　车 4 进 2

红方退车兑车，可以对右路加强控制，进一步加强攻势。

14. 炮七进四　车 8 进 4　　　　**15.** 车四平三　车 4 退 4

16. 炮五平七　炮 1 进 4　　　　**17.** 车八进三　炮 1 退 1

18. 相七进五　车 8 退 2　　　　**19.** 兵三进一　炮 6 进 6

20. 兵三进一　炮 6 平 7　　　　**21.** 车三平二　车 8 进 1

22. 马三进二　马 8 进 7　　　　**23.** 兵三平四　车 4 进 2

24. 马二进三　象 5 进 7　　　　**25.** 车八进四　车 4 退 3

26. 兵七进一　炮 1 进 1

红方进七路兵，力图阻挡黑炮左移，由此形成胜势。

27. 兵七进一　马 3 退 4　　　　**28.** 车八进二　车 4 平 3

29. 仕六进五　象 7 进 9　　　　**30.** 马九进七　炮 7 退 5

31. 前炮平三　车 3 退 1　　　　**32.** 马七进八　车 3 进 3

33. 马八退九　车 3 进 2　　　　**34.** 炮三平二　车 3 平 1

35. 炮七进七　马 4 进 5　　　　**36.** 炮七退二

红方攻势猛烈，黑方无力防守，红方胜。

（选自吕钦胜曹霖的对局）

第93局　五七炮进三兵对反宫马

1. 炮二平五　马 2 进 3　　　　**2.** 马二进三　炮 8 平 6

3. 兵七进一　马 8 进 7

如卒 7 进 1，车一进一，形成另一种变化。

4. 炮八平七　象 3 进 5　　　　**5.** 兵三进一　车 9 平 8

6. 炮七进四　炮 2 进 3

以往多走车一平二兑车，运炮打卒是创新走法。此刻黑方进 2 路炮打兵，效果并不理想，不如车 8 进 4。车一平二，车 8 平 2，马八进七，士 4 进 5，黑方足可应付。

7. 相三进一　炮 2 进 2　　　　**8.** 马八进七　炮 2 平 5

9. 相七进五　卒 7 进 1

进7路卒兑兵使红方左车抢先开出，造成被动。不如车1平2
先开出主力。

10. 兵三进一	象5进7		**11.** 车九平八	士4进5
12. 马三进四	象7进5		**13.** 马四进六	车1平4
14. 马六进八	车4进1		**15.** 车一进一	士5退4
16. 车一平四	士6进5		**17.** 仕六进五	象7退9

红方上左仕过于求稳，使黑方可以调整子力，从容应付。不如
马八进七紧凑有力，将5平6（又如马3退1，车八进八，马1进
2，车八退二，车4平3，炮七平九，红占优势），车八进七，车4
进3，车四进五，车4平6，马七进六，红方占优势。

18. 车八平六	车4进8		**19.** 仕五退六	车8进4
20. 车四进五	将5平6		**21.** 马七进六	车8平4
22. 车四平三	车4进1			
23. 车三进一	车4退2			
24. 兵七进一	卒5进1			
25. 车三平一	车4平5（图93）			
26. 马八退七	象5进3			

红方退马河口失去争先机会。应
马八进七，卒9进1，马七退五，车5
退1，车一进二，将6进1，炮七平
四，炮6平9，兵七进一，马3退2，
炮四平九。红方虽然少一子，但多兵
有攻势，还有较多的机会。

图93

27. 炮七平一	卒5进1		**28.** 兵五进一	车5进2
29. 相一进三	炮6平5		**30.** 仕六进五	车5平3
31. 车一平五	象3退5		**32.** 相五进七	马3进2
33. 兵九进一	马2进3			

和棋。

（选自李来群和吕钦的对局）

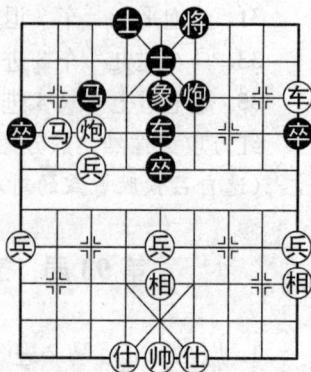

第94局　五七炮进三兵对反宫马

1. 炮二平五　马2进3　　　　2. 马二进三　炮8平6
3. 兵三进一　卒3进1　　　　4. 车一平二　马8进7
5. 马八进九　象7进5　　　　6. 车九进一　卒1进1
7. 炮八平七　士6进5　　　　8. 车九平八　炮2平1

红方起横车之后，又平车捉炮，容易造成失先的局势。

9. 车八进三　炮1进4

红方开局走得比较平稳。以上可以采取兵七进一，卒3进1，兵三进一，卒7进1，车二进四，弃兵抢攻，积极进攻，机会多一些。

10. 车二进六　车9平8　　　11. 车二进三　马7退8
12. 车八平六　车1平2　　　13. 炮七平六　马8进6
14. 仕四进五　车2进4　　　15. 车六平四　马6进8
16. 炮六进四　车2退1　　　17. 炮六平三　卒5进1
18. 炮五进三　将5平6　　　19. 炮三进二　车2平7
20. 炮三平二　马8进6
21. 炮五平四　马3进4（图94）

黑方跃马踏车是夺先的好着，迫使红车离开河口要道。黑方由此扩大了先手。

22. 车四退二　炮6进2
23. 车四进三　车7进2
24. 兵五进一　车7进2
25. 相三进五　车7退4

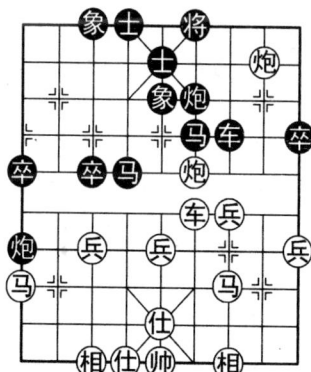

图94

红方不如兵五进一，吃还一子，虽然局势落后，但还可支持一阵。

26. 炮二退六　将6平5　　　27. 炮二平四　车7平8
28. 兵五进一　马4进5　　　29. 车四退一　马5进7
30. 车四进一　车8进6　　　31. 炮四退二　马7进6

32. 仕五退四　马6退8	33. 兵一进一　马8进7
34. 兵五平六　车8退4	35. 兵六平七　卒1进1
36. 前兵进一　车8平9	37. 兵七平六　卒1平2
38. 仕六进五　卒2进1	39. 车四平八　马7进8
40. 仕五进六　马8进7	41. 帅五平六　车9平4
42. 仕四进五　炮1平3	43. 马九退七　炮3平4
44. 马七进六　车4进1	45. 车八退一　卒9进1
46. 兵六平五　卒2平3	47. 车八平七　马7退6
48. 帅六平五　马6退4	49. 兵五平四　卒9进1

黑方胜。

（选自吕钦负李艾东的对局）

第95局　五七炮进三兵对反宫马

1. 炮二平五　马2进3	2. 马二进三　炮8平6
3. 兵三进一　马8进7	

如卒3进1，马八进九，象7进5，炮八平七，车1平2，车一平二，马8进7，形成流行的布局。黑方此时先上马，有意避开流行走法。

4. 兵七进一　车9平8	5. 炮八平七　象3进5
6. 炮七进四　车8进4	

红方先走马八进九，比较平稳。

7. 炮七平三　士4进5	8. 车一平二　车8平6
9. 马八进七　车1平4	10. 仕四进五　车4进6
11. 马三进二　车4平3	12. 车九进二　马3进2
13. 炮五平三　马2进4	14. 相三进五　炮2平3
15. 车九平八　卒1进1	

如马4进3，炮三平九，车3平1，车八进七，士5退4，炮九进三。红方弃子之后有较强攻势。

| 16. 兵三进一　车6平7 | 17. 车二平四　象7进9 |

上边象使局势出现弱点，不如马7退9。又如马4进3，炮三进三，象5退7，车八进七，士5退4，车四进七，炮3平5，炮三进五，炮5进4，帅五平四，士6进5，马二进一，车7平8，车四进一，车8进5，炮三退七，局势复杂，红方略占优势。

18. 车四进六　马4进3

20. 马二进三（图95）　**车3平5**

红方进马三路过急，不如炮三平七打马，红方优势。此时黑方平中车不起多大作用，应象9进7，炮三平七，车3进1，车八平七，炮3进5，车四进一，车4退1，车四平三，车4平5，兑子之后大体形成和势。

21. 炮三进五　象9退7

22. 兵七进一　车4平3

不如车4退4。虽然仍在下风，但还有对抗机会。

23. 车八进七　炮3退2

25. 马三进二　车3退1

退车捉炮造成败势。如炮6退1，炮五平九，炮6平7，炮九进三，士5退4，车八退一。红方虽有强烈攻势，但黑方还可应付一阵。

19. 前炮平五　车7平4

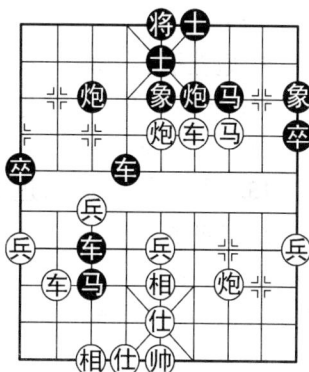

图95

24. 炮三平五　象7进5

26. 炮五退一　车5退2

27. 车四平七　车5平8

28. 车七进三　象5退3

29. 车八平七　士5退4

30. 马二退四　将5进1

31. 车七退一　将5进1

32. 车七退一

红方车马炮大举进攻，终于获胜。

（选自卜凤波胜林宏敏的对局）

第96局　五七炮进三兵对反宫马

1. 炮二平五　马2进3

2. 马二进三　炮8平6

3. 兵三进一　马8进7　　　　4. 马八进九　车9平8

5. 炮八平七　象3进5　　　　6. 车九平八　炮2平1

7. 兵七进一　士4进5　　　　8. 炮七进四　车1平4

红方炮打3卒是一种变化。也可车一平二兑车，车8进9，马三退二，车1平2，车八进九，马3退2，炮五进四。红方取得中卒，比较好走。

9. 炮五平七　车8进4　　　　10. 车一平二　车8平4

11. 仕四进五　卒7进1　　　　12. 车二进四　炮1进4

13. 马九进七　马7进6　　　　14. 兵七进一　前车进1

15. 兵五进一　卒7进1

红方如兵三进一，马6进5，车二平六，车4进5，马三进五，炮1平5，相七进五，车4平7，帅五平四，车7退1，马七进六，炮5平8，各有千秋。

16. 车二平三　马6进5　　　　17. 马三进五　炮1平5

18. 相七进五　卒5进1　　　　19. 兵七平六　前车进1

20. 马七进八　后车进4

进车吃兵弃子，无可奈何。

21. 后炮进五　炮6进2　　　　22. 马八进九　将5平4

23. 帅五平四　卒5进1　　　　24. 车三平五　炮6退3

25. 车五退一　前车平5

26. 车八进九　将4进1（图96）

27. 车八平九　车5平2

红方平车败着，使局势一落万丈，应车八退三，加强控制，仍有攻势。

28. 马九进八　将4退1

29. 后炮退四　车4平3

30. 前炮进一　士5进6

31. 帅四平五　象5退3

32. 车九退三　车3进3

33. 车九平六　将4平5　　　　34. 炮七退四　车2退6

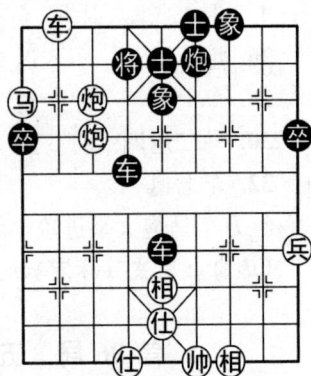

图96

黑方胜。

（选自艾保宏负张平的对局）

第97局　五七炮进三兵对反宫马

1. 炮二平五　马2进3　　　　2. 马二进三　炮8平6
3. 兵三进一　马8进7　　　　4. 马八进九　象7进5
5. 炮八平七　车1平2　　　　6. 车九平八　车9平8
7. 车八进四　士4进5

如兵七进一，炮2进4，车一平二，车8进9，马三退二，炮2平3，车八平九，形成对抢先手的局势。

8. 车一平二　车8进9　　　　9. 马三退二　卒3进1
10. 兵九进一　炮6进2

如炮2平1，车八进五，马3退2，炮五进四，炮6进4，炮五平六，双方相互制约，红方较好。

11. 车八平四　炮6平8　　　　12. 炮五平三　炮2平1
13. 相三进五　卒1进1　　　　14. 马二进四　卒1进1

如兵三进一，马3进4抢先捉车，7路马有炮保护，红方白失一兵。

15. 车四平九　车2进8
16. 仕四进五（图97）　炮1进5

黑炮打马交换，使左马失去保护，容易受到威胁，不如马3进2等待机会。

17. 车九退二　炮8平4

平炮4路没有多大用处，不如走马7退9先避一手，尚可坚持下去。

18. 兵三进一　象5进7
19. 兵七进一　车2退4
20. 车九进七　士5退4

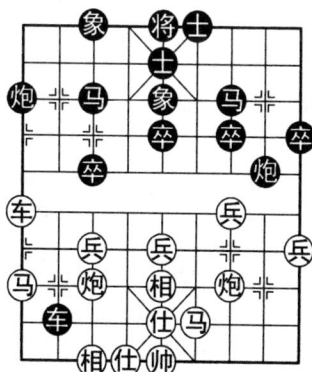

图97

21. 车九平七　马7退5

22. 车七退一　炮 4 平 6　　　23. 车七平六　象 7 退 5

24. 马四进三　炮 6 退 3　　　25. 车六退一　象 5 进 7

26. 车六平四

红方借黑方双象分散之机，进车攻击，黑方形势大乱，终于失守，红胜。

（选自杨德歧胜甘奕祜的对局）

第98局　　五七炮进三兵对反宫马

1. 炮二平五　马 2 进 3　　　2. 马二进三　炮 8 平 6

3. 兵三进一　马 8 进 7　　　4. 马八进九　车 9 平 8

5. 炮八平七　车 1 平 2　　　6. 车九平八　炮 2 进 4

7. 兵七进一　车 8 进 4　　　8. 车一平二　车 8 平 4

9. 车二进六　炮 6 平 4　　　10. 车二平三　象 3 进 5

11. 仕六进五　炮 2 退 3　　　12. 车三平四　士 4 进 5

13. 车八进三　卒 3 进 1

进车兵行线稳健，可以保持三路兵的优势，为进入中残局保存实力。以往多走炮五平四，形成另一路变化。

14. 车四退二　炮 2 平 3　　　15. 车八进六　马 3 退 2

16. 兵九进一　炮 3 进 2

红方挺边兵开通马路，使各子处于活跃状态，有利于攻守。如兵七进一，车 4 平 3，炮七进四，车 3 进 5，仕五退六，车 3 退 6，红方不理想。

17. 马九进八　车 4 退 1　　　18. 炮七进三　炮 3 平 1

19. 马八退九　卒 1 进 1　　　20. 炮七退四　马 2 进 3

21. 车四平七（图98）　马 3 退 1

黑方退马仍然没有好的去处，不如马 3 进 1，可控制红车的攻击，然后再伺机采取攻守，比较稳妥。

22. 车七进一　车 4 进 2

红方强行进车捉卒，并有力地控制要道，佳着。黑方如车 4 进

5 兑车，仕五退六，象 5 进 3，兵三
进一，黑方左马受制。

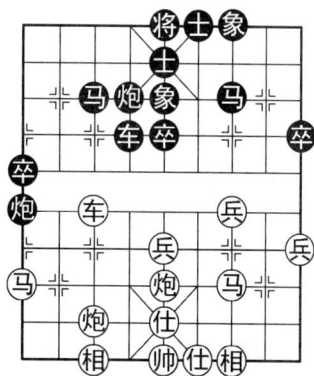

图 98

23. 车七平九	马 1 退 3
24. 相三进一	炮 4 平 2
25. 车九平八	炮 1 退 4
26. 车八退一	车 4 退 2
27. 马三进四	炮 1 平 2
28. 车八平七	马 3 进 4
29. 炮五平六	前炮进 5
30. 炮六进五	车 4 退 1
31. 车七平八	前炮平 8
33. 兵三进一	马 8 进 9
35. 相七进九	车 4 平 3

32. 车八进四	马 7 进 8
34. 车八退六	炮 8 平 1
36. 炮七进三	

红方以多子取得胜局。

（选自孙志伟胜董旭彬的对局）

第 99 局　　五七炮进三兵对反宫马

1. 炮二平五 马 2 进 3	**2.** 马二进三 炮 8 平 6
3. 兵三进一 马 8 进 7	**4.** 炮八平七 车 9 平 8
5. 马八进九 车 1 平 2	**6.** 车九平八 炮 2 进 4
7. 兵七进一 车 8 进 4	**8.** 车一平二 车 8 平 4
9. 车二进六 炮 6 平 4	**10.** 仕六进五 象 3 进 5
11. 车二平三 炮 2 退 3	**12.** 车三平四 士 4 进 5
13. 兵五进一 马 3 退 1	

红方冲中兵展开攻势是新变化。如炮五平四，卒 1 进 1，车四
退三，马 3 退 1，兵五进一，炮 4 平 2，车八平九，马 1 退 3，相七
进五，马 3 进 4，炮七平六，车 4 平 2，车四平六，马 4 退 3，马九
退七，前炮平 1，车九平七，马 7 进 8，形成相持局势。

14. 车八进三 卒 3 进 1	**15.** 兵五进一 车 4 平 5

16. 车四进二　炮4退1

17. 车四退四　炮4平2（图99）

18. 车八平六　车2平4

红方不如车八平五兑车，车5进

2，马三进五，红方满意。

19. 车四平六　车4进5

20. 车六进一　后炮进1

21. 车六进四　马1退3

22. 车六退二　前炮进2

23. 兵三进一　车5平7

图 99

红方如兵七进一，车5平3，马三进五，马7进6，黑方好走。

24. 车六平八　卒3进1	25. 马三进五　后炮平4
26. 马五进七　炮2退1	27. 马九进七　炮2平3
28. 后马进五　车7进1	29. 马七退五　炮3平7
30. 相三进一　车7平6	31. 前马进七　车6进1
32. 炮七进七　车6平5	33. 炮七平九　象5进3

红方弃子抢攻，但未能突破黑方阵地，导致局势难以收拾。

34. 车八进三　炮4退2	35. 车八退四　炮4进4
36. 车八进四　炮4退4	37. 车八退四　炮4进4
38. 车八进四　炮4退4	39. 车八退二　炮4进2

红方少子，黑方已成胜势。

（选自阎文清负杨德歧的对局）

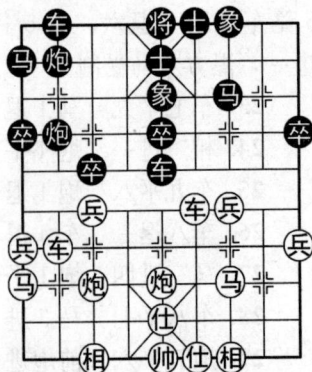

第100局　五七炮进三兵对反宫马

1. 炮二平五　马2进3	2. 马二进三　炮8平6
3. 车一平二　马8进7	4. 兵三进一　卒3进1
5. 马八进九　象3进5	6. 炮八平七　车1平2
7. 车九平八　车9进1	8. 车八进四　车9平4
9. 仕四进五　士4进5	10. 兵九进一　炮2平1

11. 车八平四　车4进5

进车兵路争取主动。如车4进7，炮五平六，马3进2，车四平八，炮6进2，兵五进一，炮1平2，车八平六，车4平2，炮六平四，马2退3，车六退一，卒7进1，兵三进一，象5进7，马三进二，象7退5，炮四平三，车2退4，炮三进四，红方先手。

12. 炮五平六　卒7进1　　　**13.** 兵三进一　象5进7

14. 车四平三　象7进5

如车二进六，炮6平4，红方不占好处。

15. 车二进六　炮6退1　　　**16.** 兵七进一　马3进2

17. 兵七进一　马2进1　　　**18.** 炮七退一　车2进8

19. 相三进五　炮6平7　　　**20.** 兵七进一　马7进6

21. 车二平三　炮7退1　　　**22.** 兵七进一　卒1进1

在少卒的情况下，为了争取机会，再度弃卒，企图在复杂的变化中取得进展，但代价太大，不如车4退1，车三平六，马6进4，子力较为活跃。

23. 兵九进一　马1进3　　　**24.** 兵九平八　马6进4

25. 炮六进二　马3退4　　　**26.** 马三进四　车4进2

如车4平1，马四进六，马4退2，马六进四，士5进6，兵七平六，红方可乘机弃子强行进攻，黑方得不到便宜。

27. 马四进五　马4进5

如马4退5，马九进七，红方有捉双车的先手，较为占优。

28. 炮七进三　车2退1（图100）

29. 后车平四　马5进7

红方平车四路，力求摆脱受制地位，反而遭到黑马反击。不如车三退二，牵住黑方车马，以下如马5进3，车三平八，车4退1，帅五平四，车4平2，炮七平五，红方多兵占优。

30. 帅五平四　车2平8

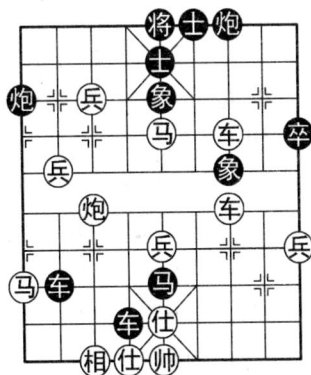

图100

被迫出帅，无奈之举。如车四退三，车 2 平 8，车三平四，车 8 进 2，仕五退四，车 8 平 6，黑胜。

31. 炮七平五　车 8 进 2　　　　**32.** 帅四进一　炮 7 平 8

33. 车三退一　炮 8 进 8

红方退车防止攻杀是必应的着法。

34. 帅四进一　炮 8 平 9　　　　**35.** 车三退四　车 8 退 2

36. 车三进一　车 8 平 7　　　　**37.** 帅四退一　车 7 进 1

38. 帅四退一　车 7 进 1　　　　**39.** 帅四进一　车 4 退 4

40. 马五进三　将 5 平 4　　　　**41.** 炮五平六　将 4 平 5

42. 炮六平五　将 5 平 4　　　　**43.** 车四进一　车 4 退 1

黑方胜。

（选自吕钦负胡荣华的对局）

第 101 局　五七炮进三兵对反宫马

1. 炮二平五　马 2 进 3　　　　**2.** 马二进三　炮 8 平 6

3. 兵七进一　马 8 进 7　　　　**4.** 炮八平七　象 3 进 5

5. 兵三进一　车 9 平 8　　　　**6.** 车一平二　车 8 进 9

7. 马三退二　炮 2 进 3

如炮 2 进 6，炮五平三，马 7 退 8，相七进五，车 1 平 2，马八进六，马 8 进 9，兵一进一，红方先手。

8. 炮五平三　炮 2 平 7　　　　**9.** 相三进五　炮 7 退 1

10. 车九进一　车 1 平 2　　　　**11.** 马八进九　车 2 进 6

12. 车九平四　士 4 进 5

不如炮七进一阻挡车道，比以后再进车保中兵紧凑。

13. 车四进二　马 7 退 8　　　　**14.** 兵一进一　马 8 进 9

15. 兵九进一　卒 5 进 1

如马二进一，车 2 平 4，下一步伏下车 4 退 1 的手段，红方没好处。

16. 炮七进一　卒 3 进 1　　　　**17.** 兵七进一　炮 7 平 3

18. 炮七进四　炮 6 平 3　　　　**19.** 车四进三　后炮平 4

20. 马二进四　卒 9 进 1　　　　**21.** 车四平七　士 5 退 4

22. 炮三进七　象 5 退 7　　　　**23.** 车七退一　卒 9 进 1

24. 车七平五　士 6 进 5　　　　**25.** 车五退一　卒 9 进 1

进边卒好着。如车 2 退 2，车五平一，卒 1 进 1，兵九进一，车 2 平 1，马九进七，红方优势。

26. 马九进八　卒 9 平 8　　　　**27.** 马四进六　车 2 进 1

28. 仕四进五　卒 8 平 7

红方应仕六进五，防守比较灵活，仍有较多变化。

29. 马八进九　车 2 退 4　　　　**30.** 兵九进一　卒 7 平 6

31. 马六进七　车 2 平 6　　　　**32.** 车五进一　卒 6 平 5

平卒兑中兵必然。如让红方走成兵五进一，以后有进兵的机会，黑方形势不利。

33. 马七退五　将 5 平 6

出将佳着，可以限制红方车马的活动，有利于防守。

34. 马九退七　炮 4 平 5

35. 马五进六　马 9 退 7（图 101）

黑方退马 7 路，加强了防守力量，红方虽然车兵双马已进入黑方阵地，但很难突破黑方的城池。

36. 兵九平八　卒 7 进 1

37. 马七进八　卒 7 进 1

38. 兵八平七　卒 7 进 1

39. 车五退一　车 6 退 1

40. 马八退六　车 6 进 4

41. 马六进七　卒 7 进 1

双方各难进取，和棋。

（选自徐天红和胡荣华的对局）

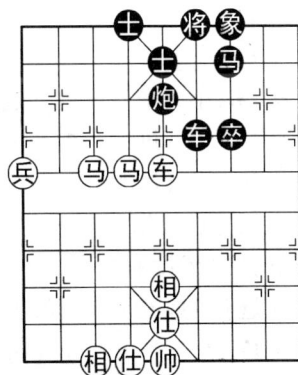

图 101

42. 马七退五　马 7 进 5

第 102 局　五七炮进三兵对反宫马

1. 炮二平五　马 2 进 3　　　　**2.** 马二进三　炮 8 平 6

3. 兵三进一　马 8 进 7

如卒 3 进 1，炮八平七，象 7 进 5，马八进九，车 1 平 2，车九平八，炮 2 进 4，车一进一，马 8 进 7，车一平七，车 9 平 8，兵七进一，炮 2 平 3，车八进九，炮 3 进 2，车八退九，炮 3 退 3，炮五平六，车 8 进 4，相七进五，卒 7 进 1，黑方弃子得势。

4. 炮八平七　车 9 进 1　　　　**5.** 马八进九　象 3 进 5

6. 车九平八　车 1 平 2　　　　**7.** 车八进四　车 9 平 4

8. 仕四进五　卒 3 进 1　　　　**9.** 车一平二　士 4 进 5

10. 车二进六　卒 3 进 1

红方以往多兵九进一。车二进六可以加快攻击速度，迫使黑方防守，红方可以乘机寻求机会。

11. 车八平七　马 3 进 2　　　　**12.** 炮七退一　马 2 进 1

13. 车七平八　车 4 退 1

14. 车二平三　炮 6 进 2

15. 车八进二　炮 6 平 1（图 102）

16. 炮五进四　马 7 进 5

红方已经取得了一定的主动，此时炮打中卒没有好处。应马三进四，车 4 进 8，炮五平三，红方先手。

17. 车三平五　车 4 进 8

进车力图通过兑子化解红方的攻势，是黑方力争不败的紧要之着。

18. 车八退三　炮 1 进 3

20. 车五平九　车 2 平 4

图 102

19. 相七进九　车 4 平 3

平车还子好着。如车 3 退 1，马三进四，车 3 平 1，车九平八，黑方受制失势。

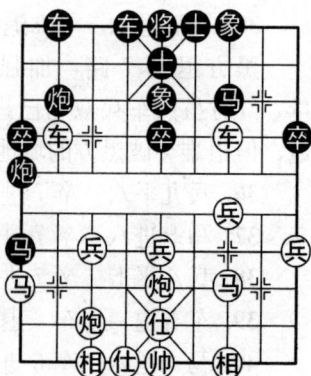

21. 车八进四　车3退2

进车吃炮不如退九路车吃马有利。

22. 车八退一　马1进3　　　　**23.** 车八平七　象5进3

红方难取势，和棋。

（选自尚威和阎玉锁的对局）

第 103 局　五七炮进三兵对反宫马

1. 炮二平五　马2进3　　　　**2.** 马二进三　炮8平6

3. 兵三进一　马8进7　　　　**4.** 车一平二　卒3进1

5. 马八进九　象3进5　　　　**6.** 炮八平七　车1平2

7. 车九平八　炮2进4　　　　**8.** 车二进六　车9平8

9. 车二进三　马7退8

红方兑车稳健。如车二平三，车8进2，炮五进四，马3进5，车三平五，炮6进4，车五退二，炮6平7，相三进五，士6进5，黑方满意。

10. 车八进一　士4进5　　　　**11.** 车八平二　马8进9

不如车八平四，道路畅通。

12. 兵九进一　炮2平1　　　　**13.** 炮五平六　卒9进1

14. 相三进五　车2平4　　　　**15.** 仕四进五　车4进5

16. 车二平四　车4平1　　　　**17.** 车四进四　炮1平2

18. 车四平一　炮2退2　　　　**19.** 车一退一　卒1进1

车炮卒应法严谨，颇有功力，在微妙的应对中化解了红方的先手。

20. 兵三进一　卒7进1　　　　**21.** 兵七进一　卒3进1

22. 相五进七　马9进8　　　　**23.** 相七退五　车1平9

24. 兵一进一　马3进4　　　　**25.** 炮六进二　炮2进3

26. 炮七平六　马4退3　　　　**27.** 马九进八　卒7进1

如马三进四，卒7进1，马四退六，炮2退1，相五进三，炮2平5，相三退五，卒1进1，红方局势仍然不好。

28. 马八退六　炮 2 平 3　　　29. 马六进八　炮 3 平 2

30. 兵五进一　卒 7 进 1　　　31. 马三进五　卒 7 平 6

32. 马五进七　马 3 进 2　　　33. 前炮进一　卒 1 进 1

34. 马七退八　卒 1 平 2　　　35. 马八进六　马 8 退 6

36. 马六进八　马 6 进 5　　　37. 兵一进一　马 2 进 4

38. 相五进七　马 5 退 7　　　39. 后炮进一　卒 6 平 5

红方如马八进七，马 7 进 8，后炮退一，马 4 退 6，前炮退二，卒 6 进 1，黑方占优。

40. 马八退七　马 7 进 6（图 103）

41. 马七进五　马 6 进 7

此时如马七进六吃马，马 6 进 7，帅五平四，卒 5 平 4，炮六退二，马 7 退 6，马六进四，马 6 进 5，马四进二，马 5 退 4，马二进四，士 5 进 6。黑方有胜机。

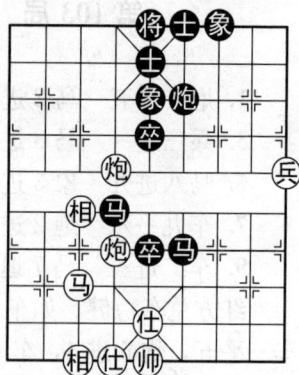

图 103

42. 马五退四　马 4 退 6　　　43. 后炮退二　马 6 进 5

44. 仕五进六　马 5 进 6　　　45. 后炮平三　马 6 退 4

46. 帅五平四　马 4 退 3

马炮卒有攻势。红方仕相不全，很难抵挡黑方进攻。

47. 相七进五　马 3 退 5　　　48. 炮三平五　马 5 进 6

49. 炮五平四　马 6 退 4　　　50. 帅四平五　马 4 进 5

51. 仕六进五　炮 6 进 3　　　52. 炮六退三　炮 6 平 5

53. 兵一进一　卒 5 进 1　　　54. 兵一平二　马 5 退 7

55. 帅五平四　炮 5 平 6　　　56. 炮四平三　卒 5 进 1

57. 兵二平三　马 7 进 5　　　58. 炮六退一　卒 5 进 1

59. 帅四平五　卒 5 平 4　　　60. 炮三平四　炮 6 平 5

61. 帅五平四　马 5 退 6

黑方胜。

（选自卜凤波负于幼华的对局）

第104局　五七炮进三兵对反宫马

1. 炮二平五　马2进3　　　　**2.** 马二进三　炮8平6

3. 兵三进一　卒3进1　　　　**4.** 马八进九　车9进1

5. 车一进一　象3进5

不如车9平4更有利于控制局势。

6. 车一平四　士4进5

以往多走炮6平7，保持左车右移的机会。此时上士阻碍左车的出动，黑方另有计谋。是否能够抗争，还要看以后的效果。

7. 炮八平七　卒7进1

8. 车九平八　车1平2 (图104)

如炮2平1，兵三进一，车9平7，车四进四，红方占优势。

9. 兵七进一　卒3进1

如兵三进一，车9平7，兵三平二，车7进5，黑方乘势进车压马，并有平炮打马的先手，红方反而吃亏。红方意识到这一结果，订出了一个可行的计划，乘黑方左路车马难以

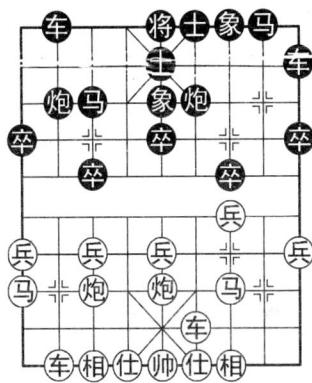

图104

发挥作用之时，尽力从左路先行发动攻势，不怕7路卒过河，以先下手为强之力，取得了战略上的成功，夺得了优势。

10. 炮七进五　炮6平3

红方以炮换马使黑方右车失根，是夺先的重要之着，为以后的攻击创造了条件。如车四进三，卒3平2，车八进四，马3进4，黑马捉双车。

11. 车四进三　卒7进1　　　**12.** 车四平七　车2平3

平3路车无奈。如炮3退2，炮五进四，炮3平4，车七平三，黑方仍处于劣势。

13. 仕六进五　炮2退2

可炮五进四，马8进7，炮五退一，马7进5，相七进五，抢先夺得胜势。

14. 车八进七　马8进7

弃子企图缓解局势，顽强对抗。如炮3进2，炮五进四，将5平4，车七平三，黑方快速失守。

15. 车七进三	**车3进2**		**16. 车八平七**	**卒7进1**
17. 马三退二	**炮2进4**		**18. 马九进七**	**炮2平7**
19. 相三进一	**车9平8**		**20. 马七进六**	**马7进6**

红方跃马六路，加快攻击，佳着。如马二进四力求保住右马，卒7平6后形成对攻，红方并不合适。此时黑方如车8进8吃马，马六进八，炮7平3，车七平九，红方攻势强大，黑方难防守。

21. 马六进八	**炮7退3**		**22. 炮五进四**	**将5平4**
23. 车七退四	**士5进4**		**24. 兵五进一**	**车8进8**

红方急进中兵，抓紧时机展开攻击。

25. 兵五进一	**马6退7**		**26. 炮五平六**	**将4平5**
27. 马八进六	**将5进1**		**28. 炮六平三**	**炮7平6**
29. 炮三进三	**车8退8**		**30. 炮三退六**	**车8进5**
31. 炮三平五	**炮6平9**		**32. 马六进七**	**将5退1**
33. 马七退六	**将5进1**		**34. 马六进七**	**将5退1**
35. 马七退八	**车8退3**		**36. 兵五平六**	**将5平4**
37. 车七进四	**士6进5**		**38. 车七平五**	

红方快速攻击，取得胜局。

（选自刘殿中胜于幼华的对局）

第 105 局　　五七炮进三兵对反宫马

1. 炮二平五	**马2进3**		**2. 马二进三**	**炮8平6**
3. 车一平二	**马8进7**		**4. 兵三进一**	**车9进1**
5. 马八进九	**车9平4**			

红方也可兵七进一，形成另一路变化。

6. 车二进六　　车 4 进 4

红方可炮八平七，迅速调动左路子力，比较有利于控制局势。

7. 相三进一　　炮 6 平 4

红方如车二平三，炮 6 平 4，仕四进五，炮 4 进 1，车三退一，象 7 进 9，车三平八，炮 2 进 5，车八退三，车 4 平 7，车八平六，马 3 退 5，马三退四，车 1 平 2，红方不理想。

8. 仕四进五　　卒 3 进 1　　　　**9.** 炮八平七　　车 1 平 2

10. 车九平八　　炮 2 进 1

进炮反击，老练。如象 3 进 5，车八进六，红方主动。

11. 炮七进三　　马 3 进 4　　　　**12.** 兵五进一　　象 3 进 5

13. 兵五进一　　马 4 退 3

14. 炮七进一（图 105）　卒 5 进 1

红方过河车没有发挥进攻作用，反而成为黑方攻击的目标，已陷入被动。

15. 马三进五　　车 4 进 1

16. 马五进四　　车 4 退 3

17. 车二退一　　车 4 平 3

红方此时可炮七退二，车 4 平 6，红方还有兵三进一和马四退二的变化，还可周旋。

18. 马四进二　　车 3 平 6

19. 车二平五　　炮 2 平 5

20. 马二进三　　车 6 退 2

22. 车五进一　　车 6 平 7

24. 马九退八　　马 3 退 1

26. 车七平九　　炮 4 平 3

28. 车七退二　　炮 3 进 2

黑方胜。

图 105

21. 炮五进四　　马 7 进 5

23. 车五平七　　车 2 进 9

25. 马八进七　　车 7 平 2

27. 车九平七　　车 2 进 2

29. 马七进五　　车 2 平 5

（选自王秉国负杨官璘的对局）

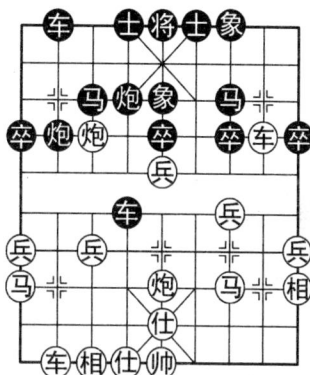

第 106 局　　五七炮进三兵对反宫马

1. 炮二平五　马 2 进 3　　　　**2.** 兵三进一　炮 8 平 6

3. 马二进三　马 8 进 7　　　　**4.** 兵七进一　车 9 平 8

5. 马八进九　象 3 进 5　　　　**6.** 炮八平七　士 4 进 5

7. 车九平八　炮 2 平 1　　　　**8.** 车一平二　车 8 进 9

红方平车兑车，企图在黑方双马不灵活时发动攻势。如炮七进四，卒 7 进 1，兵三进一，象 5 进 7，成为另一路变化。

9. 马三退二　车 1 平 4

抢先出车，加强攻势。如炮 1 进 4，车八进三，炮 1 退 1，炮五平三，炮 1 平 7，相三进五，炮 7 退 1，兵五进一，车 1 平 4。黑方虽多卒，但红方有攻势，黑方不愿意形成这样的局面。

10. 炮五平三　卒 5 进 1

进中卒是创新走法。以往多车 4 进 6，相三进五，炮 1 进 4，马二进四，卒 7 进 1，兵三进一，马 7 进 6，兵三平四，炮 6 进 6，兵七进一，马 3 退 4，兵七进一，车 4 平 5，车八进四，车 5 平 6，各有千秋。

11. 相三进五　马 3 进 5　　　　**12.** 炮七进四　卒 7 进 1

13. 兵三进一　象 5 进 7　　　　**14.** 车八进五　象 7 退 5

15. 车八平五　炮 6 进 4　　　　**16.** 马二进四　炮 1 进 4

17. 炮三进四　车 4 进 5　　　　**18.** 马四进二　炮 6 平 8

19. 仕四进五　象 7 进 9　　　　**20.** 炮七平八　车 4 退 3

21. 炮三退二　炮 8 退 2　　　　**22.** 车五平八　炮 1 平 9

23. 炮八平一　炮 9 平 8　　　　**24.** 马二退四　马 5 进 6

25. 兵五进一　车 4 进 4（图 106）

26. 炮一退三　前炮进 3

黑方不顾少卒的不利局面，向红方右路展开强攻。红方在这紧要关头走出退炮打车的巧妙着法，在一定程度上化解了黑方的反击。

27. 炮一平五　前炮平 9

红方平炮威胁中路，在防守中积极反攻，好着。此时黑方如象 9 退 7 防守，炮三进五，象 5 退 7，车八进四，车 4 退 6，车八平六，将 5 平 4，马四退二。红方多兵相，形势占优。

28. 炮五进四　士 5 进 4

29. 马四进二　炮 9 平 8

30. 炮五平一　车 4 平 8

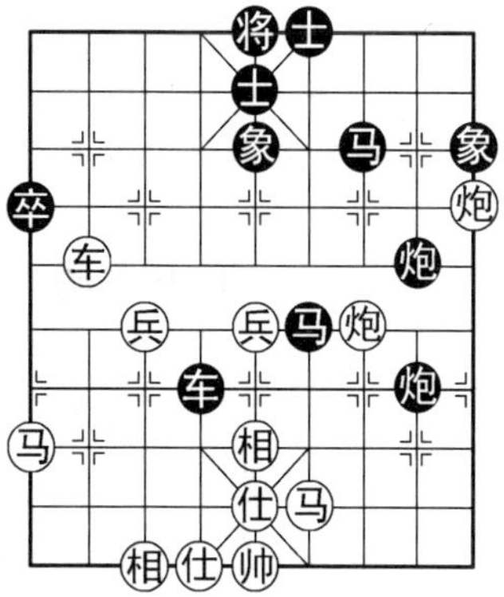

如车 4 平 7 强行反击，仕五进四，车 7 进 1，马二进一，车 7 平 6，

图 106

车八进四，将 5 进 1，马一进三，马 6 进 7，车八退一，将 5 退 1，马三进四，将 5 平 4，车八进一，黑方失利。

31. 炮一进二　后炮退 4　　　　**32.** 车八平三　马 7 进 5

33. 车三平四　将 5 进 1　　　　**34.** 马二退四　马 6 进 7

35. 车四平一　马 5 退 7

红方平车边路，加强防守，使黑方没有成势的机会，攻不忘守的好着。

36. 车一退三　前马退 6　　　　**37.** 马九进八　车 8 进 2

38. 马四进三　车 8 退 2　　　　**39.** 马三退四　车 8 进 2

40. 马四进三　车 8 退 2　　　　**41.** 马三退四　车 8 进 2

42. 马四进三　车 8 退 2　　　　**43.** 马三退四　前炮平 7

44. 车一退二　炮 7 平 8　　　　**45.** 车一进七　前炮平 7

46. 马八进七　车 8 进 2　　　　**47.** 车一退七　炮 7 退 1

48. 马四进三　车 8 退 2　　　　**49.** 炮三退三　车 8 平 7

50. 炮三进六　车 7 退 4　　　　**51.** 车一进八　将 5 退 1

52. 车一平四　马 6 进 8　　　　**53.** 车四进一　将 5 进 1

54. 帅五平四　炮 8 进 5　　　　**55.** 车四退六　马 8 进 7

56. 车四进五　将 5 退 1　　　　**57.** 车四进一　将 5 进 1

58. 车四退三　将 5 退 1　　　　**59.** 兵五进一　车 7 平 9

60. 车四进三　将 5 进 1　　　　**61.** 兵五进一　车 9 进 7

62. 相五退三　炮8进4　　　**63.** 相二进一
解杀还捉，红方胜。

（选自王国风胜万春林的对局）

第 107 局　　五七炮进三兵对反宫马

1. 炮二平五　马2进3　　　**2.** 马二进三　炮8平6
3. 兵三进一　马8进7　　　**4.** 兵七进一　车9平8
5. 炮八平七　象3进5　　　**6.** 马八进九　士4进5
7. 车九平八　炮2平1　　　**8.** 车一平二　车8进9
9. 马三退二　车1平4　　　**10.** 炮五平三　车4进6
11. 相三进五　车4平5

吃中兵容易受到攻击。可炮1进4，马二进四，马7退9，仕四进五，车4退2，车八进三，炮1退2，车八进三，车4平8，双方各攻一侧，形成复杂的变化。

12. 兵三进一　象5进7

献兵迫使中象吃子，再抢过七路兵争先，好着。

13. 兵七进一　象7进5　　　**14.** 兵七进一　马3退4
15. 炮三退二　卒5进1

红方退炮让出马路，保持对黑方7路马的牵制，着法灵活有力。

16. 马二进三　车5平6　　　**17.** 车八进四　车6退3
18. 兵七平八　炮1平3

可车八平七保兵，炮1退2，炮七平八，红方好走。

19. 兵八进一　炮3退2（图107）

黑方子力均不灵活，并受到红兵的威胁，形势颇为不利。此时不如炮3进7打相，以攻为守。以下如仕六进五，炮3平1，马九退七，炮1退1，马三进五，卒5进1，各有千秋。

20. 兵八进一　象5退7

可卒5进1，车八平五，象5退7，以下再走炮6平5，从中路寻求攻势。

21. 炮七退一　炮 6 平 5

22. 炮七平五　车 6 平 3

23. 马三进二　卒 5 进 1

24. 马二进三　炮 5 进 1

25. 车八平五　卒 1 进 1

红方从两路向中路展开攻击，迫使黑方中炮闪避，占得主动。此时如不吃中卒，也可马三退五，车 3 进 1，炮三进七，车 3 平 5，兵八平七，红方得子占优。

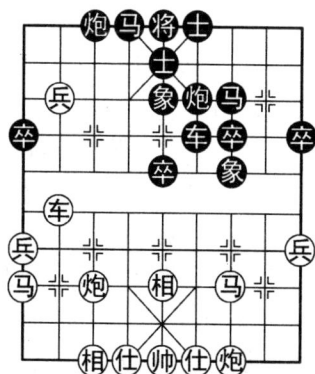

图 107

26. 兵一进一　象 7 进 5

27. 兵一进一　卒 9 进 1

28. 马三退一　马 7 进 8

29. 兵八平七　炮 5 进 4

红方献兵谋取一子，创造了取胜的条件。

30. 相七进五　车 3 退 2

31. 马一进二　车 3 进 6

32. 马二退四　马 8 退 9

33. 车五平七　车 3 平 1

34. 车七进五　车 1 平 5

35. 车七退七　车 5 退 4

36. 车七进四　车 5 进 3

37. 炮三进四　车 5 平 4

38. 炮三平八　马 4 进 2

应炮三平五，可以快速取得胜势。

39. 车七进三　车 4 退 6

40. 车七平六　将 5 平 4

41. 炮八平六　马 2 进 3

42. 炮六进二　将 4 进 1

43. 炮五平六　马 3 进 4

44. 仕六进五　士 5 进 6

45. 马四退六　马 4 进 6

46. 前炮平五　马 6 退 4

47. 仕五进六

红方功力深厚，夺得胜局。

（选自李来群胜马军的对局）

第 108 局　五七炮进三兵对反宫马

1. 炮二平五　马 2 进 3

2. 马二进三　炮 8 平 6

3. 兵三进一　卒 3 进 1

4. 马八进九　象 7 进 5

5. 炮八平七　车 1 平 2

6. 车九平八　炮 2 进 4

7. 车一进一　车 9 进 1

8. 车一平四　车 9 平 6

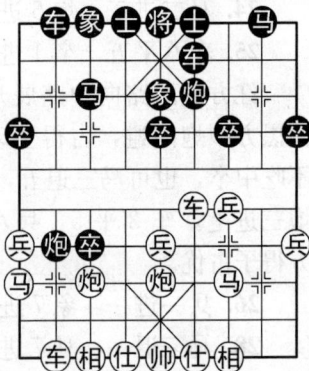

如士 6 进 5 保炮，局势比较平稳。

9. 兵七进一　卒 3 进 1

10. 车四进三　卒 3 进 1（图 108）

如炮 2 平 3，车八进九，炮 3 进 3，仕六进五，马 3 退 2，炮五进四，士 6 进 5，相三进五，马 2 进 3，炮五退一，卒 3 进 1，马九进七，炮 3 退 3，车四平七，炮 6 平 9，车七退一，车 6 进 3，兵五进一，马 3 退 1，车七进三，红方仍占优势。

图 108

11. 炮七进五　炮 6 平 3

12. 炮五进四　士 6 进 5

13. 马九进七　车 6 进 4

如车 2 进 3，炮五平一，车 6 进 4，马三进四，卒 7 进 1，炮一进三，马 8 进 6，马七进六，炮 3 进 2，兵三进一，马 6 进 8，炮一退五，马 8 进 7，炮一平三，红方优势。

14. 马三进四　炮 3 进 3

15. 车八进二　马 8 进 7

红方如马四进六，车 2 进 4，马六进七，车 2 退 1，变化较为复杂，不好掌握局势，选择车八进二，红方仍然保持先手。

16. 炮五退一　车 2 进 3

如炮 3 进 4，帅五进一，炮 3 平 6，马七进六，炮 6 退 3，马四进三，车 2 进 2，兵五进一，炮 6 退 2，马六退五，车 2 进 3，相三进五，炮 6 退 1，马五进七，炮 6 平 5，帅五平四，红方占优。

17. 马七退五　炮 3 退 1

退 3 路炮加强防范，但一味防守容易被红方形成围困之势，不如车 2 平 6 提马，造成复杂局势，乱中谋和。

18. 马五退七　炮 3 进 5

如车 2 平 6，马七进八，车 6 进 2，马八进七，将 5 平 6，马七进八，车6进4，帅五进一，红方大占优势。

19. 仕六进五　炮2退2

如车2平3，马七进八，炮3平1，帅五平六，车3进6，帅六进一，车3退3，马四进六，车3平4，车八平六，车4平2，马六进五，象3进5，车六进七，红胜。

20. 相三进五

黑方3路炮被捉，已成败局。

（选自郑亚生胜庄宏明的对局）

第109局　五七炮进三兵对反宫马

1. 炮二平五	马2进3	**2. 马二进三**	炮8平6
3. 兵三进一	马8进7	**4. 兵七进一**	车9平8
5. 车一平二	车8进9	**6. 马三退二**	车1进1
7. 炮八平七	车1平8	**8. 马二进一**	车8进3

不如象3进5较为稳健。这样可以保持车的灵活性。

9. 炮七进四　象3进5

红方打卒先得实利，并为上左马开道，一举两得。

10. 马八进七　车8平2

平车正确。如卒7进1，车九平八，炮2平1，马七进六，卒7进1，马六进五，黑方有失子的可能。

11. 车九进一　士4进5

红方出动横车，可以限制黑方进7路卒的反击战术。

12. 炮五平三　马7退8

退马比较消极，不如卒7进1，兵三进一（又如车九平二，马7退9，车二进四，车2退1，炮七平一，卒5进1，黑方可以对抗），车2平7，炮三进五，车7退2，车九平八，炮2平1，相七进五，车7进2，形成平稳局势。

13. 相七进五	马8进9	**14. 兵一进一**	炮2平1
15. 马一进二	车2平8	**16. 马二退一**	车8平2

17. 马一进二　车2平8　　　**18.** 马二退一　车8平2

19. 车九退一　炮1平2

可卒9进1，比平炮要好。以下兵一进一，车2平9，车九平八，车9平4，仕六进五，红方只占多兵的好处。

20. 马一进二　马3退2　　　**21.** 仕六进五　马2进1

22. 马二进三　炮6平7

红方进马吃卒明快有力，由此取得多兵的优势。

23. 炮三平四　炮2退1　　　**24.** 炮七平六　马1退3

25. 炮六平七（图109）　马3进4

上马4路形成败势。此时应马9进7兑马，这样可使防守阵势比较平稳。以下炮七平三，炮2进2，炮三平八，马3进2。黑方虽然仍居下风，但主力子力不少，局势还可维持。

26. 马三进一　象7进9

27. 相三进一　卒5进1

红方上相一路，不让马4进3吃兵，保持多兵优势。

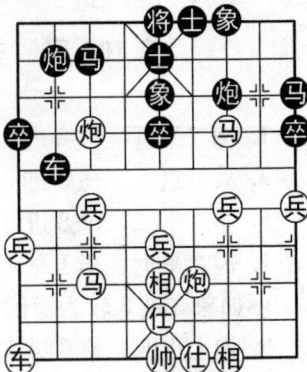
图 109

28. 炮七平一　马4进6　　　**29.** 炮一退一　车2进2

30. 炮一平五　马6进5　　　**31.** 马七进六　炮7平8

32. 兵七进一　车2退1　　　**33.** 车九平六　象9退7

34. 马六进七　马5退6　　　**35.** 车六进三　炮8进7

36. 相一退三　车2进4　　　**37.** 仕五退六　炮2进4

38. 炮五退一　炮8退4　　　**39.** 炮五平二　炮2平8

40. 车六平二　象5进3　　　**41.** 马七退五

以上红方升车控制局势之后，保持了取胜的条件，现在可马五退四捉双子，红方得子胜定。

（选自柳大华胜徐天红的对局）

第110局　五七炮进三兵对反宫马

1. 炮二平五　马2进3　　　　　**2.** 马二进三　炮8平6

3. 车一平二　马8进7　　　　　**4.** 兵三进一　卒3进1

5. 马八进九　象7进5　　　　　**6.** 炮八平七　车1平2

7. 车九平八　炮2进4　　　　　**8.** 兵五进一　士6进5

以往多走兵三进一，卒7进1，兵七进一，卒3进1，车二进四，红方弃兵进车抢夺攻势，形成复杂局势。兵五进一，从中路展开攻势，是创新的走法。

9. 兵九进一　车9平6　　　　**10.** 仕四进五　车6平8

红方上仕，防止黑方有炮6进5兑炮争先的手段。黑方又平8路车兑车，巧妙。看似多费了一步着法，实际上给红方车八进一的右移设下一道关口。

11. 车二进九　马7退8　　　　**12.** 车八进一　马8进6

13. 车八平六　马6进8　　　　**14.** 兵五进一　卒5进1

可车六进三，局势比较平稳。

15. 车六进七　炮6退1　　　　**16.** 车六退二　炮2进1

及时进炮兑炮，瓦解红方的攻势。

17. 车六平七　马3退1

退马灵活，以下可伺机车2进3兑车抢先。如炮6进1，马三进四，卒5进1，马四进三，红方有攻击手段。

18. 车七平五　车2进3　　　　**19.** 车五退一　炮2平5

20. 相三进五　卒7进1　　　　**21.** 车五退二　卒7进1

红方退车自阻马路，不如马三进五。

22. 相五进三　马8进6　　　　**23.** 相三退五　马1进3

24. 车五平六　马3进5　　　　**25.** 炮七退一　马6进5

黑方双马异常活跃，有力地控制了局势，已经显占优势。

26. 车六平四　炮6退1　　　　**27.** 马三进五　车2进4

28. 车四进二　前马进3　　　　**29.** 车四平五　马5进7

30. 马五进三　　马7退6

31. 车五进一　　马3进1（图110）

黑方兑马之后，必得一相，并捉红兵，形势占优。但要取得胜势，还要进行艰苦的争夺。

32. 相七进九　　车2平1

33. 炮七进二　　车1退2

34. 炮七平三　　炮6平8

35. 车五平一　　车1平5

36. 车一平九　　车5进2

37. 炮三平五　　车5平7

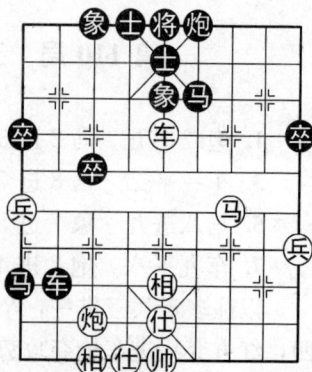

图 110

38. 马三进二　　马6进8

再兑一马之后，黑方多象，已经取得子力上的优势，红方已难抵挡黑方的攻势。

39. 车九平二　　炮8平7	**40.** 炮五进三　　车7进2
41. 仕五退四　　车7退4	**42.** 车二平一　　卒3进1
43. 兵一进一　　卒3进1	**44.** 兵一进一　　车7退1
45. 仕四进五　　炮7平6	**46.** 仕五退四　　卒3平4
47. 仕六进五　　车7平5	**48.** 帅五平六　　卒4平3
49. 帅六平五　　卒3进1	**50.** 车一平三　　车5平9
51. 仕五退六　　卒3平4	**52.** 仕四进五　　车9平5
53. 帅五平四　　卒4平5	**54.** 帅四平五　　卒5平6
55. 车三平二　　卒6进1	**56.** 车二平三　　车5进2
57. 车三平二　　车5平7	**58.** 仕五退四　　炮6平7
59. 车二平一　　车7平5	**60.** 仕四进五　　将5平6
61. 车一平四　　将6平5	**62.** 炮五平七　　车5平3
63. 炮七平五　　炮7进4	**64.** 仕五进六　　炮7平2

如车四退一，车3平8，仕五退四，车8平5，黑方得炮胜定。

65. 车四平二　　将5平6	**66.** 车二平四　　将6平5
67. 车四平二　　将5平6	**68.** 仕六进五　　炮2平5

黑方攻势凶悍，终于取得胜局。

（选自黄勇负林宏敏的对局）

第111局　五七炮进三兵对反宫马

1. 炮二平五　马2进3　　　　**2.** 马二进三　炮8平6

3. 车一平二　马8进7　　　　**4.** 兵三进一　卒3进1

5. 马八进九　象3进5　　　　**6.** 炮八平七　车9进1

7. 车九平八　车1平2　　　　**8.** 车八进四　车9平4

9. 仕四进五　士4进5　　　　**10.** 兵九进一　炮2平1

红方如马三进四，炮6进2，炮五平三，炮2平1，黑方可以对抗。

11. 车八进五　马3退2

红方兑车力求平稳。如车八平四，车4进7，炮五平六，卒1进1，兵九进一，炮1进5，炮六平九，马3进4，黑方进马捉车，以后还可车2进7进攻，对红方左路有威胁，红方不合适。

12. 车二进六　车4进4

如炮五进四，炮6进7，帅五平四，马7进5，车二进六，车4进4。黑进车骑河很有威力。

13. 车二平三　炮6退1

红方如相一进三，车4平1。吃去一兵后，大体成为平势。

14. 车三平四　炮6平7　　　　**15.** 马三进四　马2进3

16. 马四进五　马7进5

红方进马谋卒弃相，使局势更加复杂。如炮五平三，马7进8，兵三进一，炮7进6，兵三平二，炮7平1，相七进九，炮1进3，双方均势。

17. 炮五进四　马3进5　　　　**18.** 车四平五　炮7进8

19. 车五平九　炮1平4

20. 炮七平八　炮7平9（图111）**21.** 相七进五　炮4进2

上相保护三路兵，对黑方没有威胁，反而被黑方乘机进4路

炮，局势由此陷入被动。不如炮八进
四，车4平7，炮八平五，弃兵抢攻，
还可争斗下去。

22. 兵三进一　　车4平8

红方进兵拦炮无奈。如车九平
二，车4平1捉马，红方仍难对付。

23. 仕五进六　　车8进4

24. 帅五进一　　车8平4

25. 马九进八　　车4退1

红方如炮八进四，车4退1，帅
五退一，车4退1，马九退七，车4平3，炮八平五，炮4退4，黑
方优势。

图 111

26. 帅五退一　　炮4进1　　　　　**27.** 相五进三　　车4退1

28. 马八进六　　车4平2

红方被迫进马弃炮。如炮八平七，卒3进1，红方失子，仍是
不利。

29. 马六进四　　炮4退4　　　　　**30.** 兵三进一　　炮9平7

31. 车九平六　　将5平4　　　　　**32.** 马四退五　　车2平7

33. 车六平八　　将4平5　　　　　**34.** 车八平六　　炮4退1

35. 马五进四　　炮7退4　　　　　**36.** 兵五进一　　炮7平6

37. 兵九进一　　车7退1　　　　　**38.** 兵九平八　　车7平5

39. 帅五平四　　车5平3　　　　　**40.** 兵八进一　　卒3进1

黑方利用多子的优势，化解了红方的顽强攻击，此时进3路卒
增强攻击力，扩大了优势。

41. 兵八进一　　卒3平4　　　　　**42.** 兵五进一　　卒4平5

43. 兵八进一　　卒5进1　　　　　**44.** 车六退二　　炮6进1

45. 车六平五　　车3进3　　　　　**46.** 帅四进一　　车3退1

黑方应车3平5，可以速胜。

47. 帅四退一　　车3平5　　　　　**48.** 兵五平六　　炮4平1

49. 兵八平九　　炮1平3　　　　　**50.** 兵六平七　　象5进3

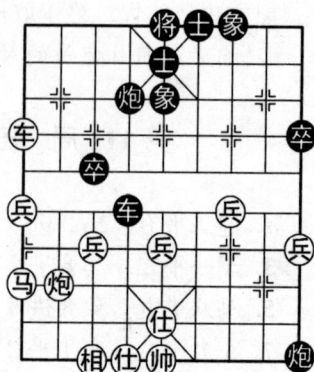

51. 兵九平八　炮 3 进 2 　　**52.** 马四进六　将 5 平 4

53. 车五平四　车 5 平 4 　　**54.** 马六退五　炮 3 平 6

黑方胜。

（选自卜凤波负徐天利的对局）

第 112 局　　五七炮进三兵对反宫马

1. 炮二平五　马 2 进 3 　　**2.** 马二进三　炮 8 平 6

3. 兵七进一　马 8 进 7 　　**4.** 炮八平七　象 3 进 5

5. 兵三进一　车 9 平 8 　　**6.** 炮七进四　车 8 进 4

7. 炮七平三　士 4 进 5

红方连打两卒，但左路子力出动较慢，在控制上效果较差。

8. 车一平二　车 8 平 6

平 6 路车比平 4 路有较好的牵制效力，在防守上较为稳健。

9. 车二进三　车 1 平 4

红方进车影响子力出动，不如马八进七，车 1 平 4，仕六进五，车 4 进 6，炮五平六，车 4 平 3，马七退六。红方多兵，还可应付。

10. 兵五进一　炮 2 进 3

进炮打兵是争先的好着，由此夺得了主动。

11. 马三进五　炮 6 进 7

不如马八进七稳妥。

12. 仕六进五　炮 2 进 1

13. 兵五进一　炮 6 平 3

14. 车九进二　车 6 进 1（图 112）

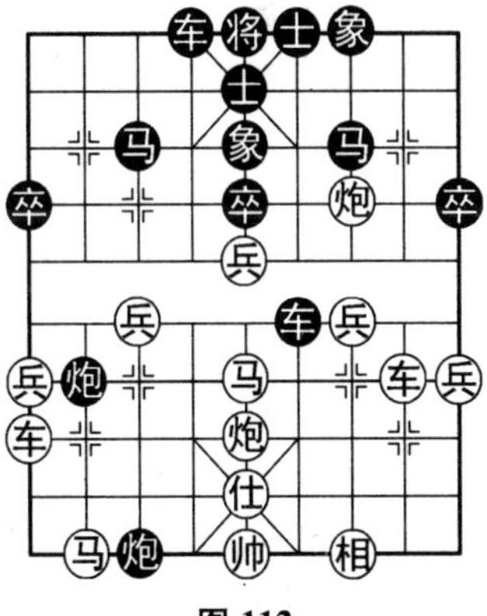

红方进车避兑无奈。如马五进四，炮 3 平 1，仕五退六，车 4 进 9，

图 112

师五进一，炮 2 进 2，黑方占优。此刻黑方车 6 进 1 是控制局势的好着，从此逐步化解了红方的攻势。

15. 车二进五　车 4 进 6 　　**16.** 车二平四　士 5 进 6

17. 马五退三　车 6 平 3

退马软着，应马五进四对攻。

18. 车四退一　士 6 进 5　　　**19.** 车四平三　车 3 进 3

20. 车九平八　炮 3 平 7　　　**21.** 马八进七　车 3 进 1

22. 仕五退六　炮 7 平 4　　　**23.** 炮三平二　炮 4 退 2

24. 帅五进一　车 3 退 1　　　**25.** 帅五退一　炮 4 平 2

26. 炮二进三　士 5 退 6　　　**27.** 马三进四　车 4 进 2

黑方弃马颇有胆识，运子细腻有力，连接攻杀而取胜。

（选自臧如意负林宏敏的对局）

第 113 局　　五七炮进三兵对反宫马

1. 炮八平五　马 8 进 7　　　**2.** 马八进七　炮 2 平 4

3. 兵三进一　马 2 进 3　　　**4.** 炮二平三　象 7 进 5

红方平左中炮是柳大华善走的方向，红方炮二平三是针对黑方上 7 路马所走的攻击方法。如马二进三，黑方有炮 4 进 5 打马的反击手段，变化比较复杂。

5. 兵七进一　车 1 平 2　　　**6.** 马二进一　士 6 进 5

7. 车一平二　炮 8 平 9

平边炮是较好的走法。如车 9 平 8，车九平八，车 2 进 9，马七退八，黑方双马位置较差。

8. 车九平八　车 2 进 9

红方出车兑车是夺先的手段，目的是防止黑方走巡河车兑兵争先。

9. 马七退八　车 9 平 6　　　**10.** 炮五平七　卒 5 进 1

如车 6 进 6，兵七进一，象 5 进 3，兵三进一，车 6 平 5，相七进五，红方占优。

11. 相七进五　马 7 进 5

红方如兵三进一，卒 7 进 1，兵七进一，马 7 进 6，兵七进一，马 6 进 5。黑方出子快捷，有一定的攻势，红方不合算。

12. 炮三进四　卒 3 进 1　　　**13.** 兵七进一　象 5 进 3

14. 车二进五　象 3 退 5

15. 车二平五　炮 4 进 4

16. 炮七退二　马 5 进 3（图 113）

17. 炮三平七　马 3 退 1

红方如炮七进七，炮 9 平 3，交换子力之后，红方虽然多双兵，但双马位置较差，而黑方车马炮的占位较佳，同时对红方七路线威胁较大，黑方的布局形势比较满意。

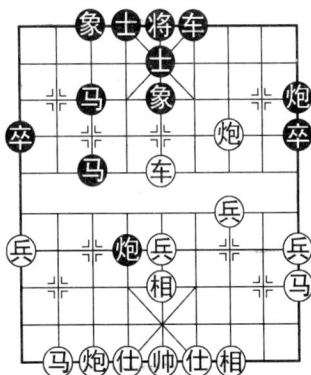

18. 仕六进五　炮 4 平 9

19. 炮七平五　车 6 进 3

进车捉中炮正确。如马 3 进 4，车五平二，马 4 进 3，帅五平六，车 6 进 3，车二进四，车 6 退 3，车二平四，将 5 平 6，马八进七，红方多兵占优。

图 113

20. 车五平七　车 6 平 5

21. 车七退一　马 1 进 2

22. 车七平八　炮 9 平 1

23. 马一进二　马 2 退 4

24. 马八进七　炮 1 进 3

25. 炮七进一　卒 1 进 1

进边卒十分有效。如卒 9 进 1，车八平九，炮 1 平 2，兵三进一，黑方有麻烦。

26. 马二退三　马 4 进 3

27. 炮七进四　象 5 进 3

28. 马七进六　车 5 平 4

29. 马六进四　车 4 平 6

30. 兵三进一　炮 9 平 3

31. 马三进二　象 3 退 5

32. 兵三进一　车 6 平 3

33. 马四进二　卒 9 进 1

34. 仕五进四　炮 3 退 1

退炮防守好着。如士 5 进 6，车八进一，黑方被动。

35. 车八进四　卒 1 进 1

红方进车追炮过急，不如兵五进一，炮 1 退 4，仕四进五，形成对峙之势。

36. 马二进四　卒 1 进 1

及时过卒可以配合车炮作战，加强攻势，争得了胜利的希望。

37. 仕四进五　卒 1 进 1　　　　**38.** 马四退六　车 3 进 6

39. 仕五退六　车 3 退 5　　　　**40.** 仕六进五　车 3 进 5

41. 仕五退六　车 3 退 1　　　　**42.** 仕六进五　卒 1 进 1

43. 帅五平四　车 3 进 1

红方只好出帅避开打击。如兵三进一，卒 1 平 2，伏下炮 1 平 2 打车，红方不利。

44. 帅四进一　炮 3 进 7　　　　**45.** 仕五退六　车 3 平 4

46. 马六退八　炮 3 平 2

平炮打车紧凑。如车 4 退 1，仕四退五，车 4 退 7，马八退七，车 4 平 2，马二进三，红方胜。

47. 马八退六　将 5 平 6　　　　**48.** 帅四平五　车 4 退 2

红方如马六退八，车 4 退 1，帅四退一，卒 1 平 2，车八平九，卒 2 进 1，仍是黑胜。

49. 车八退三　士 5 进 6　　　　**50.** 兵三进一　车 4 退 4

51. 马二退三　车 4 平 3　　　　**52.** 相五进七　车 3 平 7

捉双得子，黑胜。

（选自柳大华负万春林的对局）

第 114 局　五七炮进三兵对反宫马

1. 炮二平五　马 2 进 3　　　　**2.** 马二进三　炮 8 平 6

3. 兵三进一　卒 3 进 1　　　　**4.** 马八进九　马 8 进 7

5. 炮八平七　象 7 进 5　　　　**6.** 车九平八　车 1 平 2

7. 车八进四　车 9 平 8　　　　**8.** 兵七进一　炮 2 平 1

兑车正确。如卒 3 进 1，车八平七，马 3 进 2，炮五进四，士 4 进 5，炮五平八，红方占优。

9. 车八进五　马 3 退 2　　　　**10.** 兵七进一　车 8 进 4

11. 兵七平八　马 2 进 3（图 114）

红方平兵打算黑方车 8 平 2 吃兵后，再马九进七争先。如车一进一，车 8 平 3，车一平七，马 2 进 3，炮七进五，炮 6 平 3，车七进四，象5进3，马三进四，红方比较好走。

12. 炮七进四　车8平2

红方进七路炮压马，不但没有什么效力，反而使左路的防守显出弱点，是失势的主要根源。应车一平二兑车，车8进5，马三退二，马3进2，炮五进四，士4进5，红方有多兵的优势。

13. 车一进一　卒7进1

14. 兵三进一　车2平7

如车一平七，卒7进1，炮七进三，士4进5。红方虽然得象，但黑方有卒过河，红方形势仍然不利。

15. 马三进四　马7进6

可马三进二，比进四路要好一些。

16. 马四进六　车7进5

如车一平四，车7进1，马九进七，车7平6，车四进三，炮6进3，马七进六，炮6平3，黑方得子占优。

17. 仕六进五　车7退5　　**18. 马九进七　马6进4**

19. 车一平二　炮1进4

如车一平四，炮6平7，仕五退六，炮1进4，黑方占优。

20. 炮五平八　炮1平5

红方平八路炮后，黑方炮吃中兵打将，已成胜势。如马六进八，马4退3，车二进七，士6进5，车二进一，士5退6，马八进七，将5进1，车二平四，炮6退1，黑方占优。

21. 帅五平六　炮5平4　　**22. 马六进八　马4退3**

23. 马八进七　炮4退5　　**24. 炮八进六　后马退1**

25. 车二进七　士6进5　　**26. 车二进一　炮6退2**

27. 炮八平六　马3退4

黑方胜。

（选自孙志伟负林宏敏的对局）

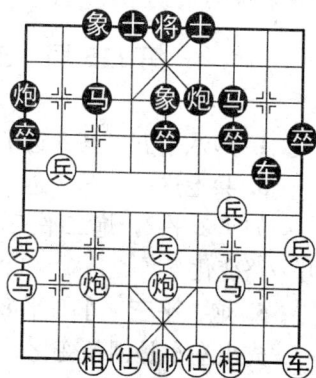

图114

第 115 局　五七炮进三兵对反宫马

1. 炮八平五　马 8 进 7　　　　**2.** 马八进七　炮 2 平 4

3. 兵七进一　马 2 进 3　　　　**4.** 马二进一　车 1 进 1

如车 1 平 2，炮二平三，车 9 平 8，车一平二，炮 8 进 4，形成另一路变化。

5. 炮二平三　车 9 平 8

先出左车是创新变化。如车 1 平 6，车一平二，车 9 平 8，车二进四，红方右车可以从容出动，仍可保持先手。

6. 车一平二　炮 8 进 4　　　　**7.** 车九平八　车 1 平 6

如车九进一，车 1 平 6，车九平六，士 6 进 5，仕六进五，车 6 进 3，车六进五，象 7 进 5，炮三进四，炮 8 进 1，黑方满意。

8. 车八进六　车 6 进 6

红方进车紧要。如仕六进五，车 6 进 4，车八进八，炮 4 平 6，车八平三，车 8 进 2，炮五平六，象 7 进 5，相七进五，卒 5 进 1，兵三进一，马 3 进 5，车三平六，卒 5 进 1，兵五进一，车 6 平 5，黑方可以对抗。

9. 炮三进四　象 7 进 5　　　　**10.** 车八平七　马 3 退 2

11. 兵七进一　车 6 退 3　　　　**12.** 马七进六　车 6 平 8

应先车 6 平 7 提炮，待炮五平三后再车 7 平 8，通过这个次序可以减轻中路的压力。

13. 兵三进一　马 2 进 1　　　　**14.** 车七进一　士 6 进 5

15. 炮三平九　炮 8 平 1　　　　**16.** 车二进五　车 8 进 4

17. 兵一进一　炮 1 退 1　　　　**18.** 炮九退一　车 8 进 2

19. 兵三进一　车 8 平 5　　　　**20.** 兵三进一　车 5 退 1

21. 马六进七　马 7 退 8　　　　**22.** 马七进九　炮 4 平 1

23. 炮九进一　炮 1 进 4

24. 兵七平八（图 115）　车 5 平 2

黑车捉兵，企图待红方逃兵之后再车 2 进 4 反击。表面上较为紧凑，其实却给了红方炮五平七可以破象的机会。不如车 5 平 4，仕四进五，车 4 平 7，黑方虽处于下风，但也使红方有所顾忌，仍可周旋下去。

25. 炮五平七　炮 1 退 3

红方平七路炮后，车双炮构成攻势，进入优势。

26. 炮九平七　车 2 平 5

如炮 1 平 3，炮七进三，炮 3 退 6，车七平九，炮 3 进 9，仕六进五。红方有兵过河，形势占优。

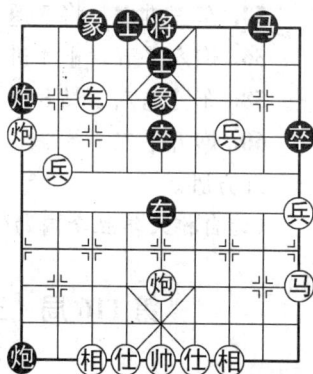

图 115

27. 相七进五　炮 1 平 5	28. 仕六进五　士 5 退 6
29. 前炮进三　象 5 退 3	30. 炮七进七　士 4 进 5
31. 炮七平八　将 5 平 4	32. 车七平九　车 5 平 4
33. 车九退七　马 8 进 6	34. 炮八退三　马 6 进 8

如卒 5 进 1，兵三平四，马 6 进 8，炮八平五，黑方仍在困境之中。

35. 兵三平二　马 8 退 7	36. 兵八平七　马 7 进 6
37. 兵七进一　马 6 进 7	

如马 6 进 5，兵七进一，车 4 平 3，炮八平六，车 3 退 3，炮六退六，将 4 平 5，车九进九，士 5 退 4，车九退六，红方仍是胜势。

38. 兵七进一　车 4 平 3	39. 炮八平六　车 3 退 3
40. 炮六退六　将 4 平 5	41. 车九进九　士 5 退 4
42. 车九退六　炮 5 退 2	43. 车九平五　马 7 进 9
44. 兵二平三　车 3 平 2	45. 兵三平四　车 2 进 1
46. 马一进二　马 9 进 8	47. 马二进三　马 8 进 9
48. 车五平三　车 2 进 3	49. 车三退一　炮 5 平 1
50. 马三进一　炮 1 进 5	51. 相五退七　炮 1 退 8

如炮 1 平 4，马一进三，将 5 进 1，仕五退六，黑方仍是败势。

52. 马一进三　将 5 进 1	53. 兵四平五　炮 1 平 7

54. 车三进六　将5退1　　**55.** 炮六进二　马9退8
56. 炮六平五　士4进5　　**57.** 兵五进一　将5平4
58. 车三退六　马8退9　　**59.** 车三进二　马9进7
60. 炮五平二

红方胜。

（选自柳大华胜李国勋的对局）

第116局　五七炮进三兵对反宫马

1. 炮二平五　马2进3　　**2.** 马二进三　炮8平6
3. 车一平二　马8进7　　**4.** 兵三进一　卒3进1
5. 马八进九　象7进5　　**6.** 炮八平七　车1平2
7. 车九平八　炮2进4

进炮封车抢先之着。如士6进5，车八进四，伏下兵七进一兑卒的先手，红方好走。

8. 兵七进一　卒3进1

红方弃七路兵是强烈的攻击手段。如兵九进一，车9平8，车二进九，马7退8，兵五进一，伏下车八进一的先手，红方较为有利。

9. 兵三进一　卒7进1　　**10.** 车二进四　炮2平3
如卒3平2，兵九进一，黑方难占好处。

11. 车八进九　炮3进3　　**12.** 仕六进五　马3退2
13. 炮五进四　士6进5　　**14.** 炮五退一　马2进3
15. 炮七平六　炮3退2　　**16.** 炮六退一　卒3进1
如相三进五，卒3进1，炮七平六，炮3退2，马九进七，车9平8，车二平四，炮6进2，黑方可对抗。

17. 马九进七　车9平8　　**18.** 车二平四　炮6进2
19. 炮六进六　马7进5

红方进炮捉马是强硬的着法。如炮六平七，车8进3，红方的攻势难以展开。

20. 车四进一 士5进4

如炮六进一，炮6退4，炮五进二，士5进6，车四进三，车8进1，炮六退二，象3进5，车四平五，车8平5，车五平四，马5进4，马七进九，马3进2。红方失子，难以应付。

21. 车四平三 士4退5

22. 车三进一 车8进4

23. 兵五进一 车8平7

24. 马三进二（图116） 车7退1

红方进马缓着。应车三退一吃车，马5进7，马三进五，炮3进2，马五进三，红方各子有利于攻守。

25. 马二进三 马5进7

26. 相三进五 炮3平2

27. 炮五平四 炮2退1

28. 兵一进一 马7进9

吃去边兵之后，黑方多象，略优。

图116

29. 兵五进一 马9进7

30. 炮四进一 炮2退3

31. 炮四退四 炮2平4

32. 相五进三 卒1进1

33. 兵五平六 炮4平1

34. 炮四平七 马3进5

红方不如炮四平九夺兵，还有谋取和局的希望。

35. 兵六平五 马5进3

36. 马七进八 马7退5

37. 马三退四 卒9进1

黑方多象，运子又很老练，红方无力防守，只好认负。

（选自吴贵临负胡荣华的对局）

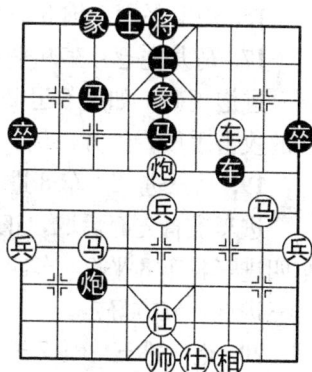

第117局 五七炮进三兵对反宫马

1. 炮二平五 马2进3

2. 马二进三 炮8平6

3. 兵三进一 卒3进1

4. 马八进九 象7进5

5. 炮八平七 车1平2

6. 车九平八 炮2进4

7. 车一平二　马8进7　　　　**8.** 兵七进一　卒3进1

9. 兵三进一　卒7进1　　　　**10.** 车二进四　炮2平3

11. 车八进九　炮3进3　　　　**12.** 仕六进五　马3退2

13. 炮五进四　士6进5　　　　**14.** 炮五退一　马2进3

15. 炮七平六　炮3退2　　　　**16.** 相三进五　卒3进1

17. 马九进七　车9平8　　　　**18.** 车二平四　炮6进2

进炮正确。如炮6退2，马七进九，伏下车四平七以及马九进八的攻击手段，红方占优。

19. 马三进二　车8进3

进车准备先弃后取，正确。如炮6退4，炮六进六，车8进3，车四进三，车8平5，车四平三，车5进1，马二进三，车5进2，马三进五，红方好走。

20. 炮六进五　马7进5　　　　**21.** 炮六进一　马5退7

22. 炮六退一　马7进5　　　　**23.** 炮六退一　马5退7

24. 炮六平三　炮6退4　　　　**25.** 马七进九　卒1进1

26. 马九进七　马7进5　　　　**27.** 马七进五　马3进5

28. 车四进二　炮6进2

进炮正确。如车8进2，炮三平五，红方双炮镇住中路，有较大威力，黑方不好。

29. 车四平五（图117）　卒7进1

黑方进7路卒捉马是紧要的反击手段，由此夺得一定主动。如车8进2吃马，炮三进一。红方虽然少一相，但车炮的位置较佳，有攻击力。

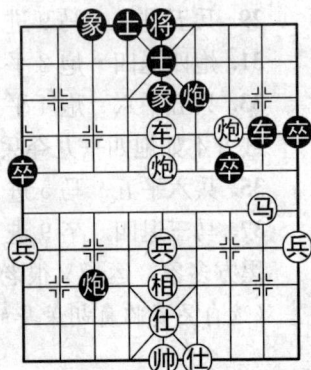

图 117

30. 马二进一　车8平9

如相五进三吃卒，车8进2，相三退五，车8退2，退车牵制车炮，下一步炮6平9，黑方主动。

31. 炮三平二　卒7平6

如相五进三，炮3平8，相三退五，炮8进2，相五退三，车9

平 8，帅五平六，炮 6 平 7，黑方大占优势。

32. 车五平四	炮 3 退 5	33. 车四平三	将 5 平 6
34. 车三平四	炮 3 平 1	35. 兵一进一	将 6 平 5
36. 车四平三	炮 6 平 7	37. 炮五进一	车 9 进 2
38. 炮二退五	卒 6 进 1	39. 炮二平三	炮 7 平 6
40. 车三进三	炮 6 退 2	41. 炮三平四	卒 6 平 5
42. 仕五进四	卒 5 平 6	43. 炮四进二	炮 1 进 4
44. 车三退三	炮 1 平 5	45. 仕四退五	车 9 平 5
46. 炮五退三	车 5 进 1	47. 炮四进五	车 5 进 1
48. 车三平二	车 5 退 2	49. 车二进三	车 5 平 9
50. 炮四退七	卒 1 进 1	51. 仕五进四	炮 6 平 7
52. 炮四平五	车 9 平 5	53. 帅五平六	车 5 进 2
54. 车二退七	炮 7 进 9	55. 帅六进一	炮 7 退 1
56. 帅六退一	车 5 平 4	57. 炮五平六	车 4 平 3

黑方胜。

（选自李艾东负徐天红的对局）

第 118 局　五七炮进三兵对反宫马

1. 炮二平五	马 2 进 3	2. 马二进三	炮 8 平 6
3. 车一平二	马 8 进 7	4. 兵三进一	卒 3 进 1
5. 马八进九	象 7 进 5	6. 炮八平七	车 1 平 2
7. 车九平八	炮 2 进 4	8. 兵七进一	卒 3 进 1
9. 兵三进一	卒 7 进 1	10. 车二进四	炮 2 平 3

如卒 3 平 2，兵九进一，炮 6 进 4，车二平八，车 2 进 5，马九进八，炮 6 平 7，马八进七，形成强烈的对攻形势。

11. 车八进九	炮 3 进 3	12. 仕六进五	马 3 退 2
13. 炮五进四	士 6 进 5	14. 炮五退一	马 2 进 3
15. 炮七平六	炮 3 退 2	16. 炮六退一	卒 3 进 1

如相三进五，车 9 平 8，车二平七，炮 3 平 2，车七进二，马 7

进6，炮六平七，炮2平5，炮五退三，马6进4，黑方满意。

17. 马九进七　　车9平8

18. 车二平四　　炮6进2（图118）

如炮6退2，马七进九，卒1进1，
车四平七，马3进5，车七退二，卒1
进1，炮六进七，卒7进1，车七进七，
卒7进1，车七退五，车8进4，兵五
进一，卒7进1，炮六平九，象5退3，
车七进五，炮6平8，车七退六，将5
平6，炮九退三，红方大占优势。

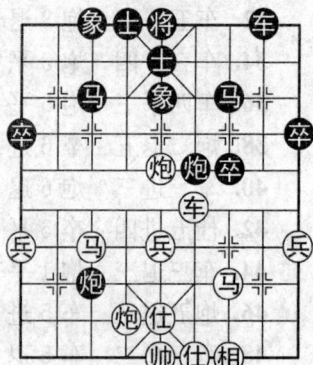

图 118

19. 马三进二　　炮6退4

可车8进3，炮六进六，马7进5，炮六退一，马5退7，炮六
平三，炮6退4，马七进九，卒1进1，马九进七，马3进5，马七
进五，马7进5，车四进二，炮6进2，车四平五，车8进2。以后
有卒7进1的着法，双方各有攻守，黑方较为合适。

20. 炮六平七　　炮6平7

红方平炮嫌软，不如炮六进六，马7进5，炮六退一，卒7进
1，车四平三，车8进4，兵五进一，红方好走。

21. 马七进九　　卒7进1

如马七进六，炮3平5，相三进五，马3进4，黑方占优。

22. 车四进三　　车8进4

如卒7平8，车四平三，马3进5，炮七进八，象5退3，马九
进七，红优势。

23. 车四平三　　车8平5　　　　　**24.** 马二进一　　卒1进1

25. 马九进七　　炮3平7　　　　　**26.** 车三退三　　车5平3

27. 炮七进六　　炮7平1　　　　　**28.** 炮七平八　　车3平2

29. 炮八平七　　车2平3　　　　　**30.** 炮七平八　　炮1进2

应象5进7，炮八平三，车3进5，仕五退六，炮1进2，车三
平八，象3进5，相三进五，车3退6，车八退四，车3平9，车八
平九，车9进3，黑方占优。

31. 仕五进四 车3平2　　　**32.** 炮八平七 车2进5

33. 帅五进一 车2退6　　　**34.** 马一退二 车2平3

35. 炮七平八 车3平5　　　**36.** 炮八退三 车5进3

红方用炮力求夺取中路，所以只好忍痛弃去中兵，以求对攻机会。

37. 相三进五 车5退3　　　**38.** 车三进二 车5进2

39. 车三退二 车5退2　　　**40.** 车三进二

双方各有顾忌，所以兑车，和棋。

（选自孙寿华和徐健秒的对局）

第119局　五七炮进三兵对反宫马

1. 炮二平五 马2进3　　　**2.** 马二进三 炮8平6

3. 车一平二 马8进7　　　**4.** 兵三进一 卒3进1

5. 马八进九 象7进5　　　**6.** 炮八平七 车1平2

7. 车九平八 炮2进4　　　**8.** 兵七进一 卒3进1

9. 兵三进一 卒7进1　　　**10.** 车二进四 炮2平3

11. 车八进九 炮3进3　　　**12.** 仕六进五 马3退2

13. 炮五进四 士6进5　　　**14.** 炮五退一 马2进3

15. 炮七平六 炮3退2

如相三进五，卒3进1，马九进七，炮3退3，车二平七，马3进5，形成复杂的变化。

16. 炮六退一 卒3进1　　　**17.** 马九进七 车9平8

18. 车二平四 炮6进2　　　**19.** 炮六进六 马7进5

20. 车四进一 士5进4

如炮六进一，马5退7，马三进二，车8进3，红方没有多大益处。

21. 马七进九 卒1进1　　　**22.** 马九进七 士4退5

23. 马七进五 马3进5　　　**24.** 马三进四 卒7进1

如炮3退4另有变化。

25. 马四进六 车8平6

如炮3退3兑子，炮五进二，象3进5，马六进五，红方有进攻机会。

26. 车四平二　　炮 3 退 3

可马 5 退 7，车二进一，车 6 进 4，兵五进一，卒 7 平 6，黑方可对抗。

27. 车二进一　　炮 3 平 5 　　　　**28.** 马六进八　　车 6 进 5

红方进马落入后手。应车二平五，炮 5 平 7，相三进五，卒 7 进 1，车五平一，红方可以满意。

29. 车二平五　　炮 5 平 7 　　　　**30.** 相三进五　　卒 7 进 1

31. 车五平一　　将 5 平 6 　　　　**32.** 兵五进一　　士 5 进 6

33. 兵五进一　　士 4 进 5（图 119）

34. 兵一进一　　卒 7 平 6

图 119

红方虽多一兵，但少一相，而黑方又是车炮卒，攻击力较强，给红方造成了一定威胁。红方应认清这种形势。此时红方进边兵度数缓慢，不如兵五进一，对黑方施加压力。

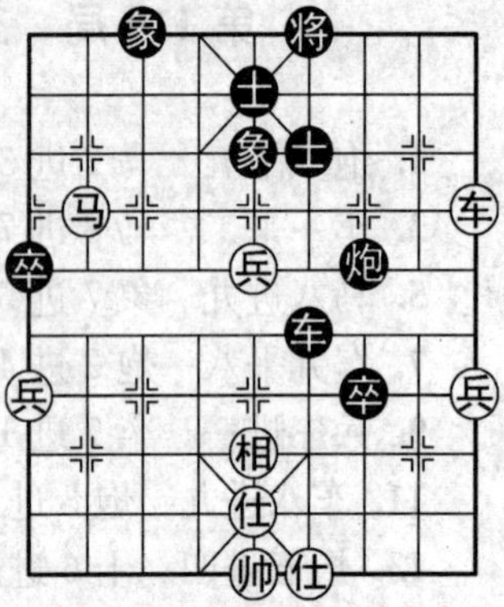

35. 兵一进一　　炮 7 进 2

36. 兵五进一　　车 6 平 5

如车一进三打将，将 6 进 1，马八退六，车 6 平 5，兵五平四，车 5 进 2，车一平三，炮 7 平 9，帅五平六，炮 9 进 3。红方速度较慢，难以争先成势。

37. 相五退三　　炮 7 平 1

38. 兵五平四　　炮 1 平 5 　　　　**39.** 仕五进六　　卒 6 进 1

如仕五退六，炮 5 平 3，仕六进五，车 5 平 2，兵四进一，车 2 进 4，仕五退六，炮 3 进 3，帅五进一，车 2 退 1，帅五进一，士 5 进 6，黑方优势。

40. 车一进三　　将 6 进 1 　　　　**41.** 车一退一　　将 6 退 1

42. 车一进一　　将 6 进 1 　　　　**43.** 车一退一　　将 6 退 1

44. 车一进一　　将 6 进 1 　　　　**45.** 兵四进一　　士 5 进 6

46. 车一退一　　将 6 退 1 　　　　**47.** 车一进一　　将 6 进 1

48. 车一退一 将6退1	49. 车一进一 将6进1
50. 车一退一 将6退1	51. 车一平六 车5平2
52. 马八进七 车2平3	

平车牵马力求稳健，但不如卒6进1，帅五平六，炮5平7，仕六退五，炮7进2，帅六平五，炮7平5，帅五平六，炮5退3，车六退二，车2进4，帅六进一，车2平6，黑方胜定。

53. 帅五平六 车3退3	54. 仕六退五 卒6进1
55. 车六进一 将6进1	56. 车六退一 将6退1
57. 车六进一 将6进1	58. 车六退一 将6退1
59. 兵一进一 炮5平8	

如车六进一，将6进1，马七进五，炮5退6，车六平五，车3进7，帅六进一，车3退6，车五平六，卒1进1，黑方仍有胜机。

60. 车六进一 将6进1	61. 车六退一 将6退1
62. 车六进一 将6进1	63. 车六退一 将6退1
64. 兵一平二 炮8进2	65. 帅六进一 车3进6
66. 帅六进一 卒6平5	67. 帅六平五 卒5平6
68. 帅五平四 卒6平7	69. 车六进一 将6进1
70. 车六退一 将6退1	71. 车六进一 将6进1
72. 车六退一 将6退1	73. 兵二平三 车3平6
74. 帅四平五 士6退5	

黑方运用车炮卒加大攻势，终于取得胜利。

（选自胡文博负李国勋的对局）

第120局 五七炮进三兵对反宫马

1. 炮二平五 马2进3	2. 马二进三 炮8平6
3. 兵三进一 卒3进1	4. 马八进九 马8进7
5. 炮八平七 象3进5	6. 车九平八 车1平2
7. 车一平二 炮2进4	8. 兵七进一 卒3进1
9. 兵三进一 卒7进1	10. 车二进四 炮2退5

退炮企图兑子抢先。如炮 2 平 3 又不太适宜，因为上的是右象，唯恐在布局时吃亏，所以退炮求变。

11. 车二平七	炮 2 平 3		**12.** 炮五进四	士 6 进 5
13. 炮五平七	车 2 进 9			

红方平炮七路，有力地遏制了黑方 3 路炮的反击，着法细致有力。

14. 马九退八	马 3 退 1		**15.** 炮七平三	马 1 进 3
16. 炮三平七	马 3 退 1		**17.** 炮七平三	马 1 进 3
18. 炮三平七	马 3 退 1		**19.** 炮七平三	炮 3 退 1

在双方对打的情况下，黑方力求变化，寻求机会，反映出功力的深厚。

20. 车七进四	炮 6 退 1		**21.** 车七退二	车 9 平 8
22. 马三进四	车 8 进 3		**23.** 马四进六	炮 6 平 7
24. 马六进四	炮 7 进 2			

红方强行进马，迫使黑方弃车交换马炮，运子机智灵活。

25. 马四进三　炮 7 退 2

26. 炮七进七　马 1 退 3

27. 车七平二　士 5 退 6

28. 马八进七　炮 7 平 5

29. 车二平九　马 7 进 6

30. 车九平一（图 120）　马 3 进 4

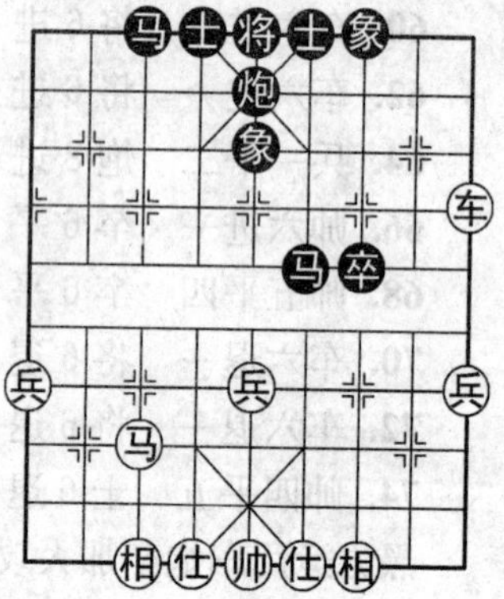

红方借势吃卒，企图利用车兵取

图 120

得胜势，正确。此时黑方应马 6 进 5，马七进五，炮 5 进 5，利用马炮对付红方的车双兵，仍有一定的谋和机会。

31. 仕四进五　马 6 进 5		**32.** 马七进六　马 4 进 3

如马七进五，炮 5 进 5，相三进五，马 4 进 3，红方取胜的难度很大。

33. 相三进五　马 5 进 7		**34.** 仕五进六　卒 7 进 1
35. 兵一进一　卒 7 平 6		**36.** 仕六进五　卒 6 平 5
37. 马六进七　马 7 退 6		**38.** 马七进九　马 6 退 5

39. 马九进七　炮5平4　　40. 兵九进一　士6进5
41. 兵九进一　马5进7　　42. 车一平六　马3退4
43. 兵一进一　将5平6　　44. 车六平四　马7退6
45. 兵九平八　马4进5　　46. 兵一平二　士5进4
47. 兵二进一　炮4平9　　48. 兵二进一　士4退5
红方进兵威胁黑方6路马，并随时制造攻势，黑方已难防守。
49. 马七退六　炮9平6　　50. 车四平五　炮6平9
51. 车五平一　炮9平6　　52. 车一进三　炮6平7
53. 兵二平三　炮7平8　　54. 车一平二　炮8平9
55. 马六退四　炮9进3　　56. 兵三平四
红方胜。
（选自胡荣华胜李来群的对局）

第二章 五七炮对反宫马进7卒

第121局 五七炮对反宫马进7卒

1. 炮二平五　马2进3　　　　2. 马二进三　炮8平6

3. 车一平二　马8进7　　　　4. 马八进九　卒7进1

5. 炮八平七　马7进6　　　　6. 车九平八　炮2平1

7. 车八进四　象7进5　　　　8. 炮七进四　士4进5

如车9平7或卒1进1，红方可车二进六抢先。

9. 炮五退一　卒1进1　　　　10. 车八进一　马6进4

可考虑兵七进一，对形势更好一些。由于第9回合黑方进边卒比较有力，至此已成均势状态。

11. 车八平六　马4进6　　　　12. 炮五平七　车1平2

13. 车二进四　卒7进1

由于红方对局势的分析不够准确，从而造成被动。此时应仕四进五或者马三退五。黑方大胆弃7路卒，打开了8路车道。

14. 车二平三　马6进7　　　　15. 帅五进一　车2进7

16. 相三进五　车9平8

黑方没有走马7退5吃相的抢先之着，而是出动左车，加大攻击力量，含蓄有力。

17. 后炮平三　车8进8　　　　18. 炮三平四　车2进1

19. 马九退七　炮6进1（图121）

红方虽然未失一子，但老帅已出九宫，左右要路又被黑车所控

制，已非常危险。此时黑方进炮打
炮，增大攻击力度，紧凑有力。

20. 车六退四　炮6平3
21. 车三平七　炮3进1
22. 帅五退一　马3进2
23. 炮四平五　炮1平3
24. 车六进五　车8平5
25. 仕四进五　后炮进3
26. 兵七进一　炮3进4
27. 兵七进一　马2进3
28. 车六退三　车2退2
30. 兵八平九　炮3平1
32. 车六进三　卒5进1
34. 马三进四　马4进5
36. 马三进一　士5进4
38. 车九进三　士6进5
40. 相五退三　车9平3
42. 车九平五　车3进3
44. 车五进五　车3退5

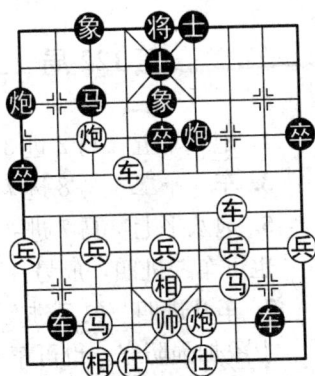

图 121

29. 兵七平八　车2平1
31. 兵三进一　炮1退4
33. 车六平九　马3退4
35. 马四进三　马5进7
37. 马一进三　将5平4
39. 马三退五　车1平9
41. 车九退四　象3进5
43. 车五退三　马7退6
45. 车五退三　马6进7

黑方运子细致有力，不断扩大攻势，红方已难防守。

46. 车五退二　马7退9
48. 相三进五　卒9进1
50. 车一平二　车3平7
52. 兵四平五　卒9进1
54. 车二平一　马7退9
56. 兵七进一　士5退6
58. 相五退三　士4退5

47. 车五平一　车3进2
49. 兵三进一　卒9进1
51. 兵三平四　马9进7
53. 兵五平六　卒9平8
55. 兵六平七　将4平5
57. 车一平四　车7平5

黑方胜局已定。

（选自于幼华负李来群的对局）

第122局　五七炮对反宫马进7卒

1. 炮二平五　马2进3　　　　　**2.** 马二进三　炮8平6

3. 车一平二　马8进7　　　　　**4.** 马八进九　卒7进1

5. 炮八平七　马7进6　　　　　**6.** 车九平八　炮2平1

也可车二进四，成另一路变化。

7. 车八进四　象7进5

上象加强防守。也可车9进1，准备平4路对抢先手。

8. 炮七进四　车9平7　　　　　**9.** 炮五退一　士4进5

红方退炮企图改变阵形的结构，并控制黑方7路马的动向。

10. 相三进五　卒1进1

也可卒9进1，炮五平一，炮1进4，车八退一，炮1退2，黑方子力活通。

11. 炮七平一　炮1进4　　　　**12.** 炮一退一　卒1进1

13. 车八平七　马6退4

红方平车迫使黑方退马，紧要。如车八平二，马6进7，炮五平三，炮6平7，红方不占便宜。

14. 车七平二　炮1平2　　　　**15.** 马九退七　炮2进1

16. 前车平六　车1进3

如炮2平7，车六进二，炮7进1，马七进六，车1进3，车六平九，马3进1，兵五进一，红方占优。

17. 车六退二　炮2退6　　　　**18.** 炮五平二　车7进3

如炮6平8，炮二平一，炮8平9，车二进七，炮2平4，车六平八，炮4进1，黑方可以对抗。

19. 炮二进六　车7平9　　　　**20.** 兵一进一　车1平2

如炮2进3，炮二退一，炮6进1，兵三进一，卒7进1，相五进三，炮2平3，车六平四，炮6退1，车四进四，车9退3，车四退五，红方占优。

21. 兵七进一　炮2平4　　　　**22.** 车六平七　炮4平3

23. 兵七进一　卒 5 进 1

24. 炮二退一　马 4 退 2

25. 兵七进一（图 122）车 2 进 1

黑方进车河口保护中卒，但忽略了红方进三路兵的潜在威力。不如车 2 平 3 吃兵，车七进四，炮 3 进 2，炮一平五，炮 6 平 8，炮二平三，车 9 平 7，车二进七，马 2 进 3，黑方并不难走。

26. 兵三进一　炮 6 平 8

27. 炮二平三　马 3 进 5

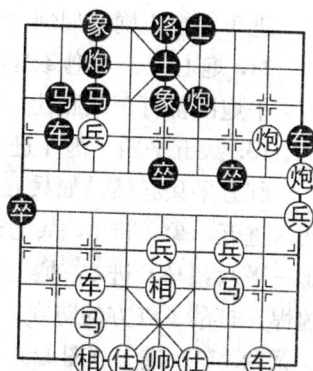

图 122

28. 兵七平六　马 2 进 3

29. 车七平六　炮 8 平 7

30. 兵六平五　炮 3 进 7

如车 9 平 7，炮一进四，炮 7 退 2，车六进六，炮 3 进 7，车二进八，红方胜势。

31. 兵五进一　象 3 进 5

32. 车二进七　马 3 进 2

33. 车六退一　炮 7 平 6

34. 马三进二　车 9 退 3

35. 兵三进一　炮 3 退 6

36. 马二进四　车 2 平 3

37. 相七进九　车 3 进 4

38. 车六进二　卒 1 进 1

39. 马四进五　炮 3 平 4

40. 炮一平五　车 3 平 6

41. 仕六进五

红方胜。

（选自于幼华胜林宏敏的对局）

第 123 局　五七炮对反宫马进 7 卒

1. 炮二平五　马 2 进 3

2. 马二进三　炮 8 平 6

3. 车一平二　马 8 进 7

4. 兵七进一　卒 7 进 1

5. 车二进六　士 4 进 5

6. 车二平三　车 9 进 2

7. 炮八平七　象 3 进 5

8. 马八进九　炮 2 进 4

9. 兵五进一　车 1 平 4

10. 车九平八　车 4 进 6

进车保炮正确。如炮2平4，炮五进四，红方好走。

11. 炮七进一　炮2退6　　　**12.** 兵五进一　炮2平4

平炮准备打车及底仕，抢夺先手，灵活有力。

13. 兵五平四　炮4进9

红方平兵必然。如兵五进一，炮6进3，兵五进一，炮6平5，仕六进五，象7进5，兵七进一，马3进5，兵七进一，马5进6，车三平六，马6进8，炮七退二，车4进2，黑方胜。黑方炮打仕凶悍，打乱了红方的防守。

14. 车八进二（图123）　车9平8

红方进车诱使黑车吃炮。黑方如车4平3吃炮，车八平六，车3平6，车六退二，车6退2，马三进五，红方有一定攻势。

15. 兵七进一　象5进3

16. 兵四进一　炮6平5

17. 炮七进三　炮4平6

弃炮打仕，使红方的防守更加艰难，佳着。

18. 炮五进五　象7进5

20. 马三退五　车4进2

22. 车三进一　车4平6

黑方胜。

（选自郭长顺负于幼华的对局）

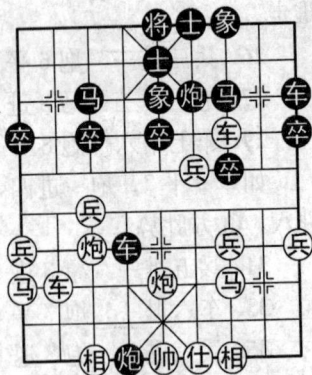

图123

19. 兵四进一　车8进6

21. 马五进四　炮6退7

第124局　五七炮对反宫马进7卒

1. 炮二平五　马2进3　　　**2.** 马二进三　炮8平6

3. 马八进九　马8进7　　　**4.** 炮八平七　卒7进1

5. 车九平八　马7进6　　　**6.** 兵七进一　马6进4

7. 炮七退一　车1平2

红方先出动左路子力而不动右车，是布局战略的需要。

8. 车八进三　　车 9 平 8

红方进车兵线要道，防止黑方进炮封车，也可兵七进一，炮 2 进 5，兵七进一，马 3 退 5，车一平二，红方略占主动。

9. 车八平六　　马 4 进 6　　　　**10.** 马三退五　　炮 2 进 6

退马中路容易被黑方利用，不如车一进一稳妥。

11. 炮五平六　　马 6 进 5

红方可炮五进四，同样兑马，还可多得一卒。

12. 仕四进五　　车 2 进 7　　　　**13.** 炮六平四　　车 2 平 1

14. 相三进五　　车 1 进 2

不如车六平八，车 1 平 3，车八退二。红方不弃子，还可对抗。

15. 兵七进一　　车 8 进 5　　　　**16.** 车六平八　　炮 2 进 1

不如兵七进一，保持六路车对黑方较有威胁。

17. 兵七进一　　马 3 退 5　　　　**18.** 兵三进一　　炮 6 进 4

19. 兵五进一　　炮 6 平 1　　　　**20.** 炮七进三　　炮 1 退 1

21. 兵五进一　　车 8 退 2　　　　**22.** 兵五平六　　卒 7 进 1

23. 车一平三　　象 3 进 5

24. 兵六进一　　卒 5 进 1

25. 相五进三　　炮 2 平 4 (图 124)

红方用相吃卒导致败势。应炮七平八兑炮，炮 2 退 4，车八进一，卒 7 平 8，车三进八。虽少一子，但有双兵过河参战，足可和黑方对抗。

26. 仕五退六　　车 1 平 3

27. 相三退五　　车 3 退 1

28. 车八平九　　卒 1 进 1

29. 车三进三　　卒 5 进 1

30. 兵六进一　　车 8 进 6

31. 炮四退二　　车 8 退 2　　　　**32.** 相五退三　　车 3 退 3

黑方弃炮打仕之后，一炮换取仕相。红方又失一子，已无法对抗。

33. 兵六进一　　车 8 平 4　　　　**34.** 兵六平五　　士 4 进 5

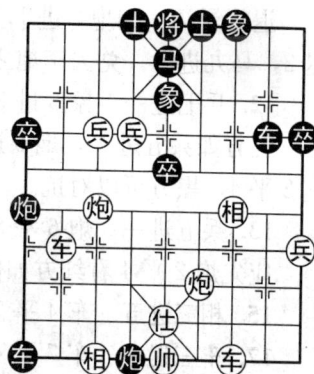

图 124

35. 车三进三　卒5平6　　　　**36.** 车三平五　车3进3

黑方有炮1平5的攻势，红方无法阻挡，黑胜。

（选自王德发负吕钦的对局）

第125局　五七炮对反宫马进7卒

1. 炮二平五　马2进3　　　　**2.** 马二进三　炮8平6

3. 车一平二　马8进7　　　　**4.** 兵七进一　卒7进1

5. 车二进六　士4进5　　　　**6.** 炮八平七　象3进5

如象7进5，车二平三，车9进2，马八进九，炮2进4，兵五进一，车1平2，车九平八，车9平8，兵五进一，红方主动。

7. 车二平三　车9进2　　　　**8.** 马八进九　炮2进4

9. 兵五进一　车1平4　　　　**10.** 车九平八　车4进6

进炮保炮并占据兵线要道，正确。如炮2平4，炮五进四，炮6进3，炮五平六，马7进5，炮七平六，红方好走。

11. 炮七进一　炮2退6

退炮灵活。如炮2进1，车八进二，车4平3，车八进七，马3退2，马九进七。兑去车炮之后红方占优。

12. 兵七进一　象5进3

红方如兵五进一，炮6进3，车八进七，炮6平5，仕四进五，炮2平4，黑方可以对抗。

13. 兵五进一　炮6平5　　　　**14.** 兵五平四　炮5进5

应先炮2平4看红方如何应付再兑中炮，较有抢先机会。

15. 相三进五　车4平7　　　　**16.** 炮七退一　马7退9

17. 车三退一　车7平4　　　　**18.** 仕六进五　炮2平3

19. 兵四进一　马3退4　　　　**20.** 车八进六　车9平7

21. 兵四平三　象7进5　　　　**22.** 车三退一　车7平6

23. 兵九进一　车6进4

红方过河一兵，各子占位较好，形势令人满意。

24. 马九进八　车4平2　　　　**25.** 车八平七　马9退7

26. 炮七平六　马7进6

27. 车七平五　马4进3

28. 车五平四　车6平7

29. 车三平五　卒9进1

30. 兵三进一　车7退4

红方强行进三路兵抢先。

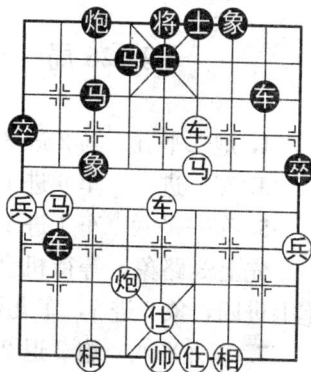

图 125

31. 马三进二　车7平8

32. 马二进四　象5退7

33. 相五退三　马6退4（图125）

34. 炮六平五　象3退5

红方平中炮攻杀，被黑方退象后，难以扩大攻势，不如马四进六，阻住河口象的退路，并有打马的先手。黑方如马3进5，炮六平五打马，红方优势。

35. 车四平六　马4退2

36. 相七进九　炮3平4

37. 仕五退六　车8平6

38. 马四进二　车6平8

39. 马八进九　马3进1

40. 车六平九　马2进4

41. 兵九进一　车2平4

42. 仕六进五　车4平1

43. 车五平四　车1平5

黑方不断调整子力，巩固防守，抵抗红方攻势。

44. 车九平三　车5退2

45. 兵九进一　车5平8

46. 车四进二　马4进2

47. 车四平八　马2退3

48. 车三平四　马3进4

49. 车八平五　马4进3

50. 车五平七　马3进5

51. 车四平三　马5退7

52. 车三平四　马7进5

53. 车四平三　马5退7

黑方运马加强防守，使红马没有攻击的机会。

54. 炮五平八　象5退3

55. 车三进三　马7进6

56. 车七平四　后车进1

57. 车四退三　后车平1

58. 炮八平五　车1平5

59. 车三退三　车5进1

60. 车三平七　象3进5

61. 车七进一　车8进1

62. 相九进七　车5进3

63. 相七退五　卒9进1

黑方以车兑炮，和棋。

（选自柳大华和胡荣华的对局）

第 126 局　　五七炮对反宫马进 7 卒

1. 炮二平五　马 2 进 3　　　　　**2.** 马二进三　炮 8 平 6
3. 车一进一　车 9 进 1　　　　　**4.** 马八进九　卒 7 进 1
5. 车一平六　车 1 进 1　　　　　**6.** 炮八平七　象 3 进 5

先上 3 路象，等待机会。如车 1 平 4，车六进七，车 9 平 4，炮七进四，象 3 进 1，车九平八，红方多兵好走。

7. 车九平八　炮 2 退 2　　　　　**8.** 车八进四　车 1 平 2

不如车 1 平 4 兑车较为适宜。

9. 车八平六　马 8 进 7　　　　　**10.** 兵三进一　卒 7 进 1
11. 前车平三　马 7 进 8　　　　　**12.** 车六进四　车 9 平 8

红方进车捉马抢占要道，要争先的有力之着。

13. 兵七进一　车 2 平 4　　　　　**14.** 车六平四　士 4 进 5
15. 仕四进五　炮 2 进 6

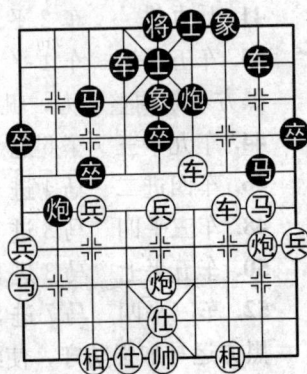

不如炮 2 平 3，以下可走卒 3 进 1 打开 3 路线，对红方有一定的威胁。

16. 炮七进一　炮 2 进 1
17. 马三进二　炮 2 退 2
18. 兵五进一　卒 3 进 1
19. 炮七平二（图 126）　车 4 进 5

红方平炮牵制车马，伏下了得子的机会，黑方已难应付。此刻黑方如车 4 进 3，车四平六，马 3 进 4，炮五平二，红方好走。

图 126

20. 车四平二　车 8 进 3　　　　　**21.** 炮二进二　卒 3 进 1
22. 兵九进一　炮 2 退 4　　　　　**23.** 炮二进四　将 5 平 4
24. 兵五进一　卒 5 进 1

红方弃中兵，意欲加强攻击力。

25. 炮五平六　车 4 平 9　　　　**26.** 马二进三　车 9 平 8

27. 马三进五　车 8 退 6

红方马踏中象，大胆弃炮抢攻，由此打开了黑方的防守大门。

28. 马五进七　将 4 进 1

红方先进马要杀，是谋取胜局的要着。

29. 车三平六　炮 6 平 4

红方应先走车三平七吃卒捉马，然后再作攻击，才是上策。

30. 车六平七　马 3 进 4　　　　**31.** 马九进八　炮 4 进 5

红方应车七进一捉马，效力更佳。

32. 车七平六　车 8 进 3　　　　**33.** 车六退二　士 5 进 4

34. 车六进三　象 7 进 5　　　　**35.** 马七退六　将 4 退 1

36. 马八进九　炮 2 平 3

红方可马六进四，车 8 平 6，车六进二，炮 2 平 4，车六平五，红方速胜。

37. 马九进八　士 6 进 5　　　　**38.** 车六平九　将 4 平 5

39. 车九进四　炮 3 退 1　　　　**40.** 马八退六　将 5 平 6

41. 前马进七　车 8 平 4　　　　**42.** 马七退五　将 6 进 1

43. 马五退七

红方胜局已定。

（选自赵力胜王天一的对局）

第 127 局　五七炮对反宫马进 7 卒

1. 炮二平五　马 2 进 3　　　　**2.** 马二进三　炮 8 平 6

3. 车一平二　马 8 进 7　　　　**4.** 兵七进一　卒 7 进 1

5. 车二进六　士 4 进 5　　　　**6.** 炮八平七　象 3 进 5

如象 7 进 5，车二平三，车 9 进 2，马八进九，炮 2 进 4，兵五进一，车 1 平 2，车九平八，车 9 平 8，兵五进一，卒 5 进 1，马三进五，炮 2 平 7，车三平四，车 2 进 9，马九退八，车 8 进 3，黑方可以对抗。

7. 车二平三　车9进2　　**8.** 马八进九　炮2进4

9. 兵五进一　车1平4　　**10.** 车九平八　车4进6

11. 炮七进一　炮2退6　　**12.** 炮五进四　炮2平4

可考虑兵七进一，象5进3，兵五进一，炮6平5，兵五平四，炮2平4，仕六进五。红方有一兵过河，略占优势。

13. 炮五退一　车4退1　　**14.** 仕六进五　车4平5

上仕作用不大，黑方平车之后取得满意的形势。不如车八进二，炮4进9，兵七进一，红方较为好走。

15. 炮五平八　炮6进2　　**16.** 车三平六　车9平8

不如炮八退一。黑方如车5退2，车三平五，马7进5，相七进五，车9平6，大体均势。

17. 炮八进三　马7进5

红方进炮落空。应炮八退一，车5退2，车六平五，马7进5，相七进五，红方还可支持。

18. 车八进七　炮6退1

19. 车六退四　炮4进2

20. 车八退四（图127）　炮6平7

黑方平炮7路，准备打兵夺先，给红方的防守造成一定的威胁。红方要想化解这不利局势，已很不易。

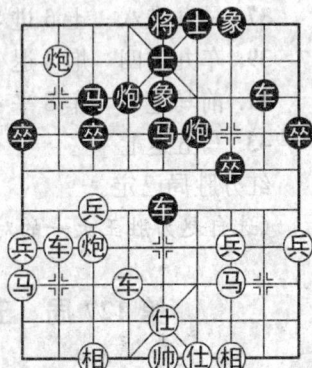

图 127

21. 相七进五　车8进5　　

22. 炮七进三　马5进4

23. 车六进二　车5平4

24. 马三进五　车8退1

25. 兵七进一　车8平7　　**26.** 炮八进一　马3退2

27. 车八进六　士5退4　　**28.** 马五进六　士6进5

29. 炮七平六　车4平8　　**30.** 炮六平一　车7平9

31. 炮一平九　车9平1　　**32.** 炮九进三　车1进1

33. 马六进四　车8退4　　**34.** 马四进六　士5进4

35. 兵七平六　车 8 平 3　　　　36. 兵六进一　士 4 退 5

37. 兵六平五　炮 7 平 8　　　　38. 兵五平四　炮 8 进 6

39. 兵四平三　车 3 进 6

红方少子失势，黑方胜。

（选自陶汉明负宗永生的对局）

第 128 局　五七炮对反宫马进 7 卒

1. 炮二平五　马 2 进 3　　　　2. 马二进三　炮 8 平 6

3. 车一平二　马 8 进 7　　　　4. 兵七进一　卒 7 进 1

5. 车二进六　士 4 进 5　　　　6. 车二平三　车 9 进 2

7. 炮八平七　象 3 进 5　　　　8. 马八进九　炮 2 进 4

9. 兵五进一　车 1 平 4　　　　10. 车九平八　车 4 进 6

11. 炮七进一　炮 2 退 6　　　　12. 兵五进一　炮 2 平 4

13. 兵五进一　炮 6 进 3

如兵五平四，炮 4 进 9，车八进二，车 4 平 3，车八进六，车 3 平 6，车六退二，车 6 退 2，马三进五，红方有攻势。

14. 兵五平四　炮 6 平 5

如兵五进一吃象，炮 6 平 5，仕四进五，象 7 进 5，黑方好走。

15. 仕六进五　卒 3 进 1　　　　16. 马三进五　炮 5 进 2

17. 相七进五　车 4 平 5

红方可考虑相三进五，使左边马有相保护。

18. 兵七进一　（图 128）　马 3 进 5

黑方献马中路是化解红方攻势的好着。如炮 4 进 3，炮七进四，炮 4 平 7，兵四平三，红方兑子后可以满意。

19. 兵四平五　马 7 进 5

20. 兵七进一　马 5 进 6

21. 车三平六　马 6 进 8

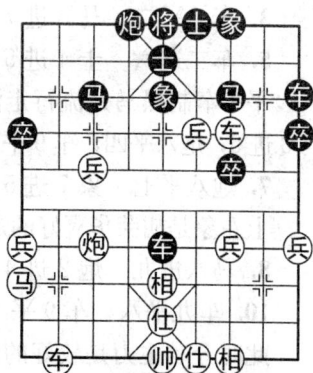

图 128

可车三平二，马6退4，炮七进一，车5平1，车二平六，马
进6，炮七平五，马6进8，仕五进四。红方有车八进九的手段，
比较有利。

22. 炮七退二　车5平1　　　　**23.** 相五进七　象5退3
相五退七较好。

24. 车八进二　车9平4　　　　**25.** 车六进一　士5进4
26. 车八平三　车1平4　　　　**27.** 车三平五　象3进5
不如士4退5，使4路炮通畅。

28. 车五平二　车4平7　　　　**29.** 炮七进二　卒7进1
30. 兵七进一　士4退5　　　　**31.** 兵七进一　炮4进4
32. 炮七平二　炮4平8　　　　**33.** 车二平八　车7平8
34. 兵七平六　士5退4　　　　**35.** 马九进八　士6进5
36. 马八进七　车8平9　　　　**37.** 马七退五　炮8退3
38. 兵六平五　将5进1　　　　**39.** 马五退三　车9平6
双方均无力取势，和棋。

（选自杨官璘和徐天利的对局）

第 129 局　　五七炮对反宫马进 7 卒

1. 炮二平五　马2进3　　　　**2.** 马二进三　炮8平6
3. 车一平二　马8进7　　　　**4.** 兵七进一　卒7进1
5. 车二进六　士4进5　　　　**6.** 车二平三　车9进2
平车牵制黑马是流行走法。如马八进七，炮6进5，炮五进四，
马3进5，炮八平四，车9平8。红方如果不兑车，变化比较复杂。

7. 炮八平七　象7进5
上左象是胡荣华喜好的走法。也可象3进5，另有不同的变化。

8. 马八进九　炮2进4　　　　**9.** 兵五进一　车1平2
10. 车九平八　车9平8
此时开动主力是较好的应法。如炮6退1，兵七进一，象5进
3，兵五进一，炮6平7，车三平四，马7进8，车四退三，炮2平

7，炮五进四，红方有较强的攻势，比较有利。

11. 仕六进五（图129）　**炮6进4**

炮6进4容易导致3路马遭受攻击，是局势受困的主要根源。不如卒7进1。红方如车三退二，马7进6，黑方可以抗衡。

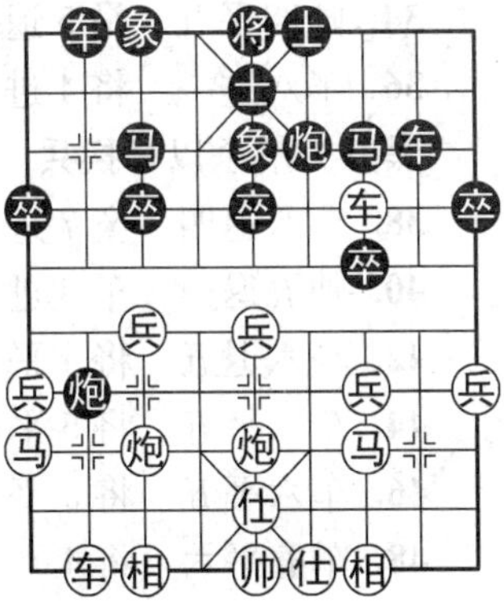

图 129

12. 车三平四　炮6平1

平车正确。如马三进五，炮6平9，黑方有攻势。

13. 兵七进一　象5进3

14. 兵五进一　象3进5

15. 兵五平六　马3退4

红方弃七路兵进行攻击，使中兵借机过河增强攻势，企图由此扩大攻击力。而黑方退马防守，也很及时有力，双方都很老练。

16. 炮七进四　车8进4

红方此时进炮打卒，保持子力的均势，平稳之着。

17. 马九退七　车8平7　　　**18. 车八进三　车2进6**

19. 马七进八　车7平2　　　**20. 车四平三　车2退3**

21. 马三进五　车2平3　　　**22. 车三进一　象3退1**

红方主动兑子，简化了局势，形成子力占位较好的形势，即将发起攻势。黑方此时退边象，对攻起来不如红方快捷，应象5退7，兵六平七，车3进1，相七进九，各有顾忌。又如红方车三平八，象3退5，相七进九，各有千秋。

23. 炮五平二　车3进6

红方平炮是乘虚而入的好着，为将来取势创造了条件。

24. 仕五退六　车3退3　　　**25. 炮二进七　象5退7**

26. 马五进四　马4进3　　　**27. 车三进二　将5平4**

28. 兵六进一　马3进4　　　**29. 车三退二　将4进1**

30. 车三平八　炮1进3　　　**31. 帅五进一　车3进2**

出帅有惊无险。如退车解将，反倒被牵制。

32. 帅五进一　马4进3　　　　33. 帅五平四　马3退5

34. 帅四平五　马5退4　　　　35. 马四进六　车3退5

36. 车八进一　将4进1　　　　37. 炮二退三　卒7进1

黑方为解杀以马换兵，实力大损，难以抵挡红方的攻击。

38. 车八退四　卒7进1　　　　39. 车八平六　车3进4

40. 帅五退一　车3进1　　　　41. 帅五进一　卒7进1

42. 马六退五　将4平5　　　　43. 车六进二　卒5进1

44. 车六平五　将5平4　　　　45. 车五平六　将4平5

46. 车六平五　将5平4　　　　47. 车五退一　炮1平6

48. 车五平六　将4平5　　　　49. 车六平五　将5平4

50. 马五进三　车3退4　　　　51. 车五平七　象1进3

52. 马三进一

红方胜。

（选自杨官璘胜胡荣华的对局）

第130局　五七炮对反宫马进7卒

1. 炮二平五　马2进3　　　　2. 兵七进一　炮8平6

3. 马二进三　卒7进1　　　　4. 车一平二　马8进7

5. 车二进六　士4进5　　　　6. 炮八平七　象7进5

上左象是上海棋队的创新。如象3进5，车二平三，车9进2，
马八进九，炮2进4，兵五进一，车1平4，车九平八，车4进6，
炮七进一，炮2退6，兵五进一，形成复杂的对攻形势。

7. 车二平三　车9进2　　　　8. 马八进九　炮2进4

9. 兵五进一　车1平2　　　　10. 车九进一　炮6进4

红方升左横车积极。如车九平八，车9平8，黑方阵势稳固，
红方没有好的攻击方法。

11. 马三进五　炮2平3　　　　12. 兵五进一　炮3进3

13. 仕六进五　炮6平1　　　　14. 车九平六　炮3平1

15. 马五进六　车9平8　　　　16. 车三平四　车2进9

红方避开三路车而不吃马，机智。如马六进七，车2进9，车六退一，前炮平4，马九退八，炮4退6，红方失车。

17. 车六退一　车2退3

18. 车六进二（图130）　炮1平7

双方形成紧张激烈的对攻局势，稍有闪失就可能导致败局。此刻黑方平炮吃三路兵是缓着。应车8进3，迅速将左车移调右路加强攻击。以下红方如马六进七，车8平3，兵五进一，车2进3，车六退二，后炮平5，马九退八，车3进2，兵五进一，车3平4，车六平七，象3进5，车四平

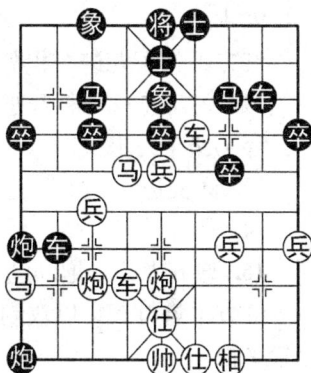

图 130

七，马7进6，后车平九，炮1平3，车九进三，士5退4，车九退六，车4平2，马七退六，炮5退2，马六退五，炮5进3，相三进五，马6进7，相五退七，车2进2，车九平七。黑方多一卒，局势较好。

19. 马六进七　车8进3

红方吃马过早。应先炮七平八阻车，使其没有打将的机会。以下黑方如炮7进1，车四退四，炮7平5，车四平五，马3退1，兵五进一，红方占优。

20. 兵五进一　炮7平5　　　　**21.** 帅五平六　炮5平4

22. 帅六平五　炮4平5

在少子不利的形势中，平中炮威胁中路，迫使红方出帅应付，然后再平炮打将。红方不能变着，双方不变和棋。

（选自柳大华和胡荣华的对局）

第 131 局　　五七炮对反宫马进7卒

1. 炮二平五　马2进3　　　　**2.** 马二进三　炮8平6

3. 车一平二　马8进7　　　　**4.** 兵七进一　卒7进1

5. 车二进六　士4进5　　　　**6.** 车二平三　车9进2

7. 炮八平七　象7进5　　　　**8.** 马八进九　炮2进4

9. 兵五进一　车1平2　　　　**10.** 车九平八　车9平8

红方不如车九进一积极有力。

11. 兵九进一　卒7进1

弃7路卒力求反击。

12. 兵五进一　卒5进1　　　　**13.** 马三进五　卒5进1

14. 马五进三　卒5平6　　　　**15.** 马三进二　炮2平5

16. 炮五平二　炮6进2

红方平炮打车，以攻制攻，对攻比较激烈。如仕六进五，局势
比较平稳。

17. 帅五进一　车2进9

18. 马九退八　炮6平8

19. 兵七进一（图131）马3进5

黑方挡住了红方炮五平二的攻
击，使中炮攻击威力显示出来，如配
合好马卒助战，形势非常乐观。此时
红方乘势进兵，加强争势，好着。如
车三平七，马7进5，帅五平六，马5
进4，黑方占优。

图131

20. 兵七平六　卒6平5

21. 车三平四　马7退8　　　　**22.** 帅五平六　马8进9

23. 炮七平五　车8平7　　　　**24.** 马二退四　马5进4

25. 马四进六　炮5平3

从局势上看，优劣尚不明显，双方各有牵制。红方可以采取稳
健的走法即车四进三吃士，士5退6，马四进三，马4进5，相三
进五，马9进7，兵三进一，红优。

26. 马八进九　炮3退1　　　　**27.** 车四退三　车7进1

28. 车四平七　卒3进1　　　　**29.** 炮五平六　炮8退1

30. 马六进八　车7平2　　　　**31.** 马八退六　马9进7

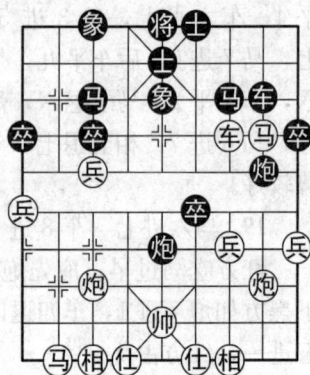

32. 马六退四 炮 8 进 3

红方不如仕六进五加强守卫，形势还可支持，退马后局势被动。

33. 车七退二 炮 3 进 2

利用双炮又打又献，红方陷入困境，足见黑方运子的巧妙。

34. 马四进六 士 5 进 4

如马四退六，炮 3 平 8，马六退五，炮 8 进 1，车七进一，车 2 进 5，马九退七，卒 5 进 1，黑方胜势。

35. 炮二退一 士 6 进 5		**36. 兵六平七 车 2 进 3**	
37. 马六退五 车 2 平 5		**38. 马五进六 车 5 平 7**	
39. 仕六进五 马 7 进 6		**40. 车七平八 车 7 进 2**	
41. 马六退五 车 7 平 8		**42. 兵七平六 车 8 平 7**	
43. 车八进三 车 7 进 1			

先弃后取可摧毁红方防线，如马 4 进 5，炮六进五，士 5 进 4，相三进五，马 6 进 5，马五进四，黑方反招麻烦。

44. 车八平六 马 6 进 5		**45. 马五退四 炮 8 进 2**	

如车六退一，炮 8 进 2，仍是黑方胜势。

46. 帅六退一 车 7 平 6		**47. 马四退五 车 6 平 5**	
48. 帅六平五 马 5 退 4		**49. 马九进八 炮 3 退 1**	
50. 马八退六 马 4 进 6		**51. 炮六平四 炮 8 退 3**	
52. 兵六进一 炮 8 平 5		**53. 相七进五 卒 9 进 1**	
54. 马六进七 炮 5 退 1		**55. 马七进九 炮 3 平 9**	

黑方多子有攻势，胜局已定。

（选自蔡翔雄负赵国荣的对局）

第 132 局　五七炮对反宫马进 7 卒

1. 炮二平五 马 2 进 3		**2. 兵七进一 卒 7 进 1**	
3. 马二进三 炮 8 平 6		**4. 车一平二 马 8 进 7**	
5. 车二进六 士 4 进 5		**6. 车二平三 车 9 进 2**	
7. 炮八平七 象 7 进 5		**8. 马八进九 车 1 平 2**	

9. 车九平八　　炮 2 进 4

炮 6 进 4 也是一种应法。此时卒 7 进 1，局势仍然稍亏一些。

10. 兵五进一　　卒 7 进 1

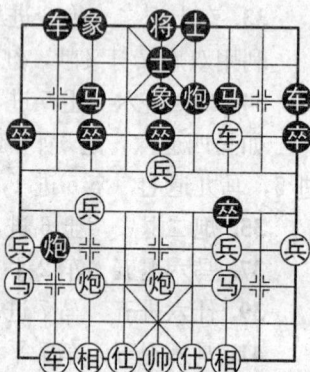

11. 兵五进一（图 132）　卒 5 进 1

红方进中兵可以打开中路攻势，如兵三进一，炮 2 平 7，车八进九，马 3 退 2，车三平四，炮 7 进 3，仕四进五，马 2 进 3，兵五进一，车 9 平 8，双方对攻，形势复杂，后果一时难料。

12. 马三进五　　卒 5 进 1

13. 马五进三　　车 9 平 8

14. 兵七进一　　卒 3 进 1

红方弃七路兵紧凑有力，使黑方

图 132

3 路马受到牵制。如马三进二，炮 2 退 3，车八进六，车 2 进 3，炮五平二，车 8 进 1，车三平二，形势对黑方有利。

15. 马三进二　　马 3 进 4

16. 炮五平二　　马 4 进 6

17. 炮二进五　　马 6 退 7

18. 炮二平四　　士 5 进 6

19. 炮七平三　　象 5 进 7

20. 兵三进一　　前马退 5

经过交换子力，红方进一步扩大了先手，已有力地控制了局势。

21. 马二进三　　将 5 平 4

22. 兵三进一　　马 7 退 9

23. 马九进七　　士 6 退 5

24. 马三退五　　象 3 进 5

25. 马七进五　　车 2 进 3

26. 马五退六　　炮 2 退 1

27. 车八进三　　象 5 进 7

28. 马六进五　　象 7 退 5

29. 车八平六　　将 4 平 5

30. 炮三平五　　马 9 进 8

31. 马五进六　　车 2 退 2

32. 仕六进五　　炮 2 退 3

33. 马六退五　　车 2 平 3

34. 马五进四　　炮 2 进 1

35. 炮五进三　　车 3 进 1

36. 车六平八　　炮 2 退 1

37. 车八进三　　马 8 退 6

38. 相七进九　　将 5 平 4

39. 炮五退三　　卒 3 进 1

40. 相九进七　　炮 2 平 1

红方车马炮位置极佳，胜局已定。

（选自郭长顺胜孙志伟的对局）

第 133 局 五七炮对反宫马进 7 卒

1. 炮二平五 马 2 进 3 　　　**2.** 马二进三 炮 8 平 6

3. 车一平二 马 8 进 7 　　　**4.** 兵七进一 卒 7 进 1

5. 车二进六 士 4 进 5 　　　**6.** 炮八平七 象 7 进 5

上左象可避免右路空虚，是对抗五七炮的一种变化。

7. 车二平三 车 9 进 2 　　　**8.** 马八进九 车 1 平 2

9. 车九平八 炮 2 进 4 　　　**10.** 兵五进一 车 9 平 8

11. 兵五进一 卒 5 进 1

红方冲中兵发动中路攻势。如仕六进五，徐图进取，较为稳健。

12. 马三进五 炮 2 平 7 　　　**13.** 车三平七 车 2 进 9

如车三平四，车 2 进 9，马九退八，车 8 进 5，黑方好走。

14. 马九退八 卒 5 进 1

中路献卒好着，由此夺得了主动。

15. 炮五进二 车 8 进 3 　　　**16.** 炮七平五 马 7 进 6

17. 马八进七 马 6 进 5 　　　**18.** 马七进五 炮 6 进 4

19. 前炮进四 士 6 进 5

进炮无奈。如马五退七，炮 6 平 3，红方仍要失子。

20. 马五进六 炮 6 退 4 　　　**21.** 兵七进一 车 8 平 4

22. 马六进七 炮 7 平 5 　　　**23.** 炮五平八 车 4 平 2

如仕四进五，炮 6 平 3，车七进一，车 4 平 6，伏下出将攻杀，黑方占优。

24. 炮八平九 炮 5 平 3 　　　**25.** 兵七平八 炮 3 退 4

26. 兵八进一 炮 3 平 1

27. 炮九进四 卒 7 进 1（图 133）

黑方 7 路卒过河，使攻击力更加强大，并且又多一炮，已经形成胜势。

28. 车七平一 卒 7 进 1 　　　**29.** 炮九退一 车 2 退 1

30. 炮九退一　卒 7 进 1

31. 相三进五　卒 7 进 1

32. 仕六进五　炮 1 进 4

33. 炮九进五　士 5 退 4

34. 相七进九　炮 1 平 5

35. 相九退七　炮 5 平 1

由于中路难以突破九宫，所以运炮边路展开攻击。

36. 相七进九　车 2 进 5

37. 相五退七　炮 1 平 8

图 133

38. 车一平二　车 2 退 3　　**39.** 炮九退五　士 4 进 5

40. 相七进五　卒 7 平 6　　**41.** 相九退七　炮 8 平 7

42. 车二平三　炮 6 平 8　　**43.** 炮九平二　炮 7 退 2

44. 兵八平七　车 2 平 9　　**45.** 仕五进六　车 9 进 3

46. 帅五平六　车 9 平 6　　**47.** 帅六进一　车 6 平 3

48. 炮二平五　炮 8 进 6　　**49.** 仕六退五　卒 6 平 5

黑方有进炮的攻杀，红方无力应付，黑方获胜。

（选自李中雨负孙志伟的对局）

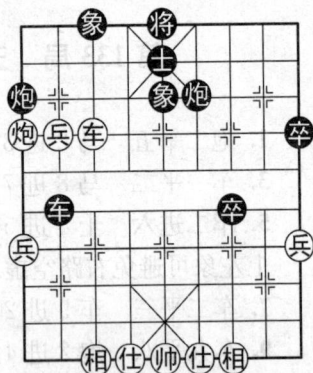

第 134 局　　五七炮对反宫马进 7 卒

1. 炮二平五　马 2 进 3　　**2.** 马二进三　炮 8 平 6

3. 车一平二　马 8 进 7　　**4.** 兵七进一　卒 7 进 1

5. 车二进六　士 4 进 5　　**6.** 炮八平七　象 3 进 5

7. 车二平三　车 9 进 2　　**8.** 马八进九　炮 2 进 4

9. 兵五进一　车 1 平 4　　**10.** 车九平八　车 4 进 6

11. 炮七进一　炮 2 退 6　　**12.** 炮五进四　炮 2 平 4

打卒先得实利。也可兵七进一，形成另一路变化。

13. 炮五退一　车 4 退 1

如兵五进一，炮 4 进 9，相七进五，炮 4 退 2，车八平六，炮 6

进6，仕四进五，炮4进1。变化比较复杂，各有顾忌。

14. 仕六进五　车4平5　　　**15.** 炮五平八　象5退3

不如车5退2兑车简化局势，比较平稳。

16. 相七进五　象7进5　　　**17.** 车八平六　车9平8

18. 炮七进三　炮6退1

19. 炮八进二　炮6平7

20. 车三平四　车5退2（图134）

21. 车六进八　象3进1

红方进车要杀是抢先攻击的佳着，以下不管黑方如何应付，都难解除被动受攻的困境。至此，红方大占优势。

22. 车四进二　马7进8

23. 兵七进一　炮7进1

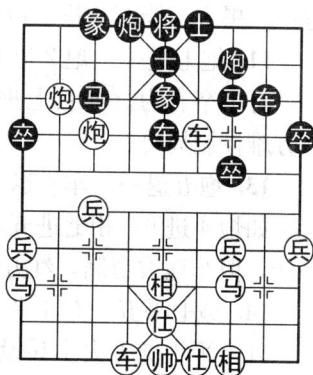

图 134

如象1进3，炮八进二，马3退2，炮七进三，红胜。

24. 车六平七　马8进7　　　**25.** 马九进七　象1退3

26. 马七进八　马7进5　　　**27.** 相三进五　炮7进5

28. 车七平六　象3进1　　　**29.** 马八进七　车5进4

30. 炮八进二　象1退3　　　**31.** 炮七进三

红方打象成杀，红胜。

（选自于幼华胜柳大华的对局）

第135局　　五七炮对反宫马进7卒

1. 炮二平五　马2进3　　　**2.** 马二进三　炮8平6

3. 车一平二　马8进7　　　**4.** 兵七进一　卒7进1

5. 车二进六　士4进5

上士防守力求稳健。如车1进1以及车9进2，车9平8，另有不同变化。

6. 车二平三　车9进2　　　**7.** 炮八平七　象3进5

8. 马八进九　炮2进4

如炮2进1，炮七进四，炮2进5，马三退五，红方比较好走。

9. 兵五进一　车1平4　　　　10. 车九平八　车4进6

如炮2平4，炮五进四，炮6进4，车三平四，炮4平7，相三进一。黑方不能车4进6占据兵线保炮，红方占优势。

11. 炮七进一　炮2退6　　　　12. 炮五进四　炮2平4

打中卒有力。如兵七进一，象5进3，兵五进一，炮6平5，红方难控制局势。

13. 炮五退一　车4退1

如炮4进9，相七进五，炮4退2，车八平六，黑方虽然获取一仕，但车炮被牵制，红方好走。

14. 炮七平五　车4平5

红方平中炮失去中兵没有得到补偿。应车八进二，车4平5，车八平五，车5平4，仕六进五，红方主动。

15. 炮五平八　炮6进5

进炮不但先手捉炮，还可借机活动左马。黑方子路开畅，形势占先。

16. 车八进三　车5退2

不如马7进5，炮八退一，车5平3，炮八进五，炮4进3，车三进二，马3退2，车八进六，炮4退3，黑方反先。

17. 车三平五　马7进5　　　　18. 仕六进五　炮6退4

退炮卒林影响左车的活动，不如炮6退2。

19. 炮五进二　车9平6　　　　20. 马三进五　卒3进1

21. 炮八进二　炮6进3

红方进炮，意欲强行展开攻势。黑方运炮打车，借机活动车路，积极。如迟缓一步，被红方马五进六之后，就难对付了。

22. 车八进三　炮6平9

红方可马五进六，车6进2，炮五进二，象7进5，炮八平五，士5进6，马六进七，马5退3，炮五退五，红方虽然弃去一子，但换取了较大的攻势，还是合算的，足可和黑方展开一场搏击。

23. 马五进六　　车6进2（图135）

红方此时如马六进七兑马，马5
退3，炮五退三，卒3进1，车八平
七，马3退2。红方虽然略占主动，
但要谋求胜局却很不易。

24. 炮五进二　　象7进5

25. 炮八平五　　士5进6

26. 马六进七　　马5退3

27. 炮五退五　　炮4平3

红方如车八平七，车6平5，车

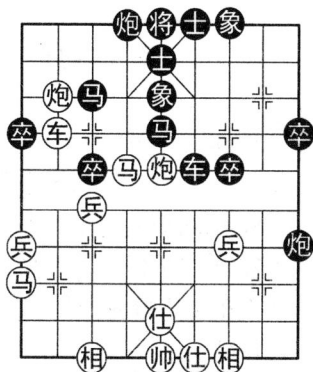

图135

七进一，卒3进1，相七进五，炮9进3，相五进七，将5进1，红
方仍难对付。此时黑方平炮佳着，可持多子的优势，稳步控制局
势，逐渐走向胜利。

28. 车八平五　将5平4		**29.** 车五平六　将4平5
30. 车六平五　将5平4		**31.** 车五平六　将4平5
32. 车六进一　马3进4		**33.** 车六平五　将5平4
34. 车五平六　将4平5		**35.** 车六平五　将5平4
36. 车五平六　将4平5		**37.** 兵七进一　马4进6
38. 车六平五　将5平4		**39.** 车五平六　将4平5
40. 车六平五　将5平4		**41.** 兵七进一　车6平3

红方如车五平七，炮3进4，红方仍是败势。

42. 兵七平六　士6进5		**43.** 炮五平六　将4平5
44. 车五退三　马6进8		**45.** 相七进五　车3平4
46. 车五平七　炮3平4		**47.** 车七进二　马8进7
48. 帅五平六　炮9平8		**49.** 马九退七　炮8退3
50. 车七退三　车4退1		**51.** 马七进六　车4平2
52. 炮六进七　将5平4		

黑方胜局已定。

（选自蔡福如负徐天利的对局）

第 136 局　　五七炮对反宫马进 7 卒

1. 炮二平五　马 2 进 3　　　　**2. 马二进三　炮 8 平 6**

3. 车一平二　马 8 进 7　　　　**4. 马八进九　卒 7 进 1**

5. 炮八平七　车 1 平 2　　　　**6. 车九平八　炮 2 进 4**

7. 车二进四　车 9 平 8　　　　**8. 车二平四　士 4 进 5**

平车捉炮抢先。如车二进五兑车，马 7 退 8，红方左车被封，不占好处。

9. 兵九进一　炮 2 退 2

退炮河口预防红方反击，正确。如车 8 进 6，车四平八，车 2 进 5，马九进八，炮 2 平 1，马八进六，红方占优。

10. 兵七进一　象 7 进 5　　　　**11. 炮七进四　车 8 进 6**

12. 炮五平七　车 8 平 7　　　　**13. 相七进五　卒 7 进 1**

14. 车四平三　车 7 退 1　　　　**15. 相五进三　卒 9 进 1**

16. 相三退五　马 7 进 6　　　　**17. 车八进四　炮 2 平 4**

红方进车河口，伏下兵七进一再马九进七捉炮的先手，好着。黑方炮 2 平 4 兑车，化解了红方的攻势。如马 6 进 4，兵七进一，马 4 进 3，炮七退四，红方占优。

18. 仕六进五　炮 4 进 1

如车 2 进 5，马九进八，炮 4 进 1，兵七进一，象 5 进 3，前炮进三，象 3 退 5，前炮平九，红方占优。

19. 车八进五　马 3 退 2

20. 前炮平八　炮 4 平 1

21. 炮八进二（图 136）　炮 1 进 1

双方子力相等，但由于红炮压住了黑马，红方子力位置较好，占有一

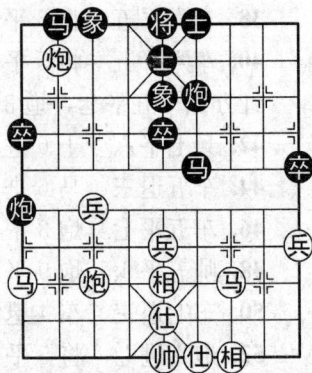

图 136

定的优势。此刻黑方进炮，不但控制兵线，同时还保护右马，一举两得。

22. 马九退七　炮 1 退 2　　　23. 炮七平八　炮 1 平 2

24. 马七进六　卒 1 进 1　　　25. 兵五进一　卒 1 进 1

26. 兵七进一　象 5 进 3

红方弃兵破象正确，可以威胁中卒，寻求攻势。如兵五进一，卒 5 进 1，马六进五。兑掉中兵之后，局势逐渐平稳。

27. 马六进七　马 6 进 4　　　28. 马三进四　炮 6 进 2

29. 马七退八　炮 2 进 3

红方退马邀兑是争先的好着，由此减少黑方 4 路马的控制力。如相五进七，象 3 进 5，红马无好路可走，反而不利。

30. 马八进六　炮 2 退 2　　　31. 兵五进一　炮 2 平 6

32. 兵五平四　象 3 进 5　　　33. 马六进五　炮 6 平 8

34. 炮八退三　马 2 进 4　　　35. 马五退六　象 5 进 3

36. 兵四进一　象 3 退 5　　　37. 马六进四　炮 8 平 6

38. 兵四平三　象 5 进 3　　　39. 马四进六　象 3 退 1

40. 炮八平五　将 5 平 4　　　41. 炮五平六　炮 6 退 4

红方巧妙地运用马炮兵展开争卒之战。黑方为保住边卒，无奈使 4 路马被红方马炮牵制住，此时只好退炮保马。如炮 6 平 4，马六进五，红方仍占优势。

42. 马六进五　将 4 平 5　　　43. 马五退六　马 4 进 3

44. 兵三进一　炮 6 平 9　　　45. 兵三平四　炮 9 进 5

如士 4 进 5，兵四进一，仍是红胜。

46. 兵四平五

红方平兵中路，已成绝杀之势。

（选自于幼华胜万跃明的对局）

第 137 局　五七炮对反宫马进 7 卒

1. 炮二平五　马 2 进 3　　　2. 马二进三　炮 8 平 6

3. 兵五进一　马 8 进 7　　　4. 车一平二　士 4 进 5

红方如兵五进一，炮 6 平 5，兵五平六，炮 2 平 1，成另一路变化。

5. 马八进九　卒7进1　　　**6.** 炮八平七　车1平2

如象3进5，车九平八，炮2平1，成为稳健的布局形势。

7. 车九平八　炮2进4　　　**8.** 兵七进一　象3进1

9. 车二进六　车9进2　　　**10.** 仕六进五　炮6平5

11. 车二平三　卒7进1　　　**12.** 兵五进一　炮5进2

红方冲中兵攻击，力求制造混乱局势。如车三退二，马7进6，黑方跃马出击，可以满意。

13. 马三进五　卒7平6

平卒比较勉强，不如炮2平7，车八进九，马3退2，车三退二，马7进8，形成平稳局势。

14. 炮五进三　卒5进1

15. 马五进六　马7进5

16. 炮七平五　卒5进1

17. 马九退七（图137）　炮2平5

黑方平炮弃子抢攻有些过早，可以炮2进1，马七进六，炮2退1，静观一下变化。红方如接走炮五进四，马3进5，车三平五，卒5平4。黑方可得还一子，并不吃亏。

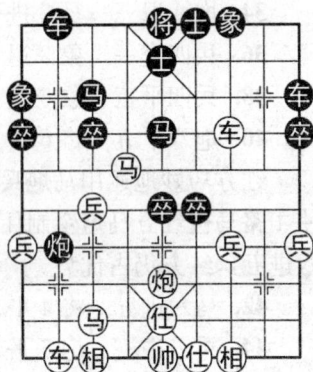

图 137

18. 车八进九　马3退2

19. 马六退五　马5进4　　　**20.** 炮五平三　车9平2

平车无奈。如象7进5，马七进八，强迫黑方换马之后，红方多子胜定。

21. 马五进三　卒6平7　　　**22.** 车三退二　象7进5

23. 车三平五　马4进3

进马失误。应车2平4，马七进八，马4进3，马八退六，马3退1，黑方仍可支撑。

24. 马七进五　马3退1　　　**25.** 马五进四　象1退3

26. 马四进二　车2进4　　　**27.** 炮三平二　马1退2

如车2平6，炮二进一，车6退2，马二进一，象5退7，马一进三，车6退3，车五平三，红方得子占优。

28. 炮二进一　车2进3　　　**29.** 相三进五　将5平4

30. 兵七进一　卒3进1　　　**31.** 车五平六　士5进4

32. 车六进三　将4平5　　　**33.** 马二进一　士6进5

34. 马一进三　将5平6　　　**35.** 车六退一

红方攻势强大，获得胜利。

（选自言穆江胜蒋全胜的对局）

第138局　五七炮对反宫马进7卒

1. 炮二平五　马2进3　　　**2.** 马二进三　炮8平6

3. 车一平二　马8进7　　　**4.** 兵七进一　卒7进1

5. 炮八平七　象3进5　　　**6.** 车九进一　士4进5

红方升起左横车，并没有好的出动方向，效力较差。不如车二进六，士4进5，车二平三，车9进2，马八进九，成为流行的变化。

7. 车二进六　马7进6　　　**8.** 车二平四　马6进4

进马4路过于求稳。可以马6进7吃兵，较为实惠。

9. 车九平六　马4进5　　　**10.** 相三进五　车1平2

11. 炮七进四　炮2进6　　　**12.** 车六平七　车9平8

红方平车七路效力不大，应兵三进一，卒7进1，车四平三，车9平8，车三退二，成为平稳局势。

13. 车四平二　车8进3　　　**14.** 炮七平二　马3进4

15. 兵三进一（图138）　炮2退1

黑方如何过河反击是当前取势的关键。此时机会已经到来。黑方抓住兑三路兵之机，退2路炮打马，迫使红方右马移动，黑方乘势进马6路，为以后车马炮展开攻击创造了条件。

16. 马三进二　卒7进1　　　**17.** 相五进三　马4进6

如马4进5，相三退五。虽有取得中兵的好处，但马位欠佳，并不合算。

18. 马八进七　　车2进4

19. 炮二平九　　车2平1

20. 炮九平八　　车1平8

红方应车七平八或炮九平一，还能支持。

21. 马二退一　　炮6进7

22. 马一进三　　马6进7

进三路马速败。不如帅五平四，炮2平9，车七平三，炮9平4，相三退五，红方还可艰苦对抗一阵。

23. 马七退五　　炮6退1　　　　**24.** 马三退一　　炮2平9

平炮要杀，红方无法解救，黑胜。

（选自吴胜德负李来群的对局）

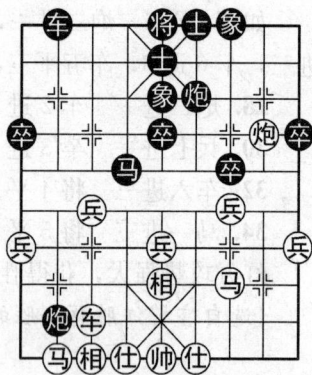

图 138

第139局　五七炮对反宫马进7卒

1. 炮二平五　　马2进3　　　　**2.** 马二进三　　炮8平6

3. 车一平二　　马8进7　　　　**4.** 马八进九　　卒7进1

5. 炮八平七　　马7进6　　　　**6.** 车二进四　　象3进5

7. 车九平八　　炮2平1　　　　**8.** 车八进五　　卒3进1

红方进车捉马，目的是让黑方走卒3进1，然后再退车等待，使黑方的右路显出弱点，再而攻击。此刻黑方可马6进7吃兵，局势较为平稳。

9. 车八退二　　炮1退1　　　　**10.** 车八进五　　士4进5

11. 兵七进一　　卒7进1

7路卒好着。如卒3进1，炮七进五，炮6平3，车二平七，红方占优。

12. 车二平三　　马3进4　　　　**13.** 炮五进四　　马4进5

14. 马三进五　　马6进5　　　　**15.** 车三平四　　马5进3

16. 车四进三　车9平8　　　　**17.** 车四退一　车8进4

18. 仕四进五　马3退4　　　　**19.** 炮五平一　炮1进5

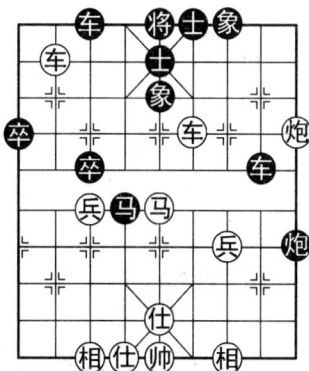

双方的攻守细致有力。红方炮打边卒，力求抢先发动攻势。

20. 马九进七　车1平3

21. 马七进五　炮1平9（图139）

红方进中马强行展开攻势，好着。黑方如车8平5捉马，帅五平四，伏下车八平五的杀势，黑方不好应付。

22. 相三进一　车8平9

如马五进六，炮9进3，仕五退四，车8平5，仕六进五，马4进3，黑方取得极好的反击机会。

图 139

23. 炮一退三　车9进2　　　　**24.** 车四平三　马4退3

25. 车八退五　卒3进1　　　　**26.** 马五进四　士5进6

27. 马四进六　马3退4　　　　**28.** 车八进五　车3平4

29. 马六退五　士6进5　　　　**30.** 马五退七　车9退2

31. 兵三进一　车9平3　　　　**32.** 相七进五　马4进3

33. 车八平七　马3进5

双方势均力敌，和棋。

（选自陈新全和徐天利的对局）

第 140 局　　五七炮对反宫马进 7 卒

1. 炮二平五　马2进3　　　　**2.** 马二进三　卒7进1

3. 车一平二　炮8平6　　　　**4.** 兵七进一　马8进7

5. 车二进六　车9进2

如车9平8兑车成另一路变化。

6. 炮八平七　象3进5　　　　**7.** 兵五进一　马7进6

8. 兵五进一　卒5进1

由于黑方河口马比较活跃，所以弃去中兵，准备平车捉马抢先。

　　9. 车二平四　马 6 进 7　　　　**10.** 车四退三　炮 6 平 7

　　如卒 7 进 1，马三进五，士 4 进 5，炮五进三，车 1 平 4，炮七平三，红方先手。

　　11. 马八进九　士 4 进 5　　　　**12.** 车九平八　车 1 平 2

　　13. 兵七进一　象 5 进 3　　　　**14.** 马三进五　炮 2 进 2

　　不如车八进六，加强威胁黑方右路。此时黑方进炮正确，准备弃子解除困境，以多卒的优势补偿失子的损失。

　　15. 车八进四　炮 2 平 1　　　　**16.** 车八进五　马 3 退 2

　　17. 马九进七　象 3 退 5　　　　**18.** 马七进八　车 9 平 8

　　19. 兵九进一　车 8 进 3　　　　**20.** 兵九进一　卒 5 进 1

　　21. 马五进七　卒 3 进 1　　　　**22.** 马七进五　卒 1 进 1

　　23. 马八退七　马 7 进 8　　　　**24.** 仕四进五　炮 7 进 7

　　25. 炮七退一　炮 7 平 9　　　　**26.** 炮七平二　车 8 进 3

　　红方平炮兑子未免急躁，不如相七进九等待一下变化，再图进取。

　　27. 帅五平四　车 8 进 1　　　　**28.** 帅四进一　车 8 退 4

　　29. 帅四退一　马 2 进 4

　　30. 相七进九　卒 1 进 1

　　31. 车四平六　马 4 进 2

　　32. 马七进九（图 140）　卒 5 进 1

黑方冲中卒谋取一马，并不能获得较好的反击形势。应车 8 平 6 叫将，帅四平五，卒 5 进 1，车六平八，马 2 退 4，这样得还一子，减轻被攻压力。

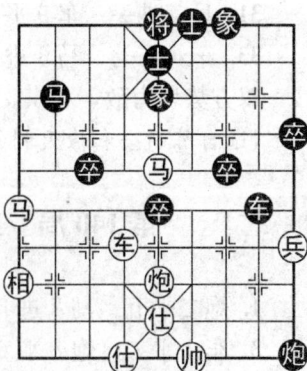

图 140

　　33. 车六平五　车 8 平 1

　　如车 8 平 6，车五平四，车 6 平 5，马五进六，士 5 进 4，车四进六，将 5 进 1，马九进八，车 5 进 2，车四退一，将 5 退 1，马八进六，将 5 平 4，车四平五，马 2 进 4，马六进八，马 4 退 3，车五平七，将4平5，车七平三，红方大占优势。

34. 相九进七 车1退2

红方上相阻止黑车，佳着。

35. 车五平四 将5平4

红方平车失去取胜机会。应车五平八，车1平6，帅四平五，马2退3，马五进六，将5平4，炮五平六，车6平4，马六进七，车4进4，车八进六。红方破象，胜定。

36. 车四平六 马2退4　　　**37.** 炮五平六 车1平5
38. 车六进五 将4进1　　　**39.** 马五退六 车5平4

如士5进4，马六进七，车5平4，马七进八，黑方仍要失车，黑方局势不好。

40. 炮六进四 炮9平8　　　**41.** 马六进七 炮8退8
42. 马七进五 炮8平9　　　**43.** 炮六退三 将4退1
44. 马五退六 将4平5　　　**45.** 马六退四 卒7进1

吃掉红兵后，黑方以炮士象全对马炮，可以防住红方的攻势，和棋。

（选自季本涵和胡荣华的对局）

第141局　五七炮对反宫马进7卒

1. 炮二平五 马2进3　　　**2.** 马二进三 炮8平6
3. 车一平二 马8进7　　　**4.** 炮八平七 卒7进1
5. 炮七进四 马7进6

红方的流行走法是马八进九，此时运七路炮打卒，为进左马打开出路，别出心裁的布局。

6. 兵七进一 马6进4　　　**7.** 兵七进一 象3进5

上象先巩固防守。如马4进2，马八进九，马2退3，车九平八，车1平2。黑方子力通畅，可以满意。

8. 马八进七 马4进2　　　**9.** 马七进八 车9进1
10. 仕六进五 车9平4　　　**11.** 车二进四 士4进5

12. 相七进九　车1平4　　　13. 车九平七　前车进7

14. 马八进九　炮2平1

进马边路容易受到打击。应炮五平四，然后退炮打车。

15. 马九进七　炮6平3　　　16. 车二平九　炮1退2

17. 车九进三　炮3进2

不如炮3退1，等待用马吃兵，以后乘机反攻。

18. 车七进三　前车平2

19. 炮五进四　炮1平3

20. 车九平五（图141）　车4进3

红方炮打中卒后已伏下车吃中象的攻着，由此取得优势残局。

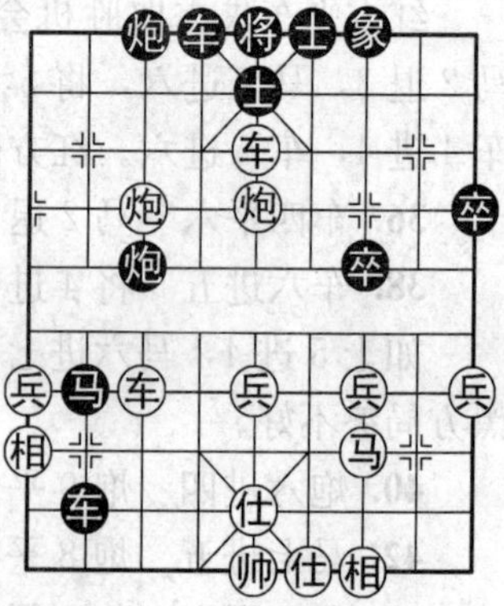

21. 车五平七　车4平5

22. 炮七进三　马2进3

23. 后车退二　车2平3

图 141

24. 炮七退四　车3退1

改走象7进5会好一些。以下红方如炮七退三，车5平2，车七退三，车2进3，兵一进一，车2平1，这样可迫使红方平炮换车，黑方可增加谋和的机会。

25. 车七进二　士5退4　　　26. 炮七平五　车5平3

27. 车七退三　车3退4　　　28. 相三进五　车3进3

29. 兵九进一　车3平1　　　30. 相九进七　车1退1

31. 兵五进一　车1退2　　　32. 马三进五　车1平4

33. 兵三进一　象7进9　　　34. 兵三进一　象9进7

35. 炮五平九　车4平5　　　36. 炮九退一　车5平1

37. 炮九平八　车1平2　　　38. 炮八平九　车2进2

39. 炮九退二　车2进1　　　40. 马五进三　车2平8

41. 兵五进一　车8退1　　　42. 炮九进一　士4进5

43. 炮九平三　象7退9　　　44. 炮三退一

黑方边卒即失，红胜。

（选自陈孝坤胜李望祥的对局）

第 142 局　五七炮对反宫马进 7 卒

1. 炮二平五　马 2 进 3　　　　2. 马二进三　卒 7 进 1

3. 车一平二　炮 8 平 6　　　　4. 兵七进一　马 8 进 7

5. 炮八平七　象 3 进 5　　　　6. 车二进六　车 9 进 2

红方及时运车过河，防止黑方马 7 进 6 占据河口要道，是抢先的手段。

7. 车二平三　炮 2 退 1　　　　8. 车九进一　车 9 平 8

9. 车三平四　士 4 进 5　　　　10. 车九平六　马 7 进 8

进马准备过卒捉车，好着。

11. 车四退二　马 8 进 7　　　12. 马八进九　车 8 平 7

平车企图强行过卒反击，着法紧凑有力。

13. 车四退一　卒 7 进 1　　　14. 兵五进一　炮 2 进 4

15. 车四平五　车 7 进 2　　　16. 兵九进一　炮 2 退 1

17. 车五平八　炮 2 平 6

平炮左路正确，否则红方兵七进一之后，黑方将要失子。

18. 炮五退一　马 7 退 5

红方退中炮，避开黑方以马兑炮，力求保持变化的走法。

19. 相三进五　卒 7 进 1

20. 马三退二　马 5 退 6

21. 炮七进四　马 6 进 8（图 142）

黑方进马河口，形成了车马炮卒集于左路，对红方空虚的右路构成极大威胁，红方已难对抗黑方的攻击。

22. 车六进四　卒 7 平 6

23. 马九进七　炮 6 平 5

24. 炮五进四　车 7 平 5

25. 兵七进一　马 8 进 6

不如车六平五兑车，卒 5 进 1，车八进二，马 8 进 6，车八平

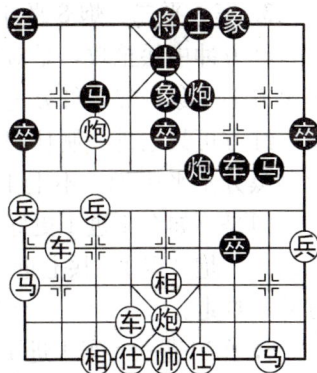

图 142

五，马6进8，车五平四，马8进7，马二进四，红方仍可维持下去。

26. 车六平五　卒5进1　　　　**27.** 马七进六　马3进5

跃出3路马，加强攻击力，优势已明显扩大。

28. 炮七平六　马5进7　　　　**29.** 马二进三　马6进8

30. 仕六进五　车1平3　　　　**31.** 车八平七　马8进7

如急于马7进5，车七平四，马8进7，车四退二。交换子力后黑方不合适。

32. 帅五平六　后马进5　　　　**33.** 车七进一　卒6平7

34. 兵七进一　卒7进1　　　　**35.** 马六进八　炮6进1

36. 车七平六　马5退7

退马之后，黑方已成胜定之势。

（选自臧如意负李义庭的对局）

第143局　五七炮对反宫马进7卒

1. 炮二平五　马2进3　　　　**2.** 马二进三　卒7进1

3. 车一平二　炮8平6　　　　**4.** 兵五进一　马8进7

红方冲中兵抢攻，是对付反宫马进7卒的有力着法，目的是迫使黑方上士象，然后红方进右车抢占卒林要道。黑方如炮6平5反击，红方可兵七进一制住黑方右马，再炮八平七，红方可以满意。此刻黑方不平中炮，不上士象，而是出动主力，是正确的战术方针，但是不如车1进1更好一些。以下如炮八平七，马8进7，马八进九，炮2退1，兵七进一，象3进5，车二进六，车9进2，黑方并不难走。

5. 车二进六　车1进1

红方如兵五进一较为积极。以下黑方如炮6平5，兵五平六，车1进1，马八进七，马7进6，车二进四，车1平4，车二平四，黑方很难吃过河兵，红方占优。

6. 马八进九　车9进2　　　　**7.** 炮八平七　炮6平5

平中炮力求变化，企图从中路展开反击。如象３进５，车九平八，炮２退１，兵五进一，炮２平５，马三进五，车１平４，马五进六，卒５进１，马六进七，炮６平３，车八进七，炮３退１，车八平五，车４进６，车五平七，车４平３，车七进一，车３进２，黑方虽然主动，但容易形成和局。

8. 车二平三　炮２退１

平车压马是必然应法。如急于走兵七进一，马７进６，兵七进一，马６进４，兵七进一，马４进３，兵七进一，炮２进５，炮五平八，炮５进３，车二平五，车９平５，车五进一，象７进５，马九退八，马３退４。黑方弃子有攻势，可以与红方相对抗。

9. 车九平八　炮２平７

10. 车三平四　马７进８

11. 车四退三（图143）　马８进７

红方右车虽然进退多达五步，但右车在防守上仍很得力，各子的配合也很和谐，下一步又可车八进六，攻击黑方右马，形势略占主动。此刻黑方运马吃兵比较适当，压住了红方子力，有一定的牵制作用。如炮７进５，相三进一，车１平７，车八进六，卒７

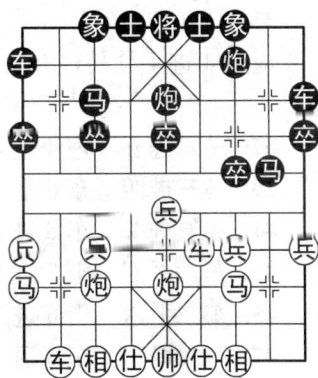

图 143

进１，相一进三，车７进４，车八平七，红方比较主动。

12. 车八进六　卒７进１　　　**13. 车八平七　车９平７**

14. 车七进一　卒７平６　　　**15. 车四进一　马７进５**

16. 相三进五　炮７进６　　　**17. 炮七平三　车７进５**

18. 车七平六　车７退１

红方平车守六路要道稳健。如车七进二吃象对攻，车１平４，下一步有车４进７的手段，红方不占便宜。

19. 车六退一　车７平９　　　**20. 兵九进一　卒１进１**

21. 兵九进一　车１进３　　　**22. 车六平五　士４进５**

23. 仕四进五　炮５平８

双方经过兵卒争夺之后，红方仍多一兵，但由于左马没有出动，一时难以取得优势。

24. 车五平二　炮8平6　　　　**25.** 车二平五　炮6平8
26. 车五平二　炮8平4　　　　**27.** 车二平六　卒9进1
28. 车四平三　象7进5　　　　**29.** 车三进二　车9退1
30. 车三退二　车9进4

黑方如果兑车后再走车1进1，车六平五，炮4进4，容易成和，现在进车想做最大努力，寻求机会。

31. 车三退四　车9退3　　　　**32.** 车三进六　卒9进1
33. 车三退二　车1平8　　　　**34.** 车三平四　卒9平8
35. 马九进八　卒8进1　　　　**36.** 马八退六　卒8进1

应炮4进4兑马，因红马跃出，黑已难有机会，纠缠下去已无益处。

37. 马六进五　炮4平3　　　　**38.** 马五退三　车9平3
39. 马三进四　车8平7　　　　**40.** 车四平三　车7平6
41. 兵五进一　车6进4　　　　**42.** 马四进三　车6退7
43. 车六平四　士5进6　　　　**44.** 车四平二　车3进1
45. 车二平六　士6进5　　　　**46.** 车三进二　炮3平4
47. 车六退三　车3退3　　　　**48.** 车六平二　卒8平9
49. 兵五平六　车3退3　　　　**50.** 兵六进一　炮4退2
51. 马三退二　车3进3　　　　**52.** 车三进二　车6退1
53. 车三平一　车3平7　　　　**54.** 车一退六　车7退1
55. 马二退三

和棋。

（选自赵庆阁和胡荣华的对局）

第144局　五七炮对反宫马进7卒

1. 炮二平五　马2进3　　　　**2.** 兵七进一　炮8平6
3. 马八进七　马8进7　　　　**4.** 马七进六　士4进5

红方上七路马是创新变化。黑方如炮 6 进 5，红方可走炮八进四或者车一进二提炮。红方弃子有攻势。

5. 炮八平七　象 3 进 5　　　　　**6.** 车九平八　炮 2 平 1

7. 马二进三　车 9 平 8　　　　　**8.** 车一平二　车 8 进 9

红方平车兑车，从步数上计算可能稍有亏损，但从全局的形势上分析，是主动的应法，形成了稳健局势。

9. 马三退二　卒 7 进 1　　　　　**10.** 马二进三　车 1 平 4

不如车八进三，车 1 平 2，车八进六，马 3 退 2，炮五进四，红方占优。

11. 马六进五　马 3 进 5　　　　　**12.** 炮五进四　马 7 进 6

13. 炮五退一　炮 1 平 2　　　　　**14.** 仕四进五　车 4 进 4

红方应尽快车八进五抢占要道，车 4 进 7，炮七平八，车 4 平 7，相七进五，车 7 退 1，炮八进五，红方并不吃亏。

15. 炮五进一　马 6 进 4

16. 炮七平五　车 4 平 6

17. 前炮平九（图 144）　　车 6 进 2

红方此时应炮五退二保持中炮的威力。以下黑方如车 6 进 2，车八进五，马 4 进 5，相三进五，车 6 平 7，马三退一，车 7 平 5，车八平五，车 5 平 9，马一退三，黑方多卒，但是兵种不全，小卒未过河，容易被捉死。红方周旋的余地较大，并不吃亏。

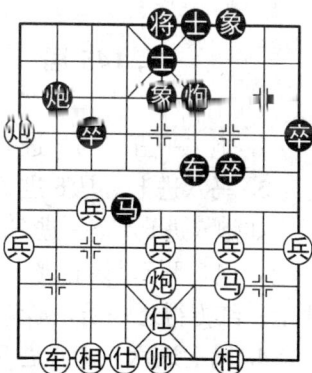

18. 炮九退二　车 6 平 7　　　　　**19.** 炮九平六　车 7 进 1

20. 车八进六　卒 7 进 1

図 144

在交换子力中黑方获取一相，并有望形成车炮卒的攻势。红方进车贪图吃卒，忽视了右路空门的危险性，造成了严重的后果。应走炮六进三先行强迫黑方兑炮，再冲兵，形势要好一些。

21. 仕五退四　卒 7 平 6　　　　　**22.** 兵一进一　车 7 进 2

红方进边兵是落空之着，被黑方吃去一相之后形成不利的局势。应炮六进三，仍有拼搏的机会。

23. 仕六进五　炮 6 平 8　　　**24.** 车八平七　炮 8 进 7

25. 车七平二　炮 8 平 9　　　**26.** 炮六退一　炮 2 进 7

红方由退炮及进边兵的失误，已成败势。

27. 相七进九　车 7 退 2　　　**28.** 车二退六　炮 9 平 6

29. 炮五平四　炮 6 退 1　　　**30.** 车二进一　炮 2 退 1

31. 车二退一　卒 6 进 1　　　**32.** 炮四平六　卒 6 平 5

33. 前炮平八　车 7 退 3　　　**34.** 炮六进二　卒 5 进 1

35. 炮八进一　车 7 进 2　　　**36.** 车二进二　炮 6 退 1

37. 炮六平五　炮 2 进 1　　　**38.** 炮八平九　车 7 进 3

39. 仕五退四　炮 2 平 6

黑方胜。

（选自杨官璘员学义东的叻局）

第 145 局　　五七炮对反宫马进 7 卒

1. 炮二平五　马 2 进 3　　　**2.** 兵七进一　炮 8 平 6

3. 马八进七　马 8 进 7

如炮 6 进 5，车一进二，炮 6 平 3，炮五退一，炮 3 退 1，车一平七，炮 3 平 7，兵七进一，卒 3 进 1，车七进三，车 9 进 2，炮八平七。红方得还一子，形势占先。

4. 马七进六　士 4 进 5　　　**5.** 炮八平七　象 3 进 5

6. 车九平八　车 1 平 2

不如炮 2 平 1 灵活稳健。

7. 车八进四　车 9 平 8

红方进车河口是后中先的走法，黑方不敢兑车，兑车后右路空虚。

8. 马二进三　卒 7 进 1　　　**9.** 车一进一　车 8 进 5

进车捉马是落空之着。应炮 6 进 3 牵制车马，车一平四，炮 6 平 8，车四进三，炮 8 平 4，车四平六，炮 2 平 1，车八进五，马 3 退 2，黑方形势开畅。

10. 马六进七　马7进6　　　　**11.** 车一平六　炮6平7

不如卒7进1，兵三进一，车8平7，车六进四，马6进7，炮五平六，黑方还可对抗。

12. 车六进四　马6进7　　　　**13.** 炮五平六　车8进3

红方平炮调整阵形，为进一步扩大优势创造条件。

14. 仕六进五　马7退8　　　　**15.** 车六退一　车8平6

16. 相七进五　车6退4

由于局势落后，虽然力争主动，但仍徒劳无益。

17. 马三进四　马8进7　　　　**18.** 马四进六　马3退4

19. 相三进一　马7进6

20. 车六退一　炮7进1

21. 马七进六（图145）　炮2平4

红方进马捉车炮，迫使黑方兑子。兑子后红方主力集中于左路，如若发起强大攻势，黑方必难应付。

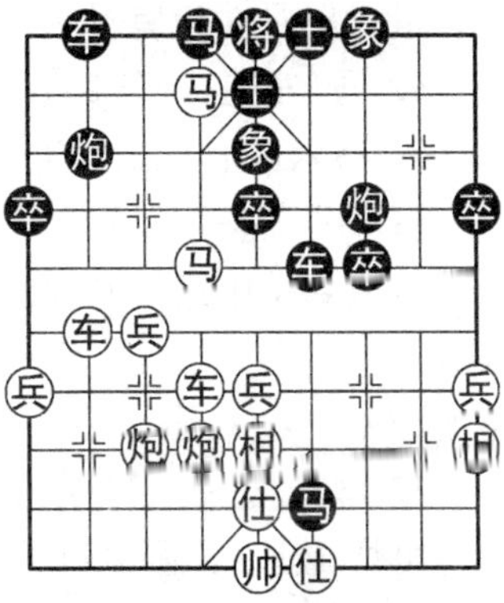

22. 前马进八　炮4进4

23. 马八退九　士6进4

上士防守无可奈何。如炮7退2防止红马要杀，马六进八，红方仍有攻势。

图 145

24. 兵七进一　炮4平9

不如士6进5，先巩固一下防守，还可支持一阵。

25. 马九进七　将5进1　　　　**26.** 车八平二　炮9平7

27. 车二进四　马4进6　　　　**28.** 帅五平六　炮7平1

29. 炮六进五　象5进3

红方进炮协助作战，攻击威力大增，已经形成胜势。

30. 马六进七　炮7退1　　　　**31.** 炮六退四　炮7平4

32. 炮六平八　将5平4　　　　**33.** 帅六平五　马6退5

34. 炮七平六　马5退4　　　　**35.** 后马退六　炮4进5

36. 炮八平六　将4平5　　　　**37.** 马六进七　将5平4

38. 马七退五

红方胜。

（选自邹立武胜胡荣华的对局）

第146局　五七炮对反宫马进7卒

1. 炮二平五	马2进3	**2.** 兵七进一	炮8平6
3. 马八进七	马8进7	**4.** 马七进六	士4进5
5. 炮八平七	象3进5	**6.** 车九平八	炮2平1

进七路马对反宫马是一种流行的布局，至今仍有名手使用。

7. 马二进三	车9平8	**8.** 车一进一	卒7进1
9. 马六进七	车8进5	**10.** 相七进九	炮1进4
11. 斤三进一	车8平7		

红方加从中路展开攻势，情况也很复杂，兹举一例变化如下.
兵五进一，车8平5，车八进三，车5平3，马七进五，马9退1，
炮七退一，炮1退2，马三进五，车3退5，红方弃子效果不理想。

12. 相三进一	车7进1	**13.** 车八进三	炮1退2

可炮1退1，限制红兵冲击，比较平稳。

14. 车一平八	炮1平6	**15.** 仕六进五	炮6退1

上仕防守影响攻击速度，不如兵五进一比较紧凑。以下黑方如
车7平2，车八进二，车1平2，车八进六，马3退2，炮五进四，
红方较占优势。

16. 马七退八	马3进4	**17.** 兵七进一	马4进6
18. 炮五平六	象5进3		

吃兵力求稳健。可马6进7吃马，如马八进六，前炮平8，前
车进六，车1平2，车八进八，士5退4，炮六进七，前马退5，马
六进七，炮6平3，炮六退六，将5进1，炮六平三，马5进3，黑
方多子较好。

19. 马八进六	马6退4	**20.** 前车进六	车1平2
21. 车八进八	士5退4	**22.** 车八平六	将5进1

23. 车六退四　象7进5

24. 相九退七（图146）　马7进6

经过激战之后，形势缓和下来，双方又开始制订攻防策略。黑方对形势比较乐观，急于跃马出击，忽略了防守上的弱点，造成重大损失。此时应将5退1，相七进五，士6进5，炮七进一，前炮进3，炮七平四，车7平6，炮六进一，车6退2，车六进一，炮6进1，车六退二，黑方多卒较为占优。

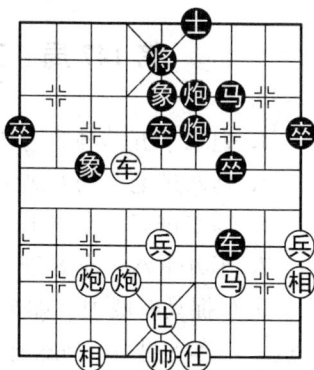

图 146

25. 炮六平五　将5平6　　　　**26.** 兵五进一　士6进5

上士企图稳定局势，以便取得多卒的优势，但忽视了红方中兵过河的冲击力，不如车7平3提炮，以攻代守比较有力。车7平3，兵五进一，卒5进1，车六进一，车3进1，车六平四，车3进2，仕五退六，车3退2，相一退三，马6进7，炮五平四，马7退5，炮四进五，马5进4，帅五进一，卒5进1，黑方弃子有攻势。

27. 兵五进一　卒5进1　　　　**28.** 车六进一　卒5进1

如车7平3提炮，车六平四，马6进7，炮五平四，车3进1，车四退三，黑方失子，仍是红占优势。

29. 车六平四　马6进4　　　　**30.** 炮七平八　将6退1

31. 车四平一　卒5进1

进中卒失误，以致难以收拾。应将6平5先避开锋芒，还可对抗一阵。

32. 车一进三　将6进1　　　　**33.** 炮五平四　马4进6

34. 炮八进六　士5退4　　　　**35.** 车一退一　将6退1

36. 炮八平三　炮6进5　　　　**37.** 炮三退五　炮6平9

38. 车一平二

红方胜。

（选自蔡忠诚胜庄玉庭的对局）

第147局　五七炮对反宫马进7卒

1. 炮二平五　马2进3　　　　**2.** 兵七进一　炮8平6

3. 马八进七　马8进7　　　　**4.** 马七进六　象3进5

5. 马二进三　车9平8　　　　**6.** 炮八平七　卒7进1

7. 车九平八　车8进5

进车捉马有威力。如车1平2保炮，车八进四，士4进5，车一进一，车8进5，马六进七，马7进6，车一平六，红方好走。

8. 马六进五　马3进5　　　　**9.** 炮五进四　士4进5

10. 相三进五　车8退2

退车捉炮不妥，应加快出子速度，改走马7进6比较有利。

11. 炮五退二　马7进6　　　　**12.** 仕四进五　车1平4

13. 车八进六　马6进7

不必急于吃三路兵，改走卒1进1较好。

14. 车一平四　车4进5　　　　**15.** 炮七平九　马7退5

16. 车四进四　车8平6

红方进车拴马好着。如兵五进一，车4平5，炮九进四，车8进3，红方不占便宜。

17. 车四平五　车4平5　　　　**18.** 兵五进一　车6进3

19. 兵五进一　卒7进1　　　　**20.** 兵九进一　卒9进1

21. 兵五进一　卒7进1　　　　**22.** 马三退二　卒7平8

23. 车八退一　车6平1

红方退车比较缓慢，效力不佳，不如兵五进一，象7进5，车八平七，红方主动。

24. 马二进四　卒8平9　　　　**25.** 仕五退四　炮2平1

26. 车八进一　卒1进1

如炮1进3，车八平九，炮6进3，仕四进五，车1平6，马四进二，车6平8，兵七进一，炮1平5，车九平七，红方占先。

27. 兵九进一　车1退2　　　　**28.** 炮九平八　车1平5

29. 兵五进一　象７进５　　　　**30.** 车八平九　卒３进１

31. 兵七进一　象５进３　　　　**32.** 炮八进三　象３退５

退象正确。如车５进１，炮八平一，红方较为好走。

33. 炮八退四　象５进３　　　　**34.** 炮八进四　象３退５

35. 炮八退四　象５进３　　　　**36.** 车九平六　车５平６

平车逐马作用较小。不如炮６平５，如仕四进五（如炮八平五，则车５进３，黑方占优势），炮１进７，黑方有一定攻势。

37. 马四进六　炮６平５

38. 仕六进五（图147）　车６进１

黑方进车没有效力，是导致被动的根源。应炮１进７打将，炮八退一，车６进１，车六平九，车６平４，车九退六，车４进２，车九进九，车４退７，车九平六，将５平４，形成和局。

39. 炮八进二　炮１平４

40. 炮八平三　车６平７

41. 马六进五　车７退３

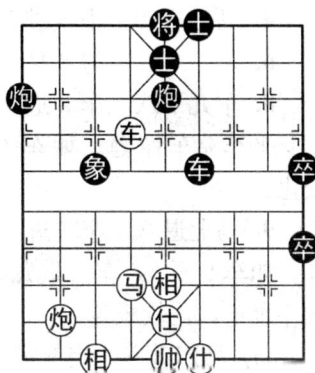
图 147

红方进马捉车，控制黑车的活动，是取势的关键。

42. 车六退一　前卒平８　　　　**43.** 炮三进一　车７进１

应象３退１保住象的安全，尚可维持一阵。

44. 车六平七　将５平４　　　　**45.** 炮三进一　炮５进１

红方进炮好着。如马五进四，炮４进１，炮三平六，炮５平４，形成和局。

46. 车七进四　将４进１　　　　**47.** 炮三平六　炮５平４

48. 马五进七

红方胜。

（选自赵国荣胜臧如意的对局）

第 148 局　五七炮对反宫马进 7 卒

1. 炮八平五　马 8 进 7　　　　　　**2.** 兵三进一　炮 2 平 4

3. 马二进三　马 2 进 3

如炮 4 进 5，车一进二，炮 4 平 7，炮二进二，炮 7 退 1，车一平三，红占优。

4. 马三进四　士 6 进 5　　　　　　**5.** 炮二平三　象 7 进 5

6. 车一平二　炮 8 平 9　　　　　　**7.** 马八进七　车 1 平 2

8. 车九平八　车 2 进 9

平车兑车稳健。如车九进一或者车二进四，形成另外两路变化。

9. 马七退八　卒 3 进 1　　　　　　**10.** 马八进七　车 9 平 6

如车 9 平 8，车二进九，马 7 退 8，炮五进四，形成无车形势，战斗漫长，比较艰苦。

11. 马四进三　炮 9 进 4　　　　　　**12.** 车二进三　炮 9 进 3

13. 仕六进五　马 3 进 4　　　　　　**14.** 兵五进一　马 4 进 6

红方冲中兵保持攻击的形势，是向黑方施加压力的佳着。黑方此刻为了化解这种压力兑去一马，力求保持局势的工稳。

15. 马三退四　车 6 进 5　　　　　　**16.** 马七进五　炮 9 退 5

不如炮 4 进 4，车二退三，车 6 进 1，炮三进五，炮 9 退 3，兵五进一，炮 9 平 5，兵五进一，炮 4 平 1，比实战效果要好一些。

17. 炮三进五　炮 4 平 7

红方以炮兑马可保持优势。如兵三进一，炮 4 进 4，车二进三，马 7 退 6，节外生枝，红方不满意。

18. 相三进一　炮 7 平 6　　　　　　**19.** 兵七进一　卒 3 进 1

20. 马五进七　炮 9 平 3

如车 6 平 5，马七进八，车 5 平 4，车二进三，红方占优。

21. 马七退六　车 6 平 7　　　　　　**22.** 炮五进四　车 7 退 2

23. 车二进六　炮 6 退 2　　　　　　**24.** 兵五进一　炮 6 平 7

25. 马六进四　卒9进1　　　　26. 相七进五　卒9进1
27. 车二平一　车7进3　　　　28. 马四退六　炮3退2
29. 马六进五　车7退3　　　　30. 车一退五　车7平6
31. 马五退三　将5平6　　　　32. 马三进二　炮7进4
33. 车一进五　将6进1　　　　34. 车一平三　车6平8
35. 马二退三　炮7退2
36. 马三进四　车8平6
37. 马四退二　车6平8
38. 马二退四　车8平6

39. 马四进六（图148）　车6进2

黑方进车捉马速败。如炮7平6，车三平二，黑方仍难支持下去。

40. 马六进四　炮7平8
41. 炮五平四　车6平5
42. 马四进二

红方胜。

（选自陶汉明胜张平的对局）

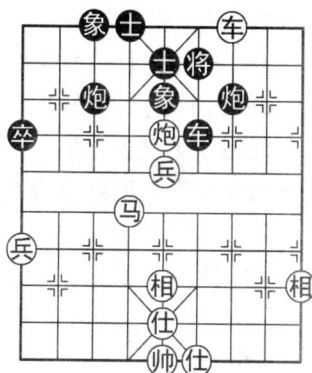
图148

第149局　五七炮对反宫马进7卒

1. 炮八平五　马8进7　　　　2. 兵三进一　炮2平4
3. 马二进三　马2进3　　　　4. 马三进四　士6进5
5. 炮二平三　象7进5　　　　6. 车一平二　车9平8
7. 马八进七　车1平2　　　　8. 车九进一　卒3进1

进3路卒虽然达到了活通马路的目的，但2路车活动受制。可车2进4，比较有利于攻守。

9. 车二进四　车2进5　　　　10. 马四进三　卒3进1

兑3路卒可使车的位置更好一些，并可对红方七路马构成压力。如马3进4，车九平四，炮4平3，车四进四，马4进3，炮五平四，黑方左路容易受攻，红方占优势。

11. 兵七进一　车2平3　　　12. 车九平四　炮8进1

13. 相七进九　车3进1

进车压马对防务没有效力，应车3退1，黑方尚可以坚守下去。

14. 车四进四　炮4进2　　　15. 炮五平四　炮4平3

16. 相三进五　炮3进3　　　17. 炮四平七　车3平5

18. 相九进七　车5平3　　　19. 炮七退二　马3退1

20. 车四进三　车3平7

经过子力交换之后，黑方虽然多一中卒，但子力位置不佳，局势比较被动。此时红方进车准备平三路提马，令黑方难应付。

21. 炮七进二　炮8进1

22. 仕六进五　马1进2

23. 车四平三　车8进2

24. 炮三平二　马2进3

25. 炮二进三　马3进2（图149）

26. 马三进五　士5进4

马踏中象伏下巧妙的攻击手段，加速了攻杀的步伐。此刻黑方如象3进5，炮二平五，黑方失车，红方胜定。

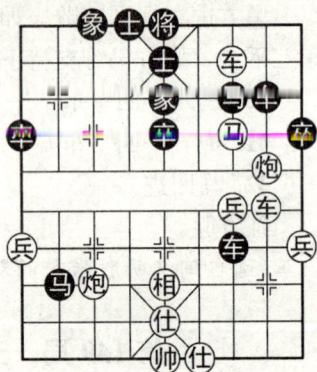

图149

27. 马五退三　士4进5　　　28. 炮二平八　车8进3

29. 炮八进四　士5退4　　　30. 车三平七　马7退5

31. 车七平六　马5进7　　　32. 马三退二　马2进1

33. 车六退一　马7进6　　　34. 马二进三　车7平3

35. 帅五平六

红方车马炮攻杀精妙入微，黑方防不胜防。此时平帅构成绝杀，红胜。

（选自柳大华胜王秉国的对局）

第150局　五七炮对反宫马进7卒

1. 炮八平五　马8进7　　　　**2.** 马八进七　炮2平4

3. 兵三进一　马2进3　　　　**4.** 车九平八　卒3进1

5. 炮二平三　象7进5　　　　**6.** 炮三进四　炮8进6

进炮压马是一种应法，有意打乱红方的战略方针，形成牵制局势。如士6进5，马二进三，红方先手。

7. 车八进一　车9平8　　　　**8.** 车一进一　炮8退2

9. 马二进三　炮8平3

红方可兵五进一，形成另一路变化。

10. 马七退五　车1平2　　　　**11.** 车八进八　马3退2

12. 马三进四　马2进3　　　　**13.** 马五进三　炮4进5

红方如马四进五吃中卒，进攻力量不足，效力不大，所以不如马五进三，比较平稳。

14. 车一平六　炮4平3

15. 车六进一（图150）　后炮进3

红方弃去一相并无必要，不如相七进九。以下车8进4，车六进一，前炮平5，相三进五，成为牵制局势，红方并不难走。

16. 仕六进五　后炮退2

不兑炮力图保持攻势，是争取决斗的表现。如兑去中炮，局势较为平淡。

图150

17. 兵三进一　后炮平2　　　　**18.** 车六平八　卒3进1

19. 炮五平七　马7退5　　　　**20.** 车八退二　炮3退1

21. 车八进一　炮3进1　　　　**22.** 相三进五　炮3平1

23. 兵三平二　车8进2　　　　**24.** 炮三平二　炮2平6

如相五进七，炮2平6，马三进四，车8平6，马四退三，车6

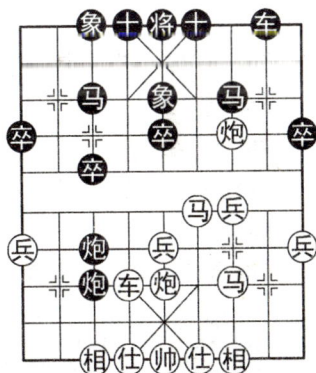

进2，黑方比较好走。

25. 马三进四　卒3进1　　　　　**26.** 炮七平八　车8平6

27. 马四进三　马5进7

先解除左路的威胁，然后再考虑进取，正确。如卒3进1，马三进四，车6平7，炮二进三，车7退2，炮八进二，红方胜势。

28. 车八平七　车6进2　　　　　**29.** 车七进二　马3进4

30. 车七进三　马4进5

可车6平8，炮二平五，马7进5，车七平五，马4进2，形成车马炮组合攻势，红方仍然难应付。

31. 炮八进四　士6进5　　　　　**32.** 炮八进一　车6平8

红方如炮八平五，车6平8，红方子力受困，形势不利。

33. 炮八平三　车8退1　　　　　**34.** 马三退四　车8进2

35. 车七平五　马5进3

红方应车七退三为好。黑方如马5退6，炮三退三，这样战线还很长，仍可支撑一阵。又如马四退六，可以暂时守住阵地，不过黑方多一卒，红方也难除去后患。

36. 车五平四　马3进2　　　　　**37.** 相五退七　车8平7

38. 炮三退一　卒1进1　　　　　**39.** 马四退六　马2退3

40. 相七进五　车7进1　　　　　**41.** 马六退七　车7平2

退马败着。如车四平六，还能支撑一阵，黑方乘势进取，已形成胜局。

（选自柳大华负李来群的对局）

附：象棋对局记录

为使青少年象棋爱好者提高分析局势的能力，安排 30 局对局，供研究参考，以利于提高弈战水平。

第 1 局　方艺红先和王辉
中炮过河车对屏风马平炮兑车

1. 炮二平五	马 8 进 7	2. 马二进三	车 9 平 8
3. 车一平二	马 2 进 3	4. 兵七进一	卒 7 进 1
5. 车二进六	炮 8 平 9	6. 车二平三	炮 9 退 1
7. 马八进七	车 1 进 1	8. 兵五进一	炮 9 平 7
9. 车三平四	马 7 进 8	10. 车四退二	马 8 进 7
11. 兵五进一	象 3 进 5	12. 马三进五	马 7 进 5
13. 相七进五	卒 5 进 1	14. 马五进六	马 3 进 5
15. 车四进二	炮 7 平 5	16. 车九进一	卒 5 进 1
17. 车九平四	卒 5 平 6	18. 马六退四	炮 5 平 6
19. 车四平六	炮 6 进 4	20. 车四平五	炮 6 进 2
21. 车五平六	车 1 退 1	22. 后车平七	车 8 进 6
23. 车六平四	炮 6 平 3	24. 车七进一	炮 2 进 4
25. 兵一进一	炮 2 平 5	26. 仕四进五	车 8 进 3
27. 帅五平四	士 4 进 5	28. 车七进一	炮 5 退 1
29. 炮八进三	炮 5 退 1	30. 车七平五	炮 5 平 4
31. 炮八平三	车 8 退 5	32. 炮三平五	车 8 平 6
33. 车四退一	炮 4 平 6	34. 车五平八	车 1 平 4

35. 兵九进一　车4进4　　36. 车八进六　车4退4
37. 车八退三　车4进4　　38. 炮五进一　将5平4
39. 车八平七　卒1进1　　40. 兵九进一　炮6平1
41. 车七平九　卒9进1　　42. 兵一进一　炮1平9
43. 相三进一　炮9退2　　44. 车九进三　将4进1
45. 炮五平八　炮9进1　　46. 炮八退四　炮9平4
47. 车九退三　炮4退1　　48. 炮八进四　车4退1

第2局　方长勤红先负傅光明

中炮过河车对屏风马左马盘河

1. 炮二平五　马8进7　　2. 马二进三　车9平8
3. 车一平二　卒7进1　　4. 兵七进一　马2进3
5. 车二进六　马7进6　　6. 马八进七　象3进5
7. 兵五进一　卒7进1　　8. 车二平四　卒7进1
9. 车四退一　卒7进1　　10. 车四平二　卒7平6
11. 炮五进一　卒6进1　　12. 车九进一　卒6进1
13. 帅五平四　车8进1　　14. 车九平三　士4进5
15. 帅四平五　炮2退1　　16. 兵五进一　卒5进1
17. 炮八进五　卒5进1　　18. 炮五进四　象7进5
19. 炮八平五　将5平4　　20. 炮五平三　车8平7
21. 车二进二　马3进5　　22. 车三平六　炮2平4
23. 炮三退六　马5进4　　24. 车六平八　马4进3
25. 车二平九　车1平3　　26. 车九平七　车3平1

第3局　方长勤红先胜傅光明

中炮七路马对拐角马

1. 炮二平五　马8进7　　2. 马二进三　车9平8
3. 兵七进一　象3进5　　4. 马八进七　卒3进1

5. 兵七进一　马2进4　　　　6. 车一进一　车1平3

7. 马七进六　车3进4　　　　8. 炮八平六　车3进1

9. 炮六进六　车3平4　　　　10. 炮六平九　车8进1

11. 炮九进一　象5退3　　　　12. 车一平七　象7进5

13. 车九平八　炮2平4　　　　14. 车七进六　炮4进7

15. 车八进六　车8平1　　　　16. 炮九平八　车1退1

17. 炮五进四　马7进5　　　　18. 车七平五　士6进5

19. 车五平二　马5退4　　　　20. 炮八退一　炮4退1

21. 车八平三　车4平3　　　　22. 车三进三

第 4 局　　方长勤红先和傅光明

中炮进三兵对进炮封车

1. 炮二平五　马8进7　　　　2. 马二进三　车9平8

3. 车一平二　炮8进4　　　　4. 兵三进一　象3进5

5. 马八进七　马2进3　　　　6. 兵七进一　士4进5

7. 马七进六　炮2进3　　　　8. 兵七进一　卒3进1

9. 马六进四　马7退9　　　　10. 炮八平七　马3进4

11. 车九平八　卒3进1　　　　12. 马四进六　车1平4

13. 炮七平六　车4平3　　　　14. 炮五进四　马9进7

15. 炮五退一　马7进5　　　　16. 马三进四　炮2平6

17. 车八进九　炮6平4　　　　18. 马六进七　将5平4

19. 车八平七　象5退3　　　　20. 马七退八　马5退3

21. 炮六进三　车8进2　　　　22. 炮六进一　马3进4

23. 马八退七　炮4退2　　　　24. 马七进六　车8平4

25. 车二进三　车4进1　　　　26. 仕四进五　马4进2

27. 车二退一　车4进3　　　　28. 车二平六

第5局　朱学增红先胜方艺

中炮进七兵对屏风马

1. 炮二平五	马8进7	2. 马二进三	卒7进1
3. 兵七进一	车9平8	4. 车一进一	马2进3
5. 马八进七	车1进1	6. 车一平六	象7进5
7. 炮八平九	炮2退1	8. 车六进七	炮2进5
9. 车六退五	炮2退5	10. 车九进一	炮2平7
11. 车九平四	马7进8	12. 马七进六	炮7进5
13. 兵五进一	炮7进3	14. 仕四进五	车1平4
15. 兵五进一	马8进7	16. 车四平二	卒5进1
17. 炮五进五	卒5进1	18. 车二进二	车4进3
19. 马三退一	象3进5	20. 车六平三	车4进1
21. 车三退三	车4进1	22. 炮九平五	车4平1
23. 车三进五	车1平9	24. 马一进三	

第6局　方长勤红先胜宋景岱

中炮横车对屏风马

1. 炮二平五	马8进7	2. 马二进三	车9平8
3. 车一进一	卒7进1	4. 兵七进一	马2进3
5. 马八进七	炮2进4	6. 兵五进一	象7进5
7. 车一平四	车1进1	8. 车四进二	炮2退2
9. 炮八平九	炮8进4	10. 车四进四	车8进2
11. 车九平八	炮2进2	12. 兵三进一	炮2平7
13. 相三进一	卒7进1	14. 车八进七	士6进5
15. 车四进一	车1进1	16. 车八进一	马7进8
17. 马七进五	卒7平6	18. 兵五进一	车8退1
19. 车四平二	炮8退5	20. 车八退二	卒6平5

21. 马五进三　后卒进1　　　22. 炮五进三　马8进6
23. 车八退三　炮8平7　　　24. 马三进四　马6退7
25. 马四进六　将5平6　　　26. 车八平四　卒5平6
27. 炮九平四　士5进4　　　28. 车四平三　炮7平6
29. 车三进三　炮6进6　　　30. 马三进四　车1退1
31. 马四进二

第7局　方艺红先胜朱学增

中炮过河车对屏风马平炮兑车

1. 炮二平五　马8进7　　　2. 马二进三　马2进3
3. 车一平二　车9平8　　　4. 兵七进一　卒7进1
5. 车二进六　炮8平9　　　6. 车二平三　炮9退1
7. 马八进七　士4进5　　　8. 马七进六　炮9平7
9. 车三平四　象3进5　　　10. 马六进七　马7进8
11. 车四平三　马8退9　　　12. 车三平四　车8进8
13. 兵五进一　车1平4　　　14. 炮八平七　炮2进4
15. 马七进五　象7进5　　　16. 炮七进五　车4进2
17. 车九平八　车8平4　　　18. 炮七平五　将5平4
19. 仕四进五　后车平2　　　20. 车四平五　炮2平5
21. 马三进五　车2进7　　　22. 后炮平六　车4退1
23. 仕五进六　车2退7　　　24. 兵七进一

第8局　方威红先胜王学元

中炮过河车对屏风马平炮兑车

1. 炮二平五　马8进7　　　2. 马二进三　马2进3
3. 车一平二　车9平8　　　4. 兵七进一　卒7进1
5. 车二进六　炮8平9　　　6. 车二平三　炮9退1
7. 马八进七　士4进5　　　8. 马七进六　炮9平7

9. 车三平四　　象3进5　　　　10. 炮五平六　　炮2进3

11. 马六进七　　车1平4　　　　12. 仕四进五　　炮2进1

13. 相七进五　　马7进8　　　　14. 车九平七　　车8进2

15. 车四退二　　炮2平7　　　　16. 炮八进五　　车8平6

17. 车四平二　　马8退7　　　　18. 炮六平七　　车4平2

19. 车七平八　　卒7进1　　　　20. 相五进三　　马7进6

21. 车二进四　　象5进3　　　　22. 兵七进一　　马6进4

23. 炮七退一　　马4进2　　　　24. 车八进三　　炮7平2

25. 炮八平四　　炮7进6　　　　26. 炮四退五　　炮2进3

27. 炮七退一　　车2进6　　　　28. 车二退一　　马3退4

29. 马七进九　　马4进5　　　　30. 炮四进六　　马5进7

31. 马九进七　　将5平4　　　　32. 炮四平一　　炮7平3

33. 车二平九　　车2退6　　　　34. 兵七平六　　炮3平1

35. 兵六进一　　炮2退7　　　　36. 兵六平五　　马7进5

37. 相三退五　　马5退3　　　　38. 车九进一　　炮2平8

39. 兵五平六　　马3进4　　　　40. 炮七进五

第 9 局　　方威红先胜孙跃辉

列手炮

1. 炮二平五　　炮2平5　　　　2. 马二进三　　马8进7

3. 车一平二　　车9平8　　　　4. 车二进六　　炮8平9

5. 车二平三　　车8进2　　　　6. 车九进一　　马2进3

7. 马八进九　　炮9退1　　　　8. 车九平四　　炮9平7

9. 车三平四　　士4进5　　　　10. 前车进二　　炮7进5

11. 相三进一　　车1平2　　　　12. 车四进二　　马7进8

13. 炮八平七　　炮5平6　　　　14. 兵七进一　　象3进5

15. 马九进七　　马8进6　　　　16. 后车平三　　车2进6

17. 兵五进一　　车8进4　　　　18. 车三进一　　车2平3

19. 马三进四　　车3进1　　　　20. 兵五进一　　车3进2

21. 马四进六　卒 3 进 1　　22. 马六进五　车 3 退 4
23. 车三进四　车 3 平 5　　24. 相一退三　车 8 平 4
25. 仕四进五　车 5 退 1　　26. 炮五平一　车 4 退 4
27. 炮一进四　将 5 平 4　　28. 车四进一　将 4 进 1
29. 车四平七　车 4 平 5　　30. 炮一进二

第 10 局　方文石红先胜李中健

中炮过河车对屏风马左马盘河

1. 炮二平五　马 8 进 7　　2. 马二进三　车 9 平 8
3. 车一平二　卒 7 进 1　　4. 车二进六　马 2 进 3
5. 兵七进一　马 7 进 6　　6. 马八进七　象 3 进 5
7. 炮八进一　卒 7 进 1　　8. 车二平四　卒 7 进 1
9. 马三退五　马 6 退 4　　10. 车四退二　炮 8 进 7
11. 炮八平三　车 8 进 7　　12. 车九平八　车 1 平 2
13. 炮三退一　车 8 退 3　　14. 炮三进五　马 4 退 5
15. 车四进四　炮 2 退 1　　16. 车八进八　车 2 进 1
17. 炮三平七　车 2 进 1　　18. 炮五进四　车 2 平 3
19. 马七进六　车 8 退 1　　20. 炮五退一　车 3 平 4
21. 马六进四　车 8 平 7　　22. 马五进四　车 7 进 6
23. 帅五进一　炮 8 平 6　　24. 帅五平四　车 4 进 7
25. 马四进五　车 4 退 1　　26. 马四退五

第 11 局　方艺红先胜徐家亮

中炮过河车对屏风马平炮兑车

1. 炮二平五　马 8 进 7　　2. 马二进三　车 9 平 8
3. 车一平二　卒 7 进 1　　4. 车二进六　马 2 进 3
5. 兵七进一　炮 8 平 9　　6. 车二平三　炮 9 退 1
7. 马八进七　炮 9 平 7　　8. 车三平四　士 4 进 5

9. 马七进六　　车8进6　　　10. 炮八平七　　车1平2

11. 车九平八　　象7进5　　　12. 马六进七　　马7进8

13. 车四平三　　炮7退1　　　14. 马七退六　　马3进4

15. 炮五进四　　马4进6　　　16. 马六进四　　炮2进2

17. 相七进五　　马8进7　　　18. 马四进六　　马6退7

19. 马六进七　　将5平4　　　20. 车八进三　　后马进5

21. 炮七平六

第 12 局　　金永水红先负李晓慧

中炮过河车对屏风马平炮兑车

1. 炮二平五　　马8进7　　　2. 马二进三　　车9平8

3. 车一平二　　马2进3　　　4. 兵七进一　　卒7进1

5. 车二进六　　炮8平9　　　6. 车二平三　　炮9退1

7. 兵五进一　　士4进5　　　8. 兵五进一　　炮9平7

9. 车三平四　　象3进5　　　10. 马三进五　　卒5进1

11. 炮五进三　　车1平4　　　12. 炮八平四　　马7进5

13. 马八进七　　炮7进5　　　14. 车九平八　　炮2进4

15. 车四进二　　车8进2　　　16. 马五进四　　车4进6

17. 马七退五　　车4平3　　　18. 炮五进二　　车8平5

19. 马四进五　　炮7平5　　　20. 炮四平五　　车3平4

21. 相七进九　　卒7进1　　　22. 马五进七　　将5平4

23. 车四退三　　马5进6　　　24. 车四平八　　卒7进1

25. 车八退二　　炮5平2　　　26. 炮五平三　　车4进2

27. 炮三进七　　将4进1　　　28. 炮三退一　　士5进6

29. 马五进四　　卒7平6　　　30. 仕四进五　　炮2平5

31. 帅五平四　　卒6进1　　　32. 仕五进四　　车4平7

33. 车八进三　　车7进1　　　34. 帅四进一　　炮5平3

35. 马七退九　　车7退1　　　36. 帅四退一　　马6进5

37. 仕四退五　　车7进1　　　38. 帅四进一　　炮3进2

39. 仕五进六　车7退1　　　　**40.** 帅四进一　车7退1

41. 帅四退一　马5进4

第 13 局　　王德志红先负方威

中炮过河车对屏风马左马盘河

1. 炮二平五　马8进7　　　　**2.** 马二进三　车9平8

3. 车一平二　马2进3　　　　**4.** 兵七进一　卒7进1

5. 车二进六　马7进6　　　　**6.** 马八进七　象3进5

7. 兵五进一　卒7进1　　　　**8.** 车二平四　卒7进1

9. 车四退一　卒7进1　　　　**10.** 车四平二　卒7平6

11. 炮五进一　卒6进1　　　　**12.** 车九进一　卒6进1

13. 帅五平四　车8进1　　　　**14.** 车九平三　十4进5

15. 帅四平五　炮2退1　　　　**16.** 炮八进四　车1平4

17. 炮八平五　车4进7　　　　**18.** 马七进八　车4退2

19. 兵五进一　炮2进3　　　　**20.** 车二进一　卒3进1

21. 相三进五　卒3进1　　　　**22.** 车三平七　卒3平2

23. 车七进六　炮8平3　　　　**24.** 车二进二　将5平4

25. 仕六进五　卒2平3　　　　**26.** 后炮平八　卒3进1

27. 炮八退三　象5进3　　　　**28.** 车二退三　车4退2

第 14 局　　方艺红先和臧如意

顺炮直车对进7卒

1. 炮二平五　炮8平5　　　　**2.** 马二进三　马8进7

3. 车一平二　卒7进1　　　　**4.** 马八进七　马2进3

5. 车九进一　炮2平1　　　　**6.** 车九平六　车1平2

7. 车二进四　车9平8　　　　**8.** 车二平七　炮5平6

9. 车七进二　象7进5　　　　**10.** 兵五进一　士6进5

11. 马三进五　车2进2　　　　**12.** 车六平四　车8进3

13. 车七平六　车2进2	14. 兵五进一　炮6进1
15. 车六进二　卒5进1	16. 马五进七　卒5进1
17. 马七进六　车2平4	18. 炮八进二　炮6平5
19. 炮八进四　炮1退1	20. 炮八退二　马3进2
21. 马六退八　车4退3	22. 炮八平二　炮5进4
23. 相七进五　车4进6	24. 车四平七　马7进8
25. 车七平二　马8进7	26. 车二进二　马7退6
27. 炮二平五　马6退7	28. 炮五平七　车4退3
29. 车二进四　车4平3	30. 车二平三　车3退1
31. 兵七进一　车3平2	32. 兵七进一　炮1平2
33. 车三平一　炮2进3	

第15局　王强红先和李晓慧

五七炮对屏风马

1. 炮二平五　马8进7	2. 马二进三　马2进3
3. 车一平二　车9平8	4. 马八进九　卒7进1
5. 炮八平七　炮2进2	6. 车二进六　马7进6
7. 车九平八　车1平2	8. 车八进四　象3进5
9. 车二平四　马6进7	10. 车四平二　士4进5
11. 炮七退一　马7退6	12. 车二退三　马6退7
13. 马三进四　卒3进1	14. 炮七平三　马7进6
15. 炮五平三　象7进9	16. 相三进五　炮8进3
17. 前炮平二　炮8平2	18. 炮二进七　象9退7
19. 车二进四　将5平4	20. 炮三进八　象5退7
21. 车二平七　马6进4	22. 车七退二　炮2平6
23. 车七平六　将4平5	24. 车六退一　炮6退3
25. 车六进二　炮2进4	26. 车六平五　车2平7
27. 炮二退七　炮6进5	28. 相五进七　炮6平1
29. 炮二平九　车2平3	30. 车五平八　炮2平1

31. 相七退五	炮 1 进 1	**32.** 车八退六	炮 1 退 3
33. 炮九进四	炮 1 平 5	**34.** 仕四进五	车 3 退 1
35. 车八进九	士 5 退 4	**36.** 炮九进三	炮 5 退 4
37. 兵一进一	士 6 进 5	**38.** 车八退三	车 3 退 6
39. 炮九退三	车 3 进 9	**40.** 车八平三	车 3 退 5
41. 炮九平五	将 5 平 6	**42.** 车三平四	炮 5 平 6
43. 炮五平一	车 3 平 5	**44.** 车四退四	将 6 平 5
45. 炮一平八	炮 6 平 2		

第 16 局　刘雪山红先负方长勤

五七炮对屏风马

1. 炮二平五	马 8 进 7	**2.** 马二进三	车 9 平 8
3. 车一平二	马 2 进 3	**4.** 兵三进一	卒 3 进 1
5. 马八进九	卒 1 进 1	**6.** 炮八平七	马 3 进 2
7. 车九进	马 8 进 1	**8.** 炮七进二	车 1 进 3
9. 车九平八	炮 2 平 4	**10.** 炮七进二	象 7 进 5
11. 车二进六	士 6 进 5	**12.** 车八平四	马 1 退 2
13. 炮七退三	卒 1 进 1	**14.** 车四平八	马 2 进 4
15. 马三进四	马 4 退 6	**16.** 车二退五	车 1 平 4
17. 车八进四	卒 7 进 1	**18.** 兵三进一	象 5 进 7
19. 炮五平三	车 4 进 2	**20.** 炮三进五	车 4 平 6
21. 炮三退一	象 7 退 5	**22.** 车二进四	车 8 平 6
23. 仕六进五	前车进 3	**24.** 炮三退四	炮 8 平 7
25. 相三进一	马 6 进 5	**26.** 车八退三	卒 1 进 1
27. 马九退八	炮 4 进 7	**28.** 车二退三	炮 4 平 6
29. 车二退二	炮 7 进 2	**30.** 炮七平五	马 5 进 7
31. 车八平三	炮 7 平 5		

第 17 局　张颖红先胜明安生

中炮过河车对屏风马平炮兑车

1. 炮二平五	马 8 进 7	2. 马二进三	车 9 平 8
3. 车一平二	卒 7 进 1	4. 车二进六	马 2 进 3
5. 兵五进一	士 4 进 5	6. 兵七进一	炮 8 平 9
7. 车二平三	炮 9 退 1	8. 兵五进一	炮 9 平 7
9. 车三平四	卒 5 进 1	10. 马三进五	卒 5 进 1
11. 炮五进二	象 3 进 5	12. 炮八平五	车 1 平 4
13. 马八进七	炮 2 进 4	14. 前炮平四	炮 7 平 9
15. 车九平八	炮 2 平 3	16. 车四进二	车 4 进 5
17. 炮四退一	炮 9 进 5	18. 炮四平一	车 8 进 6
19. 炮一退一	车 4 进 1	20. 炮五进五	将 5 平 4
21. 马五退四	车 4 进 2	22. 炮一平六	车 8 退 1
23. 炮五退四	车 8 平 5	24. 仕六进五	马 3 进 5
25. 车四退二			

第 18 局　赵庆先红先负张颖

中炮进七兵对反宫马

1. 炮二平五	马 2 进 3	2. 马二进三	炮 8 平 6
3. 车一平二	马 8 进 7	4. 兵七进一	卒 7 进 1
5. 炮八进二	车 1 进 1	6. 马八进七	马 7 进 6
7. 车二进四	象 7 进 5	8. 马七进六	马 6 进 4
9. 炮八平六	炮 2 进 4	10. 炮五平七	炮 2 平 7
11. 相三进五	车 1 平 2	12. 炮七进四	车 2 进 3
13. 车九进一	士 4 进 5	14. 兵九进一	卒 9 进 1
15. 车九平七	象 3 进 1	16. 炮六平五	马 3 退 4
17. 车七平六	卒 5 进 1	18. 炮五平四	车 9 进 3

19. 炮七平二　炮6平8　　　　20. 炮四进二　车9退1
21. 车二平六　马4进3　　　　22. 后车平四　象1退3
23. 车四进二　炮8平7　　　　24. 炮二进三　象5退7
25. 车六平二　象3进5　　　　26. 炮四进一　车9进1
27. 炮四平七　炮7平3　　　　28. 车四平三　车9平4
29. 兵五进一　车4进5　　　　30. 相七进九　炮3平4
31. 车三平七　炮4进7　　　　32. 车七退三　炮4平6
33. 帅五平四　车4平7　　　　34. 炮二退四　车2进4
35. 帅四平五　车2平6　　　　36. 车二退四　卒5进1
37. 炮二进一　车7退1

第19局　唐志明红先负方磊

中炮七路炮对屏风马

1. 炮二平五　马2进3　　　　2. 马二进三　马8进7
3. 车一平二　车9平8　　　　4. 马八进九　卒3进1
5. 车九进一　象3进5　　　　6. 炮八平七　马3进2
7. 车二进六　士4进5　　　　8. 车九平六　卒1进1
9. 车六进五　炮2平4　　　　10. 炮七退一　卒7进1
11. 车六平八　马2进1　　　　12. 兵五进一　卒1进1
13. 兵五进一　卒5进1　　　　14. 马三进五　炮8平9
15. 车二进三　马7退8　　　　16. 炮五进三　炮9进4
17. 兵三进一　炮9退2　　　　18. 炮五退一　炮4进2
19. 炮五进二　马8进7　　　　20. 炮七平五　炮4平5
21. 兵三进一　车1平4　　　　22. 炮五平六　象5进7
23. 马九退七　马1进3　　　　24. 炮六平三　象7进5
25. 相七进五　马3退5　　　　26. 炮五进二　车4进8
27. 马七进八　炮5进1　　　　28. 仕六进五　车4退2
29. 车八进三　士5退4　　　　30. 炮三平五　马7进5
31. 炮五进三　士6进5　　　　32. 车八退三　车4平3

33. 炮五平七	车 3 平 6	34. 马八退六	车 6 平 4
35. 马六退七	炮 9 进 5	36. 炮七平五	车 4 平 6
37. 帅五平六	炮 5 进 3	38. 马七进八	车 6 进 3
39. 帅六进一	炮 5 平 8		

第 20 局　　张颖红先胜方威

中炮过河车对屏风马平炮兑车

1. 炮二平五	马 8 进 7	2. 马二进三	车 9 平 8
3. 车一平二	马 2 进 3	4. 兵七进一	卒 7 进 1
5. 车二进六	炮 8 平 9	6. 车二平三	炮 9 退 1
7. 炮八平六	车 1 平 2	8. 马八进七	炮 2 平 1
9. 车九进二	士 6 进 5	10. 车九平八	车 2 进 7
11. 炮六平八	炮 9 平 7	12. 车三平四	象 7 进 5
13. 马七进六	车 8 平 6	14. 车四进三	士 5 退 6
15. 炮五平七	炮 1 进 4	16. 兵七进一	炮 1 平 3
17. 兵七进一	炮 3 进 3	18. 仕六进五	马 3 退 5
19. 炮八进七	炮 7 平 8	20. 炮七平六	炮 8 进 4
21. 炮六进七	象 5 进 3	22. 炮六退一	象 3 进 1
23. 炮六平九	将 5 平 4	24. 炮九进一	将 4 进 1
25. 炮八退七	马 5 进 6	26. 马六退七	马 7 进 6
27. 兵七进一	炮 8 平 3	28. 兵七平六	将 4 进 1
29. 相三进五	炮 3 进 3	30. 相五退七	马 6 进 4
31. 马七退六	炮 3 平 7	32. 马六进五	炮 7 平 8
33. 炮九退三	马 4 进 6	34. 仕五进六	卒 5 进 1
35. 炮八退一	卒 7 进 1	36. 帅五平六	卒 5 进 1
37. 兵五进一	后马进 5	38. 炮八平六	将 4 平 5
39. 炮六平五	马 6 进 4	40. 炮九退五	将 5 平 6
41. 炮五进三	马 4 退 5	42. 炮九平三	炮 8 平 4
43. 帅六进一	炮 4 退 6	44. 炮三进三	炮 4 平 5

45. 马三进四　马 5 进 6　　　　　**46.** 炮三退三

第 21 局　李晓慧红先胜方磊

中炮过河车对屏风马平炮兑车

1. 炮二平五　马 8 进 7　　　　**2.** 马二进三　车 9 平 8
3. 车一平二　马 2 进 3　　　　**4.** 兵七进一　卒 7 进 1
5. 车二进六　炮 8 平 9　　　　**6.** 车二平三　炮 9 退 1
7. 马八进七　士 4 进 5　　　　**8.** 马七进六　车 8 进 5
9. 炮八进二　炮 9 平 7　　　　**10.** 车三平四　卒 7 进 1
11. 马六进七　卒 7 平 6　　　　**12.** 车四退二　车 8 平 6
13. 炮八平四　炮 7 进 5　　　　**14.** 车九平八　炮 2 进 4
15. 马三退五　车 1 平 2　　　　**16.** 炮五平三　马 7 退 9
17. 炮四平一　象 7 进 9　　　　**18.** 炮一进三　车 2 进 4
19. 相七进五　车 2 平 6　　　　**20.** 马五进七　车 6 进 3
21. 炮三平一　炮 2 平 3　　　　**22.** 兵七进一　卒 6 进 6
23. 炮一平七　车 6 平 3　　　　**24.** 车八进四　炮 3 退 3
25. 马七进六　炮 3 平 4　　　　**26.** 兵七进一　车 3 平 4
27. 兵七平六　车 4 平 6　　　　**28.** 车八进五　车 6 平 3
29. 兵六平七　车 3 退 1　　　　**30.** 炮一进四　炮 7 平 1
31. 马六进五　士 5 退 4　　　　**32.** 炮一退二　车 3 平 7
33. 炮一平五　士 6 进 5　　　　**34.** 马五进六　士 5 进 4
35. 马六退四　车 7 平 6　　　　**36.** 马四退五　将 5 平 6
37. 仕四进五　士 4 退 5　　　　**38.** 车八平七　车 6 进 3
39. 炮五进四

第 22 局　张树新红先负方艺

中炮横车对反宫马

1. 炮二平五　马 2 进 3　　　　**2.** 马二进三　炮 8 平 6

3. 车一进一　马 8 进 7　　　4. 兵七进一　车 9 平 8

5. 车一平四　士 4 进 5　　　6. 炮八平七　象 3 进 5

7. 马八进九　车 1 平 4　　　8. 车九平八　炮 2 平 1

9. 车四进五　卒 7 进 1　　　10. 车四平三　车 8 进 2

11. 仕六进五　车 4 进 5　　　12. 车八进三　卒 1 进 1

13. 兵五进一　炮 1 进 1　　　14. 炮七进四　车 4 平 3

15. 车八平七　车 3 平 4　　　16. 兵一进一　炮 6 进 2

17. 兵五进一　卒 5 进 1　　　18. 炮七平一　炮 1 平 9

19. 车七进四　炮 6 退 2　　　20. 车七退四　炮 9 退 2

21. 马三进五　炮 9 平 7　　　22. 车三平九　卒 5 进 1

23. 车七进一　车 4 退 5　　　24. 炮五进二　马 7 进 6

25. 炮五平四　马 6 进 4　　　26. 炮四退二　马 7 进 5

27. 车九退一　马 4 进 6　　　28. 马五进四　炮 7 平 9

29. 相七进五　车 8 进 4　　　30. 车九进一　马 6 退 5

31. 车七平五　炮 6 进 5　　　32. 马九进七　马 5 退 4

33. 马四进六　炮 6 进 4　　　34. 马七进六　车 8 退 2

35. 车五平四　车 8 平 4　　　36. 后马退八　车 4 平 2

37. 马八进六　炮 9 平 6　　　38. 车四平七　炮 6 退 5

39. 车七平四　后炮平 7　　　40. 仕五退六　马 4 退 2

第 23 局　　方文石红先胜张军

进兵局

1. 兵七进一　卒 7 进 1　　　2. 马八进七　马 8 进 7

3. 车九进一　马 2 进 1　　　4. 相三进五　车 1 进 1

5. 车九平四　象 7 进 5　　　6. 车四进五　车 1 平 4

7. 马二进四　卒 1 进 1　　　8. 兵三进一　卒 7 进 1

9. 车一平三　炮 8 退 2　　　10. 车三进四　炮 8 平 7

11. 车三平二　车 4 进 3　　　12. 炮二进一　车 4 退 2

13. 马七进六　车 9 进 1　　　14. 炮八平六　车 4 平 7

15. 炮二平三　炮2进3	16. 炮三进四　车7退2
17. 炮六进七　车9平4	18. 车二平四　士6进5
19. 炮六平三　车7退2	20. 马六进七　炮2平6
21. 马七进六　炮6进4	22. 马四进二　炮6平8
23. 马二进三　车7进4	24. 车四平二　炮8平9
25. 马六退五　车7退4	26. 马五进七

第 24 局　王君红先负李晓慧

五七炮对屏风马

1. 炮二平五　马8进7	2. 马二进三　车9平8
3. 车一平二　马2进3	4. 马八进九　卒3进1
5. 车九进一　卒1进1	6. 炮八平七　马3进2
7. 车二进六　象7进5	8. 车九平六　卒1进1
9. 兵九进一　车1进5	10. 炮七退一　士6进5
11. 车六进五　炮2平3	12. 车六平八　马2进3
13. 炮七平九　车1平6	14. 马九进七　炮3进4
15. 车二平三　炮3进1	16. 炮九进一　车8平7
17. 仕六进五　炮8进2	18. 兵三进一　车6进1
19. 炮五平六　炮8进2	20. 相三进五　卒3进1
21. 炮六进一　炮3平7	22. 炮九平三　炮8进3
23. 相五退三　车6平5	24. 车三进一　车7平6
25. 炮六退三　车6进8	26. 车八退五　车6平7
27. 车三平二　车7进1	28. 车二进二　士5退6
29. 车二退八　炮8平9	30. 车二平一　卒3进1
31. 炮三平四　士6进5	32. 车八进一　卒5进1
33. 车八平五　车5平7	34. 炮六进一　后车平8
35. 车五进三　炮9平8	36. 车一退一　车7退4
37. 车一平二　车8进3	38. 车五进一　卒3进1
39. 车五平一　车7平5	40. 车一平六　卒3进1

41. 炮四退一　士5退6　　　42. 炮六进一　卒3进1

43. 炮六平八　象5退7　　　44. 车六退五　卒3平4

第 25 局　张颖红先和方威
五七炮对屏风马

1. 炮二平五　马8进7　　　2. 马二进三　车9平8

3. 车一平二　马2进3　　　4. 马八进九　卒7进1

5. 炮八平七　炮2进2　　　6. 车二进六　马7进6

7. 车九平八　车1平2　　　8. 车八进四　象3进5

9. 车二平四　马6进7　　　10. 车四平二　马7退6

11. 车二退三　卒3进1　　　12. 炮七退一　卒7进1

13. 车八平三　炮2退1　　　14. 车二平四　炮2进1

15. 车四平二　炮2退1　　　16. 车三平四　马6退8

17. 车二平三　士4进5　　　18. 兵七进一　马3进4

19. 车四平五　马4退6　　　20. 车五进二　马8进7

21. 车三平二　卒3进1　　　22. 车五平七　炮2进4

23. 炮七进一　卒3平4　　　24. 仕四进五　炮8进2

25. 车七退三　卒4进1　　　26. 车七进一　卒4进1

27. 仕五进六　马7进6　　　28. 帅五平四　炮2平4

29. 仕六进五　炮4平1　　　30. 相七进九　前马进7

31. 车二退三　车2进9　　　32. 炮七退二　炮8进3

33. 炮七平六　车8进4　　　34. 相九退七　车8平6

35. 马三进四　车2退1　　　36. 车二平三　马6进4

37. 帅四平五　车6进1　　　38. 车七平四　马4进6

39. 车三进四　马6进4　　　40. 炮五平六　车2平4

41. 车三退二　炮8退3　　　42. 兵五进一　马4进2

43. 相七进九　马2进1　　　44. 前炮平八　车4退2

45. 炮八退二　车4平2　　　46. 相九退七　车2平1

47. 车二平七　炮8平2　　　48. 车七平九　车2进1

49. 相七进九　炮 2 平 1　　　　50. 炮六平九

第 26 局　李晓慧红先胜李望生
起马对进卒

1. 马二进三　卒 7 进 1　　　　2. 炮二平一　马 8 进 7
3. 车一平二　车 9 平 8　　　　4. 车二进六　马 2 进 3
5. 兵七进一　马 7 进 6　　　　6. 炮一平二　卒 7 进 1
7. 车二退一　马 6 退 7　　　　8. 车二平八　炮 8 平 9
9. 兵三进一　炮 2 进 5　　　　10. 炮二平八　象 3 进 5
11. 马八进七　车 8 进 4　　　　12. 车八进一　车 1 平 3
13. 相七进五　卒 9 进 1　　　　14. 仕六进五　卒 3 进 1
15. 兵七进一　车 8 平 3　　　　16. 马七进六　炮 9 进 1
17. 车八进二　士 4 进 5　　　　18. 炮八平六　马 7 进 8
19. 车九平八　马 8 进 9　　　　20. 马三进四　马 9 退 8
21. 马四进三　卒 9 进 1　　　　22. 炮六平七　后车平 4
23. 炮七进五　车 3 退 2　　　　24. 马八进四　卒 4 进 4
25. 车八进一　士 5 退 4　　　　26. 马四进二　车 4 退 3
27. 车八进八　车 3 退 1　　　　28. 前车平六　将 5 进 1
29. 车八平七　车 4 平 3　　　　30. 马三进二　炮 9 退 3
31. 后马退四　卒 5 进 1　　　　32. 兵五进一　车 3 平 4
33. 车六平九　卒 5 进 1　　　　34. 车九退三　将 5 退 1
35. 马二退四　将 5 进 1　　　　36. 车九平二

第 27 局　方艺红先胜张忠文
中炮进七兵对屏风马

1. 炮二平五　马 8 进 7　　　　2. 马二进三　车 9 平 8
3. 车一平二　马 2 进 3　　　　4. 兵七进一　卒 7 进 1
5. 马八进七　炮 8 进 2　　　　6. 车二进四　象 3 进 5

7. 兵三进一　卒7进1	8. 车二平三　车8进2
9. 马三进四　炮8平1	10. 炮八平九　炮2退1
11. 炮九进三　卒1进1	12. 车九平八　炮2平7
13. 马四进三　车1平3	14. 马七进六　车8进2
15. 马六进七　象5进7	16. 马三退五　马7进6
17. 车三平四　炮7进8	18. 仕四进五　象7退5
19. 车八进八　炮7平9	20. 帅五平四　士4进5
21. 马五退四　马6退7	22. 马四进二　车8平7
23. 马七进九　车7平4	24. 炮五平七　卒5进1
25. 马九进七　车3进1	26. 车八平七　马3进5
27. 炮七平三　车4进2	28. 车四进四　象7进9
29. 马二进三　象5进7	30. 车四退五　卒5进1
31. 马三退五　象7退5	32. 炮三进一　车4退1
33. 马五进七　车4退2	34. 兵五进一　马7进8
35. 马七进六　马5进7	36. 车七进一

第 28 局　张颖红先胜王莉
中炮过河车对屏风马平炮兑车

1. 炮二平五　马8进7	2. 马二进三　车9平8
3. 车一平二　马2进3	4. 兵七进一　卒7进1
5. 车二进六　炮8平9	6. 车二平三　炮9退1
7. 马八进七　车1进1	8. 炮八平九　车1平6
9. 马七进六　士6进5	10. 车三退一　炮2平1
11. 炮五平七　车6进1	12. 相七进五　象7进5
13. 车三平八　卒3进1	14. 车八进二　马3进4
15. 兵七进一　马4进6	16. 炮七进二　马6进7
17. 炮九平三　马7进6	18. 炮七进五　象5退3
19. 车八平四　士5进6	20. 马六进四　车8进4
21. 马四退六　车8平3	22. 马六进五　车3平5

23. 马五退三 象3进5	24. 兵五进一 车5平6
25. 马三进一 炮9平5	26. 马一退二 炮5进4
27. 仕六进五 车6平8	28. 马二退四 炮5进1
29. 兵三进一 车8平6	30. 马四进二 车6平8
31. 马二退一 车8进3	32. 炮三退一 炮1退1
33. 车九平六 炮1平9	34. 车六进三 炮5进1
35. 车六平五 炮9平5	36. 帅五平六 车8退3
37. 兵三进一 车8进1	38. 兵三进一 象5退3
39. 车五平七 炮5退1	40. 车七平六

第29局 张颖红先负李晓慧

中炮对反宫马

1. 炮二平五 马2进3	2. 马二进三 卒7进1
3. 车一平二 士4进5	4. 兵七进一 炮8平6
5. 炮八进二 马8进7	6. 马八进七 象3进5
7. 兵三进一 卒7进1	8. 炮八平三 车1平4
9. 车九平八 炮2退2	10. 车二进六 马7进6
11. 车二平四 车4进7	12. 车四退一 车4平3
13. 马三进四 炮2平4	14. 仕六进五 炮6进3
15. 车四退一 车9进2	16. 炮五平四 卒3进1
17. 相七进五 车3退1	18. 兵七进一 车3退2
19. 车四进四 车9平8	20. 炮四平三 象7进9
21. 车八进八 炮4平1	22. 炮三平七 炮1进6
23. 炮七平一 象5进7	24. 车八平七 炮1进3
25. 车七进一 士5退4	26. 车四平六 士6进5
27. 炮一平八 车3进5	28. 仕五退六 车3平2

第 30 局　张颖红先胜王军

中炮过河车对屏风马平炮兑车

1. 炮二平五	马8进7	2. 马二进三	车9平8
3. 车一平二	卒7进1	4. 马八进七	马2进3
5. 车二进六	炮8平9	6. 车二平三	炮9退1
7. 车九进一	士4进5	8. 兵五进一	炮9平7
9. 车三平四	卒7进1	10. 马三进五	卒7进1
11. 相三进一	卒3进1	12. 车九平六	车8进4
13. 兵五进一	卒5进1	14. 车四平七	马3进5
15. 马五进六	炮2平4	16. 马六进七	象3进5
17. 炮五进四	马7进5	18. 车七平五	车1平3
19. 马七退九	车3平2	20. 炮八进四	车8进3
21. 马七进五	车8平5	22. 车六平五	车5平4
23. 后车进一	炮4进3	24. 仕四进五	炮4平5
25. 前车平四	车4退1	26. 马五进三	将5平4
27. 帅五平四	炮7平6	28. 车四进二	车2进3
29. 马三进五	车2平1	30. 车五退二	车1平5
31. 车五退二	车4平3	32. 车五平六	将4平5
33. 车六平八	将5平4	34. 车八进七	将4进1
35. 车四退四	卒3进1	36. 车四平七	车3退1
37. 马五退七	卒7平8	38. 马七进九	